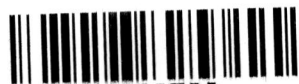

宋 范曄 撰
唐 李賢等注

後漢書

第七册

卷五四至卷六二(傳六)

中華書局

後漢書卷五十四

楊震列傳第四十四

子秉　孫賜　曾孫彪　玄孫脩

楊震字伯起，弘農華陰人也。八世祖喜，高祖時有功，封赤泉侯。〔一〕高祖敞，昭帝時爲丞相，封安平侯。父寶，〔二〕習歐陽尚書。哀、平之世，隱居教授。居攝二年，與兩龔、蔣詡俱徵，遂遁逃，不知所處。〔三〕光武高其節。建武中，公車特徵，老病不到，卒於家。

〔一〕史記曰，喜追殺項羽，以功封。

〔二〕續齊諧記曰：「寶年九歲時，至華陰山北，見一黃雀爲鴟梟所搏，墜於樹下，爲螻蟻所困。寶取之以歸，置巾箱中，唯食黃花，百餘日毛羽成，乃飛去。其夜有黃衣童子向寶再拜曰：『我西王母使者，君仁愛救拯，實感成濟。』以白環四枚與寶：『令君子孫潔白，位登三事，當如此環矣。』」

〔三〕龔勝字君賓，龔舍字君倩，蔣詡字元卿，並以高節著名。見前書。

震少好學，受歐陽尚書於太常桓郁，明經博覽，無不窮究。諸儒爲之語曰：「關西孔子楊伯起。」常客居於湖，〔一〕不荅州郡禮命數十年，〔二〕衆人謂之晚暮，而震志愈篤。後有冠雀銜三鱣魚，飛集講堂前，〔三〕都講取魚進曰：「蛇鱣者，卿大夫服之象也。數三者，法三台也。先生自此升矣。」年五十，乃始仕州郡。

〔一〕今湖城縣。

〔二〕續漢（志）〔書〕曰「教授二十餘年，州請召，數稱病不就。少孤貧，獨與母居，假地種殖，以給供養，諸生嘗有助種藍者，震輒拔，更以距其後，鄉里稱孝」也。

〔三〕冠音貫，即鸛雀也。鱣音善。韓子云：「鱣似蛇。」臣賢案：續漢及謝承書「鱣」字皆作「鱓」，然則「鱣」「鱓」古字通也。鱣魚長者不過三尺，黃地黑文，故都講云「蛇鱓，卿大夫之服象也」。郭璞云「鱣魚長二三丈，音知然反」，安有鸛雀能勝二三丈乎？此爲鱓明矣。

大將軍鄧騭聞其賢而辟之，舉茂才，四遷荊州刺史、東萊太守。當之郡，道經昌邑，〔一〕故所舉荊州茂才王密爲昌邑令，謁見，至夜懷金十斤以遺震。震曰：「故人知君，君不知故人，何也？」密曰：「暮夜無知者。」震曰：「天知，神知，我知，子知。何謂無知！」密愧而出。後轉涿郡太守。性公廉，不受私謁。子孫常蔬食步行，故舊長者或欲令爲開產業，震不肯，曰：「使後世稱爲清白吏子孫，以此遺之，不亦厚乎！」

〔一〕昌邑故城在今兗州金鄉縣西北也。

元初四年，徵入爲太僕，遷太常。先是博士選舉多不以實，震舉薦明經名士陳留楊倫等，〔一〕顯傳學業，諸儒稱之。

〔一〕倫字仲桓。謝承書云：「薦楊仲桓等五人，各從家拜博士。」

永寧元年，代劉愷爲司徒。明年，鄧太后崩，內寵始橫。安帝乳母王聖，因保養之勤，緣恩放恣；聖子女伯榮出入宮掖，傳通姦賂。震上疏曰：「臣聞政以得賢爲本，理以去穢爲務。〔一〕是以唐虞俊乂在官，四凶流放，天下咸服，以致雍熙。〔二〕方今九德未事，〔三〕嬖倖充庭。〔四〕阿母王聖出自賤微，得遭千載，奉養聖躬，雖有推燥居溼之勤，〔五〕前後賞惠，過報勞苦，而無厭之心，不知紀極，〔六〕外交屬託，擾亂天下，損辱清朝，塵點日月。書誡牝雞牡鳴，〔七〕詩刺哲婦喪國。〔八〕昔鄭嚴公從母氏之欲，恣驕弟之情，幾至危國，然後加討，春秋貶之，以爲失教。〔九〕夫女子小人，近之喜，遠之怨，實爲難養。〔一〇〕易曰：『無攸遂，在中饋。』〔一一〕言婦人不得與於政事也。宜速出阿母，令居外舍，斷絕伯榮，莫使往來，令恩德兩隆，上下俱美。惟陛下絕婉孌之私，割不忍之心，〔一二〕留神萬機，誡慎拜爵，減省獻御，損節徵發。令野無鶴鳴之歎，〔一三〕朝無小明之悔，〔一四〕大東不興於今，〔一五〕勞止不怨於下。〔一六〕擬蹤往古，比德哲王，豈不休哉！」奏御，帝以示阿母等，內倖皆懷忿恚。而伯榮驕淫尤甚，與故朝陽侯劉護從兄瓌交通，〔一七〕瓌遂以爲妻，得襲護爵，位至侍中。震深疾之，復詣闕上疏曰：「臣聞高祖與羣臣約，非功臣不得封，故經制父死子繼，兄亡弟及，以防篡也。〔一八〕伏見詔書封故朝陽侯劉護再從兄瓌襲護爵爲侯。護同產弟威，今猶見在。臣聞天子專封封有功，諸侯專爵爵有德。今瓌無佗功行，但以配阿母女，一時之閒，既位侍中，又至封侯，不稽舊制，不合經義，行人諠譁，百姓不安。陛下宜覽鏡既往，順帝之則。」書奏不省。

〔一〕墨子曰：「夫尚賢者，政本也。」左傳曰：「爲國者，如農夫之務去草焉。」

〔二〕尚書曰：「四罪而天下咸服。」又曰：「黎人於變時雍，庶績咸熙。」雍，和也。熙，廣也。

〔三〕尚書臯繇謨曰：「亦行有九德：寬而栗，柔而立，愿而龔，亂而敬，擾而毅，直而溫，簡而廉，剛而塞，強而誼。」又曰：「九德咸事，俊乂在官。」

〔四〕謚法曰：「賤而得愛曰嬖。」

〔五〕孝經援神契曰「母之於子也，鞠養殷勤，推燥居溼，絕少分甘」也。

〔六〕左傳曰，縉雲氏有不材子，聚斂積實，不知紀極。

〔七〕牝，雌也。牡，雄也。尚書：「古人有言，牝雞無晨，牝雞之晨，唯家之索。」

〔八〕詩大雅曰：「哲夫成城，哲婦傾城。」

〔九〕嚴公，莊公也，避明帝諱改焉。左傳，鄭莊公殺母弟段，稱鄭伯，譏失教也。

〔一〇〕論語曰「唯女子與小人爲難養，近之則不遜，遠之則怨」也。

〔一一〕家人卦六二爻辭也。鄭玄注曰：「二爲陰爻，得正於內；五，陽爻也，得正於外。猶婦人自修正於內，丈夫脩正於外。無攸遂，言婦人無敢自遂也。爻體離，又互體坎，火位在下，水在上，飪之象也。饋，食也，故云在中饋也。」

〔二〕詩國風候人篇序曰：「曹共公遠君子而近小人。」其詩曰：「婉兮孌兮，季女斯飢。」婉，少貌。孌，好貌也。
〔三〕詩小雅序曰：「鶴鳴，誨宣王也。」鄭玄注云：「教周宣王求賢人之未仕者。」其詩曰：「鶴鳴于九皐，聲聞于野。」言身隱而名著，喻賢者雖隱居，人咸知之。
〔四〕詩小雅序曰：「小明，大夫悔仕於亂也。」小明者，言周幽王日小其明，損其政事，以至於亂。
〔五〕詩小雅序：「大東，刺亂也。」其詩曰：「小東大東，杼柚其空。」鄭玄注云：「小亦於東，大亦於東，言賦斂多也。」
〔六〕詩大雅序曰：「人勞，刺厲王也。」其詩曰「人亦勞止，迄可小康」也。
〔七〕護，泗水王歙之從曾孫。
〔八〕公羊傳曰：「劉子、單子以王猛入于王城者何？西周也。其言入何？簒辭也。冬十月，王子猛卒。此未踰年之君，其稱王子猛卒何？不予當也。不予當者，不與當父死子繼，兄亡弟及也。」

延光二年，代劉愷爲太尉。帝舅大鴻臚耿寶薦中常侍李閏兄於震，震不從。寶乃自往候震曰：「李常侍國家所重，欲令公辟其兄，寶唯傳上意耳。」〔一〕震曰：「如朝廷欲令三府辟召，故宜有尚書敕。」遂拒不許，寶大恨而去。皇后兄執金吾閻顯亦薦所親厚於震，震又不從。司空劉授聞之，〔二〕即辟此二人，旬日中皆見拔擢。由是震益見怨。

〔一〕言非己本心，傳在上之意。
〔二〕漢官儀：「授字孟春，武原人。」

時詔遣使者大爲阿母脩第，中常侍樊豐及侍中周廣、謝惲等更相扇動，傾搖朝廷。震復上疏曰：「臣聞古者九年耕必有三年之儲，故堯遭洪水，人無菜色。〔一〕臣伏念方今災害發起，彌彌滋甚，〔二〕百姓空虛，不能自贍。重以螟蝗，羌虜鈔掠，三邊震擾，戰鬬之役至今未息，兵甲軍糧不能復給。大司農帑藏匱乏，殆非社稷安寧之時。伏見詔書爲阿母興起津城門內第舍，〔三〕合兩爲一，〔四〕連里竟街，雕修繕飾，窮極巧伎。今盛夏土王，而攻山採石，其大匠左校別部將作合數十處，〔五〕轉相迫促，爲費巨億。周廣、謝惲兄弟，與國無肺腑枝葉之屬，依倚近倖姦佞之人，與樊豐、王永等分威共權，屬託州郡，傾動大臣。宰司辟召，承望旨意，招來海內貪汙之人，受其貨賂，至有臧錮棄世之徒復得顯用。〔六〕白黑溷淆，清濁同源，天下讙譁，咸曰財貨上流，爲朝結譏。臣聞師言：『上之所取，財盡則怨，力盡則叛。』怨叛之人，不可復使，故曰：『百姓不足，君誰與足？』〔七〕惟陛下度之。」豐、惲等見震連切諫不從，無所顧忌，遂詐作詔書，調發司農錢穀、大匠見徒材木，各起家舍、園池、廬觀，役費無數。

〔一〕言有儲蓄，人無食菜之飢色也。
〔二〕彌彌猶稍稍也。韋孟詩曰「彌彌其失」也。
〔三〕津城門，洛陽南面西頭門也。
〔四〕合兩坊而爲一宅。里即坊也。

〔五〕續漢志將作大匠，秩二千石。左校令，秩六百石。

〔六〕有臧賄禁錮之人也。

〔七〕論語有若對魯哀公之詞。

震因地震，復上疏曰：「臣蒙恩備台輔，不能奉宣政化，調和陰陽，去年十(一)〔二〕月四日，京師地動。臣聞師言：『地者陰精，當安靜承陽。』而今動搖者，陰道盛也。其日戊辰，三者皆土，位在中宮，〔一〕此中臣近官盛於持權用事之象也。臣伏惟陛下以邊境未寧，躬自菲薄，宮殿垣屋傾倚，枝柱而已，〔二〕無所興造，欲令遠近咸知政化之清流，商邑之翼翼也。〔三〕而親近倖臣，未崇斷金，〔四〕驕溢踰法，多請徒士，盛修第舍，賣弄威福。道路讙譁，衆所聞見。地動之變，近在城郭，殆爲此發。又冬無宿雪，春節未雨，百僚燋心，而繕修不止，誠致旱之徵也。書曰：『僭恆陽若，臣無作威作福玉食。』〔五〕唯陛下奮乾剛之德，〔六〕棄驕奢之臣，以掩訞言之口，奉承皇天之戒，無令威福久移於下。」

〔一〕戊干辰支皆土也，并地動，故言三者。

〔二〕倚，邪也。柱音竹主反。

〔三〕詩商頌「商邑翼翼，四方之極」也。

〔四〕易繫辭曰：「二人同心，其利斷金。」言邪佞之臣，不與上同心。

〔五〕尚書洪範之詞也。僭，差也。若，順也。君行僭差，則常陽順之也。言唯君得專威福，爲美食。

〔六〕易曰：「大哉乾乎！剛健中正，純粹精也。」

震前後所上，轉有切至，帝既不平之，而樊豐等皆側目憤怨，俱以其名儒，未敢加害。尋有河閒男子趙騰詣闕上書，指陳得失。帝發怒，遂收考詔獄，結以罔上不道。震復上疏救之曰：「臣聞堯舜之世，諫鼓謗木，立之於朝；〔一〕殷周哲王，小人怨詈，則還自敬德。〔二〕所以達聰明，開不諱，博採負薪，盡極下情也。今趙騰所坐激訐謗語爲罪，與手刃犯法有差。乞爲虧除，全騰之命，以誘芻蕘輿人之言。」〔三〕帝不省，騰竟伏尸都市。

〔一〕帝王紀曰：「堯置敢諫之鼓，舜立誹謗之木。」

〔二〕尚書曰「自殷王中宗及高宗及祖甲及我周文王，茲四人迪哲。厥或告之曰小人怨女詈女，則皇自敬德」也。

〔三〕輿，衆也。詩曰：「詢于芻蕘。」左氏傳曰「聽輿人之謀」也。

會三年春，東巡岱宗，樊豐等因乘輿在外，競修第宅，震部掾高舒召大匠令史考校之，〔一〕得豐等所詐下詔書，具奏，須行還上之。豐等聞，惶怖，會太史言星變逆行，遂共譖震云：「自趙騰死後，深用怨懟；〔二〕且鄧氏故吏，有恚恨之心。」〔三〕及車駕行還，便時太學，〔四〕夜遣使者策收震太尉印綬，於是柴門絕賓客。豐等復惡之，乃請大將軍耿寶奏震大臣不服罪，懷恚望，有詔遣歸本郡。震行至城西几陽亭，乃慷慨謂其諸子門人曰：〔五〕「死者士之常分。吾蒙恩居上司，疾姦臣狡猾而不能誅，惡嬖女傾亂而不能禁，何面目復見日月！身死之日，以雜木爲棺，布單被裁足蓋形，勿歸冢次，勿設祭祠。」因飲酖而卒，時年七十餘。弘農太守移良〔六〕承樊豐等旨，遣吏於陝縣留停震喪，露棺道側，〔七〕謫震諸子代郵行書，道路皆爲隕涕。〔八〕

〔一〕史謂府吏也。

〔二〕懟，怨怒也。

〔三〕震初辟之，故曰故吏。

〔四〕且於太學待吉時而後入也，故曰便時。前書「便時上林延壽門」也。

〔五〕慷慨，悲歎。

〔六〕風俗通曰：「齊公子雍食菜於移，其後氏焉。」

〔七〕謝承書曰：「震臨沒，謂諸子以牛車薄贊，載柩還歸。」

〔八〕說文：「郵，境上行書舍也。」廣雅曰：「郵，驛也。」

歲餘，順帝卽位，樊豐、周廣等誅死，震門生虞放、陳翼詣闕追訟震事。朝廷咸稱其忠，乃下詔除二子爲郎，贈錢百萬，以禮改葬於華陰潼亭，〔一〕遠近畢至。先葬十餘日，有大鳥高丈餘，集震喪前，俯仰悲鳴，淚下霑地，葬畢，乃飛去。郡以狀上。〔二〕時連有災異，帝感震之枉，乃下詔策曰：「故太尉震，正直是與，俾匡時政，而青蠅點素，同茲在藩。〔三〕上天降威，災眚屢作，爾卜爾筮，惟震之故。朕之不德，用彰厥咎，山崩棟折，我其危哉！〔四〕今使太守丞以中牢具祠，魂而有靈，儻其歆享。」於是時人立石鳥象於其墓所。

〔一〕墓在今潼關西大道之北，其碑尙存。

〔二〕續漢書曰：「大鳥來止亭樹，下地安行到柩前，正立低頭淚出。衆人更共摩撫抱持，終不驚駭。」謝承書曰：「其鳥五色，高丈餘，兩翼長二丈三尺，人莫知其名也。」

〔三〕藩，樊也。詩云：「營營青蠅，止於樊，愷悌君子，無信讒言。」青蠅，汙白使黑，汙黑使白，喩佞人變亂善惡也。

〔四〕禮記曰：「孔子將終，歌曰：『泰山其穨乎！梁木其壞乎！』」

震之被譖也，高舒亦得罪，以減死論。及震事顯，舒拜侍御史，至荆州刺史。

震五子。長子牧，富波相。〔一〕

〔一〕富波，縣，屬汝南郡。

牧孫奇，靈帝時爲侍中，帝嘗從容問奇曰：「朕何如桓帝？」對曰：「陛下之於桓帝，亦猶虞舜比德唐堯。」帝不悅曰：「卿強項，眞楊震子孫，〔一〕死後必復致大鳥矣。」出爲汝南太守。帝崩後，復入爲侍中衞尉，從獻帝西遷，有功勤。及李傕脅帝歸其營，奇與黃門侍郎鍾繇誘傕部曲將宋曄、楊昂令反傕，傕由此孤弱，帝乃得東。〔二〕後徙都許，追封奇子亮爲陽成亭侯。〔三〕

〔一〕強項，言不低屈也，光武謂董宣爲「強項令」也。

〔二〕魏志曰，繇爲黃門侍郎，傕脅天子，繇與尙書郎韓斌同策謀。天子得出長安，繇有力焉。

〔三〕亮舊宅在閺鄉縣西南。

震少子奉，奉子敷，篤志博聞，議者以爲能世其家。敷早卒，子衆，亦傳先業，以謁者僕射從獻帝入關，累遷御史中丞。及帝東還，夜走度河，衆率諸官屬步從至太陽，拜侍中。〔一〕建安二年，追前功封蓩亭侯。〔二〕

〔一〕太陽，縣，屬河東郡。

〔二〕郡國志桃林縣有蓩鄉，音莫老反。

震中子秉。

秉字叔節，少傳父業，兼明京氏易，博通書傳，常隱居教授。年四十餘，乃應司空辟，拜侍御史，頻出爲豫、荆、徐、兖四州刺史，遷任城相。自爲刺史、二千石，計日受奉，餘祿不入私門。故吏齎錢百萬遺之，閉門不受。以廉潔稱。

桓帝卽位，以明尚書徵入勸講，〔一〕拜太中大夫、左中郎將，遷侍中、尚書。帝時微行，私過幸河南尹梁胤府舍。〔二〕是日大風拔樹，晝昏，秉因上疏諫曰：「臣聞瑞由德至，災應事生。傳曰：『禍福無門，唯人所召。』〔三〕天不言語，以灾異譴告，是以孔子迅雷風烈必有變動。詩云：『敬天之威，不敢驅馳。』〔四〕王者至尊，出入有常，警蹕而行，靜室而止，〔五〕自非郊廟之事，則鑾旗不駕。〔六〕故詩稱『自郊徂宮』，〔七〕易曰『王假有廟，致孝享也』。〔八〕諸侯如臣之家，春秋尚列其誡，〔九〕況以先王法服而私出槃游！〔一〇〕降亂尊卑，等威無序，〔一一〕侍衞守空宮，紱璽委女妾，設有非常之變，任章之謀，〔一二〕上負先帝，下悔靡及。臣奕世受恩，〔一三〕得備納言，〔一四〕又以薄學，充在講勸，特蒙哀識，見照日月，恩重命輕，義使士死，敢憚摧折，略陳其愚。」帝不納。秉以病乞退，出爲右扶風。太尉黃瓊惜其去朝廷，上秉勸講帷幄，不宜外遷，留拜光祿大夫。是時大將軍梁冀用權，秉稱病。六年，冀誅後，乃拜太僕，遷太常。

〔一〕勸講，猶侍講也。

〔二〕胤，梁冀子也。

〔三〕左傳閔子馬之詞。

〔四〕詩大雅曰「敬天之怒，無敢戲豫，敬天之渝，無敢馳驅」，與此文稍異也。

〔五〕蹕，止行人也。靜室謂先使淸宮也。前書音義曰，漢有靜室令也。

〔六〕漢官儀曰「前驅有雲罕，皮軒鑾旗車」也。

〔七〕詩大雅雲漢之詞也。郊，祭天也。

〔八〕萃卦詞也。假，至也。假音格。

〔九〕左傳，齊莊公如崔杼之家，爲杼所殺也。

〔一〇〕法服謂天子服，日、月、星辰、山、龍、華蟲、藻、火、粉、米、〔黼、黻〕十二章。

〔一〕等威謂威儀有等差也。左傳曰「貴有常尊，賤有等威」也。

〔二〕前書曰，代郡太守任宣坐謀反誅，宣子章爲公車丞，亡在渭城界中，夜玄服入廟，居郎閒，執戟立於廟門，待上至，欲爲逆，發覺伏誅也。

〔三〕突猶重也。

〔四〕納言，尚書。

延熹三年，白馬令李雲以諫受罪，秉爭之不能得，坐免官，歸田里。〔一〕其年冬，復徵拜河南尹。先是中常侍單超弟匡爲濟陰太守，以臧罪爲刺史第五種所劾，窘急，乃賂客任方刺兗州從事衞羽。事已見種傳。及捕得方，囚繫洛陽，匡慮秉當窮竟其事，密令方等得突獄亡走。尚書召秉詰責，秉對曰：「春秋不誅黎比而魯多盜，〔二〕方等無狀，釁由單匡。刺執法之吏，害奉公之臣，復令逃竄，寬縱罪身，元惡大憝，終爲國害。乞檻車徵匡考覈其事，則姦慝蹤緒，必可立得。」而秉竟坐輸作左校，以久旱赦出。

〔一〕謝承書曰：「秉免歸，雅素清儉，家至貧窶，并日而食。任城故孝廉景慮齎錢百餘萬，就以餉秉，秉閉門距絕不受。」

〔二〕左傳曰：「邾庶其以漆閭丘來奔，於是魯多盜。」臣賢案：黎比，莒國之君，恐別有所據也。

會日食，太山太守皇甫規等訟秉忠正，不宜久抑不用。有詔公車徵秉及處士韋著，二人各稱疾不至。有司並劾秉、著大不敬，請下所屬正其罪。尚書令周景與尚書邊韶議奏：「秉儒學侍講，常在謙虛；著隱居行義，以退讓爲節。俱徵不至，誠違側席之望，然逶迤退食，足抑苟進之風。〔一〕夫明王之世，必有不召之臣，〔二〕聖朝弘養，宜用優游之禮。可告在所屬，喻以朝廷恩意。如遂不至，詳議其罰。」於是重徵，乃到，拜太常。

〔一〕詩國風羔羊詩曰：「退食自公，委蛇委蛇。」退食謂減膳也。從於公謂正直順於事也。委蛇，委曲自得之貌。

〔二〕堯時許由，禹時伯成子高，湯時務光等。

五年冬，代劉矩爲太尉。是時宦官方熾，任人及子弟爲官，〔一〕布滿天下，競爲貪淫，朝野嗟怨。秉與司空周景上言：「內外吏職，多非其人，自頃所徵，皆特拜不試，致盜竊縱恣，怨訟紛錯。舊典，中臣子弟不得居位秉埶，而今枝葉賓客布列職署，或年少庸人，典據守宰，上下忿患，四方愁毒。可遵用舊章，退貪殘，塞灾謗。請下司隸校尉、中二千石、二千石、城門五營校尉、北軍中候，各實覈所部，應當斥罷，自以狀言，三府廉察有遺漏，續上。」帝從之。於是秉條奏牧守以下匈奴中郎將燕瑗、青州刺史羊亮、遼東太守孫諠等五十餘人，或死或免，天下莫不肅然。

〔一〕任謂保任。

時郡國計吏多留拜爲郎，秉上言三署見郎七百餘人，〔一〕帑臧空虛，浮食者衆，而不良守相，欲因國爲池，澆濯釁穢。宜絕橫拜，以塞覬覦之端。〔二〕自此終桓帝世，計吏無復留拜者。

〔一〕三署郎，解見和帝紀。

〔二〕左傳曰：「下無覬覦。」杜預注曰：「無冀望上位。」

七年，南巡園陵，特詔秉從。南陽太守張彪與帝微時有舊恩，以車駕當至，因傍發調，多以入私。秉聞之，下書責讓荊州刺史，以狀副言公府。〔一〕及行至南陽，左右並通姦利，詔書多所除拜。秉復上疏諫曰：「臣聞先王建國，順天制官。〔二〕太微積星，名為郎位，〔三〕入奉宿衞，出牧百姓。皋陶誡虞，在於官人。〔四〕頃者道路拜除，恩加豎隸，爵以貨成，化由此敗，所以俗夫巷議，白駒遠逝，〔五〕穆穆清朝，遠近莫觀。宜割不忍之恩，以斷求欲之路。」於是詔除乃止。

〔一〕南陽郡，荊州所部也。

〔二〕尚書曰：「明王奉若天道，建邦設都。」孔安國注云：「天有日、月、北斗、五星、二十八宿，皆有尊卑相正之法。明王奉順此道，建國設都。」

〔三〕史記天官書曰，太微宮五帝坐，後聚二十五星蔚然，曰郎位。積，聚也。

〔四〕尚書皋陶誡舜曰「在知人，在官人」也。

〔五〕孔子曰：「天下有道，庶人不議。」詩小雅曰：「皎皎白駒，食我場苗，所謂伊人，於焉逍遙。」言宣王官失其人，賢者乘白駒而去之。

時中常侍侯覽弟參為益州刺史，累有臧罪，暴虐一州。明年，秉劾奏參，檻車徵詣廷尉。

參惶恐，道自殺。〔一〕秉因奏覽及中常侍具瑗曰：「臣案國舊典，宦豎之官，本在給使省闥，司昏守夜，而今猥受過寵，執政操權。其阿諛取容者，則因公褒舉，以報私惠；有忤逆於心者，必求事中傷，肆其凶忿。居法王公，富擬國家，飲食極肴饍，僕妾盈紈素，雖季氏專魯，穰侯擅秦，何以尚茲！〔二〕案中常侍侯覽弟參，貪殘元惡，自取禍滅，覽顧知釁重，必有自疑之意，臣愚以為不宜復見親近。昔懿公刑邴歜之父，奪閻職之妻，而使二人參乘，卒有竹中之難，春秋書之，以為至戒。〔三〕蓋鄭詹來而國亂，四佞放而衆服。〔四〕以此觀之，容可近乎？覽宜急屏斥，投畀（有）〔豺〕虎。〔五〕若斯之人，非恩所宥，請免官送歸本郡。」書奏，尚書召對秉掾屬曰：〔六〕「公府外職，而奏劾近官，經典漢制有故事乎？」秉使對曰：「春秋趙鞅以晉陽之甲，逐君側之惡。〔七〕傳曰：『除君之惡，唯力是視。』〔八〕鄧通懈慢，申屠嘉召通詰責，文帝從而請之。〔九〕漢世故事，三公之職無所不統。」尚書不能詰。帝不得已，竟免覽官，而削瑗國。每朝廷有得失，輒盡忠規諫，多見納用。

〔一〕謝承書曰：「秉奏『參取受罪臧累億。牂柯男子張攸，居為富室，參橫加非罪，云造訛言，殺攸家八人，沒入廬宅。又與同郡諸生李元之官，共飲酒，醉飽之後，戲故相犯，誣言有淫慝之罪，應時捶殺。以人臣之勢，行桀紂之態，傷和逆理，痛感天地，宜當糾持，以謝一州』。又曰『京兆尹袁逢於長安客舍中得參重車三百餘乘，金銀珍玩，不可稱記』。」

〔二〕季氏，魯卿，世專魯政。孔子曰：「季氏富於周公。」史記曰，穰侯魏冉者，秦昭王母宣太后弟也，爲秦相國，侈富於王室。尙猶加也。

〔三〕左傳曰「齊懿公之爲公子也，與邴歜之父爭田弗勝。及卽位，乃掘而刖之，而使歜僕。納閻職之妻，而使職驂乘。夏五月，公游于申池。歜以扑抶職，職怒，歜曰：『人奪汝妻而不怒，一抶汝，庸何傷？』職曰：『與刖其父而弗能病者何如？』乃謀殺懿公，納諸竹中，歸，舍爵而行」也。

〔四〕公羊傳曰：「鄭詹自齊逃來，何以書？甚佞也，曰佞人來矣。」後魯莊公取齊淫女，卒爲後敗。四佞卽四凶也。

〔五〕畀，與也。詩小雅曰：「取彼譖人，投畀豺虎。」

〔六〕召秉掾屬問之。

〔七〕公羊傳曰：「趙鞅取晉陽之甲，以逐荀寅、士吉射。曷爲此？逐君側之惡人也。」

〔八〕左傳曰晉寺人披言也。

〔九〕前書鄧通，文帝幸臣，爲太中大夫，居上傍怠慢。丞相申屠嘉罷朝，坐府中，召通至，不爲禮，責曰：「通小臣，戲殿上，大不敬，當斬。」通頓首，首盡出血。上使使持節召通而謝丞相：「此吾弄臣，君釋之。」

秉性不飲酒，又早喪夫人，遂不復娶，所在以淳白稱。嘗從容言曰：「我有三不惑：酒，色，財也。」八年薨，時年七十四，賜塋陪陵。子賜。

賜字伯獻。少傳家學，篤志博聞。常退居隱約，教授門徒，不荅州郡禮命。後辟大將軍梁冀府，非其好也。出除陳倉令，因病不行。公車徵不至，連辟三公之命。後以司空高第，再遷侍中、越騎校尉。

建寧初，靈帝當受學，詔太傅、三公選通尚書桓君章句宿有重名者，三公舉賜，乃侍講于華光殿中。〔一〕遷少府、光祿勳。

〔一〕洛陽宮殿名曰：「華光殿在崇光殿北。」

熹平元年，青虵見御坐，帝以問賜，賜上封事曰：「臣聞和氣致祥，乖氣致灾，休徵則五福應，〔一〕咎徵則六極至。〔二〕夫善不妄來，灾不空發。王者心有所惟，意有所想，雖未形顏色，而五星以之推移，陰陽爲其變度。以此而觀，天之與人，豈不符哉？尚書曰：『天齊乎人，假我一日。』是其明徵也。〔三〕夫皇極不建，則有蛇龍之孽。〔四〕詩云：『惟虺惟蛇，女子之祥。』〔五〕故春秋兩蛇鬬於鄭門，昭公殆以女敗；〔六〕康王一朝晏起，關雎見幾而作。〔七〕夫女謁行則讒夫昌，讒夫昌則苞苴通，故殷湯以之自戒，終濟亢旱之灾。〔八〕惟陛下思乾剛之道，別內外之宜，崇帝乙之制，受元吉之祉，〔九〕抑皇甫之權，割豔妻之愛，〔一〇〕則蛇變可消，禎祥立應。殷戊、宋景，其事甚明。」〔一一〕

〔一〕休，美也。徵，驗也。五福：一曰壽，二曰富，三曰康寧，四曰逌好德，五曰考終命。

〔二〕咎，惡也。六極：一曰凶短折，二曰疾，三曰憂，四曰貧，五曰惡，六曰弱。並見尚書。

〔三〕我謂君也。天意欲整齊于人，必假於君也。今尚書文「假」作「俾」。俾，使也，義亦通。

〔四〕洪範五行傳曰。皇，大也。極，中也。建，立也。孽，灾也。君不合大中，是謂不立。蛇龍，陰類也。

〔五〕詩小雅也。虺蛇，穴居，陰之類，故爲女子之祥也。

〔六〕洪範五行傳曰：「初，鄭厲公劫相祭仲而簒兄昭公，立爲鄭君。後雍糺之難，厲公出奔，鄭人立昭公。既立，內蛇與外蛇鬭鄭南門中，內蛇死。是時傅瑕仕於鄭，欲內厲公，故內蛇死者，昭公將敗，厲公將勝之象也。是時昭公宜布恩施惠，以撫百姓，舉賢崇德，以厲羣臣，觀察左右，以省姦謀，則內變不得生，外謀無由起矣。昭公不覺，果殺於傅瑕，二子死而厲公入，此其效也。詩云：『惟虺惟蛇，女子之祥。』鄭昭公殆以女子敗矣。」

〔七〕前書曰：「佩玉晏鳴，關雎歎之。」音義曰：「后夫人，雞鳴佩玉去君所。周康王后不然，故詩人歎而傷之。此事見魯詩，今亡失也。」

〔八〕說苑曰：「湯自伐桀後，大旱七年，洛川竭，使人持三足鼎祝於山川曰：『政不節邪？使人疾邪？苞苴行邪？讒夫昌邪？宮室榮邪？女謁行邪？何不雨之極！』言未已而天大雨。」

〔九〕易泰卦六五曰「帝乙歸妹，以祉元吉」也。

〔一0〕豔妻，周幽王后褒姒也。皇甫卿士等皆后之黨，用后嬖寵而居位也。詩曰「皇甫卿士，豔妻煽方處」也。

〔一一〕殷王太戊時，桑穀共生於朝，修德而桑穀死。景公時，熒惑守心，修德而星退舍。並見史記。

二年，代唐珍爲司空，以灾異免。復拜光祿大夫，秩中二千石。五年，代袁隗爲司徒。是時朝廷爵授，多不以次，而帝好微行，遊幸外苑。賜復上疏曰：「臣聞天生蒸民，不能自理，〔一〕故立君長使司牧之，〔二〕是以唐虞兢兢業業，〔三〕周文日昃不暇，〔四〕明愼庶官，俊乂在職，三載考績，〔五〕以觀厥成。而今所序用無佗德，有形埶者，旬日累遷，守眞之徒，歷載不轉，勞逸無別，善惡同流，北山之詩，所爲訓作。〔六〕又聞數微行出幸苑囿，觀鷹犬之埶，極槃遊之荒，〔七〕政事日墮，〔八〕大化陵遲。陛下不顧二祖之勤止，〔九〕追慕五宗之美蹤，〔一〇〕而欲以望太平，是由曲表而欲直景，卻行而求及前人也。〔一一〕宜絕慢惰之戲，念官人之重，割用板之恩，愼貫魚之次，〔一二〕無令醜女有四殆之歎，〔一三〕遐邇有憤怨之聲。臣受恩偏特，忝任師傅，不敢自同凡臣，括囊避咎。〔一四〕謹自手書密上。」

〔一〕烝，衆也。

〔二〕司，主也。牧，養也。

〔三〕兢兢，戒愼。業業，危懼。尚書皋陶謨曰：「兢兢業業，一日二日萬機。」

〔四〕尚書曰：「文王自朝至於日中仄，弗遑暇食。」

〔五〕尚書曰「三載考績，黜陟幽明」也。

〔六〕詩小雅曰：「陟彼北山，言採其杞。偕偕士子，朝夕從事。大夫不均，我從事獨賢。」

〔七〕槃，樂也。詩曰：「槃于遊田。」書曰：「內作色荒，外作禽荒。」

〔八〕許規反。

〔九〕二祖，高祖、光武也。詩曰：「文王既勤止。」

〔一〇〕文帝太宗、武帝世宗、宣帝中宗、明帝顯宗、章帝肅宗也。

〔一一〕孫卿子曰：「猶立枉木而求其影之直也。」韓詩外傳曰：「夫明鏡所以照形也，往古所以知今也。夫知惡往古之惡而不知修今之善，惡往古之所以危亡而不知襲積其所以安存，則無以異乎却行而求逮於前人也。」

〔一二〕板謂詔書也。易剝卦曰：「貫魚，以宮人寵。」言王者御宮人，如貫魚之有次序也。

〔一三〕劉向列女傳曰：「鍾離春者，齊無鹽邑之女，齊宣王之正后也。其爲人也，極醜無雙，臼頭深目，長壯大節，卬鼻結喉，肥項少髮，折腰出匈，皮膚若漆。年四十，行嫁不售，自謁宣王，舉手拊膝曰：『殆哉！殆哉！』曰：『今王之國，西有衡秦之患，南有強楚之讎，外有二國之難，一旦山陵崩弛，社稷不安，此一殆也。漸臺五重，萬人罷極，此二殆也。賢者伏匿於山林，諂諛者強於左右，此三殆也。飲酒沈湎，以夜繼晝，外不脩諸侯之禮，內不秉國家之政，此四殆也。』」

〔一四〕括，結也。易曰：「括囊無咎無譽。」

後坐辟黨人免。復拜光祿大夫。光和元年，有虹蜺晝降於嘉德殿前，〔一〕帝惡之，引賜及議郎蔡邕等入金商門崇德署，〔二〕使中常侍曹節、王甫問以祥異禍福所在。賜仰天而歎，謂節等曰：「吾每讀張禹傳，未嘗不憤恚歎息，既不能竭忠盡情，極言其要，而反留意少子，乞還女壻。〔三〕朱游欲得尚方斬馬劍以理之，固其宜也。〔四〕吾以微薄之學，充先師之末，累世見寵，無以報國。猥當大問，死而後已。」乃書對曰：「臣聞之經傳，或得神以昌，或得神以亡。〔五〕國家休明，則鑒其德；邪辟昏亂，則視其禍。今殿前之氣，應爲虹蜺，皆妖邪所生，不正之象，詩人所謂蝃蝀者也。〔六〕於中孚經曰：『蜺之比，無德以色親。』〔七〕方今内多嬖倖，外任小臣，上下並怨，諠譁盈路，是以灾異屢見，前後丁寧。今復投蜺，可謂孰矣。〔八〕案春秋讖曰：『天投蜺，天下怨，海内亂。』〔九〕加四百之期，亦復垂及。〔一〇〕昔虹貫牛山，管仲諫桓公無近妃宫。〔一一〕易曰：『天垂象，見吉凶，聖人則之。』〔一二〕今妾媵嬖人閹尹之徒，共專國朝，欺罔日月。又鴻都門下，招會羣小，造作賦說，以蟲篆小技見寵於時，〔一三〕如驩兜、共工更相薦說，〔一四〕旬月之閒，並各拔擢，樂松處常伯，任芝居納言。郄儉、梁鵠俱以便辟之性，佞辯之心，各受豐爵不次之寵，而令搢紳之徒委伏畎畝，口誦堯舜之言，身蹈絶俗之行，棄捐溝壑，不見逮及。冠履倒易，陵谷代處，〔一五〕從小人之邪意，順無知之私欲，不念板、蕩之作，虺蜴之誡。〔一六〕殆哉之危，莫過於今。〔一七〕幸賴皇天垂象譴告。周書曰：『天子見怪則修德，諸侯見怪則修政，卿大夫見怪則修職，士庶人見怪則修身。』惟陛下慎經典之誡，圖變復之道，〔一八〕斥遠佞巧之臣，速徵鶴鳴之士，内親張仲，外任山甫，〔一九〕斷絶尺一，抑止槃游，留思庶政，無敢怠遑。冀上天還威，衆變可弭。老臣過受師傅之任，數蒙寵異之恩，豈敢愛惜垂沒之年，而不盡其慺慺之心哉！」〔二〇〕書奏，甚忤曹節等。蔡邕坐直對抵罪，徙朔方。賜以師傅之恩，故得免咎。

〔一〕洛陽記，殿在九龍門内。郭景純注爾雅曰：「雙出，色鮮盛者爲雄，曰虹；闇者爲雌，曰蜺。」

〔二〕戴延之西征記曰：「太極殿西有金商門。」

〔三〕張禹，成帝時爲丞相，以師傅恩，禹每疾，輒以起居聞，車駕日臨問之，拜禹牀下。禹頓首謝恩，言「老臣有四男一女，愛女甚於男，遠嫁爲張掖太守蕭咸妻，不勝父子私情，思與女相近」。上卽時徙咸爲弘農太守。又禹少子未有官，上臨候禹，禹數視其少子，上卽禹牀下拜爲黃門給事中也。

〔四〕朱雲字游。張禹以帝師尊重，雲上書求見，公卿在前，雲曰：「今朝廷大臣不能匡主，臣願得尙方斬馬劍，斷佞臣一人頭，以厲其餘。」上問：「誰也？」對曰：「安昌侯張禹。」尙方，少府之屬官也，作供御器物，故有斬馬劍，利可以斬馬也。並見前書。

〔五〕左傳曰：「有神降于莘，周內史過曰：『國之將興，明神降之，監其德也。將亡，神又降之，觀其惡也。故有得神以興，亦有以亡。』」國語曰「昔夏之興也，祝融降於崇山；其亡也，回祿信於黔遂。商之興也，檮杌次於(平)〔丕〕山；其亡也，夷羊在牧。周之興也，鸑鷟鳴於岐山；其衰也，杜伯射王於鄗」也。

〔六〕韓詩序曰：「蝃蝀，刺奔女也。蝃蝀在東，莫之敢指，詩人言蝃蝀在東者，邪色乘陽，人君淫佚之徵。臣子爲君父隱藏，故言莫之敢指。」蝃音帝。蝀音董。

〔七〕易稽覽圖中孚經之文也。比，類也。鄭玄注曰：「霓，邪氣也。陰無德，以好色得親幸於陽也。」

〔八〕孰，成也。

〔九〕春秋演孔圖曰：「霓者，斗之亂精也。失度投霓見。」宋均注曰：「投霓，投應也。」

〔一〇〕漢終于四百年，解見獻帝紀。

〔一一〕春秋文曜鉤曰：「白虹貫牛山，管仲諫曰：『無近妃宮，君恐失權。』齊侯大懼，退去色黨，更立賢輔，使后出望，上牛山四面聽之，以厭神。」宋均注曰：「山，君位也。虹蜺，陰氣也。陰氣貫之，君惑於妻黨之象也。望謂祭以謝過也。」流俗本「山」作「升」者，誤也。

〔一二〕上繫之詞。則，效也。

〔一三〕法言曰「賦者，童子彫蟲篆刻，壯夫不爲」也。

〔一四〕尚書驩兜曰：「都，共工方鳩僝功。」

〔一五〕楚詞曰：「冠履兮雜處。」詩曰「高岸爲谷，深谷爲陵」也。

〔一六〕詩大雅序曰：「板，凡伯刺厲王也。」其詩曰：「上帝板板，下人卒癉。」「蕩，邵穆公傷周室大壞也。」其詩曰：「蕩蕩上帝，下人之辟。」又云：「哀今之人，胡爲虺蜴。」注云：「蜴，蠑螈也。虺蜴之性，見人則走。哀哉，今之人何爲如是！傷時政也。」

〔一七〕無鹽之詞也，解見上。

〔一八〕謂變改而銷復之。

〔一九〕詩曰：「張仲孝友。」又曰：「袞職有闕，仲山甫補之。」皆周宣王賢臣也。

〔二〇〕慺慺猶勤勤也。音力侯反。

其冬，行辟雍禮，引賜爲三老。復拜少府、光祿勳，代劉郃爲司徒。帝欲造畢圭靈琨苑，賜復上疏諫曰：「竊聞使者並出，規度城南人田，欲以爲苑。昔先王造囿，裁足以脩三驅之禮，薪萊芻牧，皆悉往焉。先帝之制，左開鴻池，右作上林，〔一〕不奢不約，以合禮中。今猥規郊城之地，以爲苑囿，壞沃衍，〔二〕廢田園，驅居人，畜禽獸，殆非所謂『若保赤子』之義。〔三〕今城外之苑已有五六，〔四〕可以逞情意，順四節也，〔五〕宜惟夏禹卑宮，〔六〕太宗露臺之意，〔七〕以慰下民之勞。」書奏，帝欲止，以問侍中任芝、中常侍樂松。松等曰：「昔文王之囿百里，人以爲小；齊宣五里，人以爲大。〔八〕今與百姓共之，無害於政也。」帝悅，遂令築苑。

〔一〕鴻池在洛陽東，上林在西。

〔二〕杜預注左傳曰：「衍沃，平美之地也。」

〔三〕書曰「若保赤子，唯人其康乂」也。

〔四〕陽嘉元年起西苑，延熹二年造顯陽苑。洛陽宮殿名有平樂苑、上林苑。桓帝延熹元年置鴻德苑也。

〔五〕逞，快也。四節謂春蒐、夏苗、秋獮、冬狩也。

〔六〕孔子曰「禹惡衣服，卑宮室」也。

〔七〕文帝欲作露臺，召匠計之，直百金。帝曰「百金，中人十家之產。吾奉先帝宮室，常恐羞之，何以臺爲」也。

〔八〕孟子齊宣王問曰：「文王之囿方七十里，人猶以爲小；寡人之囿方四十里，人猶以爲大。何也？」曰：「文王之囿方七十里，芻蕘者往焉，雉菟者往焉，與人同之，人以爲小，不亦宜乎？」此云文王百里，齊宣五里，與孟子不同也。

四年，賜以病罷。居無何，拜太常，詔賜御府衣一襲，〔一〕自所服冠幘綬，玉壺革帶，金

錯鉤佩。〔一〕

〔一〕衣單複具曰襲。

〔二〕金錯，以金閒錯其文。

五年冬，復拜太尉。中平元年，黃巾賊起，賜被召會議詣省閤，切諫忤旨，因以寇賊免。

先是黃巾帥張角等執左道，稱大賢，以誑燿百姓，天下繈負歸之。賜時在司徒，召掾劉陶告曰：「張角等遭赦不悔，而稍益滋蔓，今若下州郡捕討，恐更騷擾，速成其患。且欲切勑刺史、二千石，簡別流人，各護歸本郡，以孤弱其黨，然後誅其渠帥，可不勞而定，何如？」陶對曰：「此孫子所謂不戰而屈人之兵，廟勝之術也。」〔一〕賜遂上書言之。會去位，事留中。〔二〕後帝徙南宮，閱錄故事，得賜所上張角奏及前侍講注籍，〔三〕乃感悟，下詔封賜臨晉侯，邑千五百戶。〔四〕初，賜與太尉劉寬、司空張濟〔五〕並入侍講，自以不宜獨受封賞，上書願分戶邑於寬、濟。帝嘉歎，復封寬及濟子，拜賜尚書令。數日出爲廷尉，賜自以代非法家，言曰：「三后成功，惟殷于民，皐陶不與焉，蓋吝之也。」〔六〕遂固辭，以特進就第。

〔一〕孫子曰：「未戰而廟勝，得筭多也。未戰而廟不勝，得筭少也。」

〔二〕謂所論事留在禁中，未施用之。

〔三〕所注之籍錄。

〔四〕臨晉，縣，屬馮翊，故城在今同州朝邑縣西南。

〔五〕濟字元江，細陽人也，張（輔）〔酺〕曾孫。

〔六〕吝，恥也。殷，盛也。尚書曰：「伯夷降典，折人惟刑，禹平水土，主名山川，稷降播種，農殖嘉穀，三后成功，惟殷於人。」言皋陶不預其數者，蓋恥之。

二年九月，復代張溫爲司空。其月薨。天子素服，三日不臨朝，贈東園梓器襚服，賜錢三百萬，布五百匹。策曰：「故司空臨晉侯賜，華嶽所挺，九德純備，〔一〕三葉宰相，輔國以忠。朕昔初載，授道帷幄，〔二〕遂階成勳，以陟大猷。師範之功，昭于內外，庶官之務，勞亦勤止。七在卿校，殊位特進，五登袞職，弭難乂寧。雖受茅土，未荅厥勳，哲人其萎，將誰諮度！朕甚懼焉。〔三〕禮設殊等，物有服章。今使左中郎將郭儀持節追位特進，〔四〕贈司空驃騎將軍印綬。」及葬，又使侍御史持節送喪，蘭臺令史十人發羽林騎輕車介士，〔五〕前後部鼓吹，又勑驃騎將軍官屬司空法駕，送至舊塋。〔六〕公卿已下會葬。謚文烈侯。及小祥，又會焉。子彪嗣。〔七〕

〔一〕挺，生也。九德即皋陶謨九德。

〔二〕詩大雅曰：「文王初載。」毛萇注云：「載，識也。」

〔三〕禮記曰：「孔子負手曳杖，消搖於門，歌曰：『太山其穨乎，梁木其壞乎，哲人其萎乎！』」

〔四〕前書，張禹爲丞相，以老罷就第，以列侯朝朔望，位特進，見禮如丞相。漢雜事曰：「諸侯功德優盛，朝廷所敬異，賜位特進，在三公下。」

〔五〕續漢志：「輕車，古之戰車也，洞朱輪輿，不巾不蓋，菑矛戟幢麾。」菑音側事反。菑謂插也。

〔六〕續漢志「三公、列侯車，倚鹿，伏熊，黑轓，朱班輪，鹿文飛軨，九游降龍。騎吏四人，皆帶劍持棨戟爲前列，三百石長導從，置門下五吏，賊曹、功曹皆帶劍車道，主簿、主記兩車爲從」也。

〔七〕禮「朞而小祥」，「又朞而大祥」。鄭玄注曰：「祥，吉也，言其漸即吉也。」

彪字文先，少傳家學。初舉孝廉，州舉茂才，辟公府，皆不應。熹平中，以博習舊聞，公車徵拜議郎，〔一〕遷侍中、京兆尹。光和中，黃門令王甫使門生於郡界辜榷官財物七千餘萬，〔二〕彪發其姦，言之司隸。司隸校尉陽球因此奏誅甫，天下莫不愜心。徵還爲侍中、五官中郎將，遷潁川、南陽太守，復拜侍中，三遷永樂少府、太僕、衞尉。

〔一〕華嶠書曰：「與馬日磾、盧植、蔡邕等著作東觀。」

〔二〕華嶠書曰：「甫使門生王翹辜榷。」解見靈帝紀。

中平六年，代董卓爲司空，其冬，代黃琬爲司徒。明年，關東兵起，董卓懼，欲遷都以違其難。〔一〕乃大會公卿議曰：「高祖都關中十有一世，光武宮洛陽，於今亦十世矣。案石包讖，宜徙都長安，以應天人之意。」百官無敢言者。彪曰：「移都改制，天下大事，故盤庚五遷，殷民胥怨。〔二〕〔昔〕關中遭王莽變亂，宮室焚蕩，民庶塗炭，百不一在。光武受命，更都洛邑。今天下無虞，〔三〕百姓樂安，明公建立聖主，光隆漢祚，無故捐宗廟，棄園陵，恐百姓驚動，必有糜沸之亂。〔四〕石包室讖，妖邪之書，豈可信用？」卓曰：「關中肥饒，故秦得并吞六國。且隴右材木自出，致之甚易。又杜陵南山下有武帝故瓦陶竈數千所，并功營之，可使一朝而辦。百姓何足與議！若有前却，我以大兵驅之，可令詣滄海。」〔五〕彪曰：「天下動之至易，安之甚難，惟明公慮焉。」卓作色曰：「公欲沮國計邪？」〔六〕太尉黃琬曰：「此國之大事，楊公之言得無可思？」卓不荅。司空荀爽見卓意壯，恐害彪等，因從容言曰：「相國豈樂此邪？山東兵起，非一日可禁，故當遷以圖之，此秦、漢之埶也。」卓意小解。爽私謂彪曰：「諸君堅爭不止，禍必有歸，故吾不爲也。」議罷，卓使司隸校尉宣播以災異奏免琬、彪等，詣闕謝，卽拜光祿大夫。十餘日，遷大鴻臚。從入關，轉少府、太常，以病免。復爲京兆尹、光祿勳，再遷光祿大夫。三年秋，代淳于嘉爲司空，以地震免。復拜太常。興平元年，代朱儁爲太尉，錄尚書事。及李傕、郭汜之亂，彪盡節衞主，崎嶇危難之閒，幾不免於害。語在董卓傳。及車駕還洛陽，復守尚書令。

〔一〕違，避也。

〔二〕盤庚，殷王之名也。胥，相也。遷都於亳，殷人相與怨恨。湯還亳，仲丁遷囂，河亶甲居相，祖乙居耿，并盤庚五也。

〔三〕虞，度也。言無可度之事也。書曰：「四方無虞。」

〔四〕如麋粥之沸也。詩曰：「如沸如羹。」

〔五〕言不敢避險難也。

〔六〕沮，止也。

建安元年，從東都許。時天子新遷，大會公卿，兗州刺史曹操上殿，見彪色不悅，恐於此圖之，未得讌設，託疾如廁，因出還營。彪以疾罷。時袁術僭亂，操託彪與術婚姻，誣以欲圖廢置，奏收下獄，劾以大逆。將作大匠孔融聞之，不及朝服，往見操曰：〔一〕「楊公四世清德，海內所瞻。周書父子兄弟罪不相及，〔二〕況以袁氏歸罪楊公。易稱『積善餘慶』，徒欺人耳。」〔三〕操曰：「此國家之意。」融曰：「假使成王殺邵公，周公可得言不知邪？今天下纓緌搢紳〔四〕所以瞻仰明公者，以公聰明仁智，輔相漢朝，舉直厝枉，致之雍熙也。今橫殺無辜，則海內觀聽，誰不解體！〔五〕孔融魯國男子，明日便當拂衣而去，不復朝矣。」〔六〕操不得已，遂理出彪。

〔一〕獻帝春秋曰：「〔融見〕操〔曰〕：『刑之不濫，君之明也。楊彪獲罪，懼者甚衆。』」

〔二〕左傳曰：「康誥曰：『父不慈，子不祗，兄不友，弟不恭，不相及也。』」

〔三〕易文言曰：「積善之家，必有餘慶。」

〔四〕說文曰：「纓，冠索也。」鄭玄注禮記曰：「緌，冠飾也。紳，帶也。搢，插也，插笏於紳也。」或作「縉」者，淺赤，言帶之色。

〔五〕左傳曰：季文子謂晉韓穿曰：「四方諸侯，誰不解體！」杜預注曰：「言不復肅敬也。」

〔六〕若以非罪殺彪，融則還爲魯國一男子，不復更來朝也。

四年，復拜太常，十年免。十一年，諸以恩澤爲侯者皆奪封。〔一〕彪見漢祚將終，遂稱腳攣不復行，積十年。後子脩爲曹操所殺，操見彪問曰：「公何瘦之甚？」對曰：「愧無日磾先見之明，猶懷老牛舐犢之愛。」〔二〕操爲之改容。

〔一〕彪父賜，以師傅封臨晉侯。

〔二〕前書曰，金日磾子二人，武帝所愛，以爲弄兒。其後弄兒壯大，不謹，自殿下與宮人戲，日磾適見之，惡其淫亂，遂殺弄兒。

脩字德祖，好學，有俊才，爲丞相曹操主簿，〔一〕用事曹氏。及操自平漢中，欲因討劉備而不得進，欲守之又難爲功，護軍不知進止何依。操於是出教，唯曰「雞肋」而已。外曹莫能曉，脩獨曰：「夫雞肋，食之則無所得，弃之則如可惜，公歸計決矣。」乃令外白稍嚴，操於此迴師。脩之幾決，多有此類。脩又嘗出行，籌操有問外事，乃逆爲荅記，勑守舍兒：「若有令出，依次通之。」既而果然。如是者三，操怪其速，使廉之，知狀，〔二〕於此忌脩。且以袁術之甥，慮爲後患，遂因事殺之。〔三〕

〔一〕典略曰：「脩，建安中舉孝廉，除郎中，丞相請署倉曹屬主簿。是時軍國多事，脩總知內外事，皆稱意。自魏太子以下，並爭與交好。」

〔二〕廉，察也。

〔三〕續漢書曰：「人有白脩與臨淄侯曹植飲醉共載，從司馬門出，謗訕鄢陵侯章。太祖聞之大怒，故遂收殺之，時年四十五矣。」

脩所著賦、頌、碑、讚、詩、哀辭、表、記、書凡十五篇。

及魏文帝受禪，欲以彪爲太尉，先遣使示旨。彪辭曰：「彪備漢三公，遭世傾亂，不能有所補益。耄年被病，豈可贊惟新之朝？」遂固辭。乃授光祿大夫，賜几杖衣袍，〔一〕因朝會引見，令彪著布單衣、鹿皮冠，杖而入，待以賓客之禮。年八十四，黃初六年卒于家。自震至彪，四世太尉，德業相繼，與袁氏俱爲東京名族云。〔二〕

〔一〕續漢書曰「魏文帝詔曰：『先王制几杖之賜，所以賓禮黃耇。太尉楊彪，乃祖以來世著名績，其賜公延年杖。延請之日便使杖入』」也。

〔二〕華嶠書曰：「東京楊氏、袁氏，累世宰相，爲漢名族。然袁氏車馬衣服極爲奢僭；能守家風，爲世所貴，不及楊氏也。」

論曰：孔子稱「危而不持，顛而不扶，則將焉用彼相矣」。〔一〕誠以負荷之寄，不可以虛冒，〔二〕崇高之位，憂重責深也。延、光之閒，震爲上相，抗直方以臨權枉，〔三〕先公道而後身名，可謂懷王臣之節，〔四〕識所任之體矣。遂累葉載德，〔五〕繼踵宰相。信哉，「積善之家，必有餘慶」。先世韋、平，方之蔑矣。〔六〕

〔二〕論語載孔子之言也。相扶持者，諭臣當輔君也。

〔二〕負荷之寄，周公、霍光之儔。

〔三〕坤六二曰「直方大不習無不利」也。

〔四〕易曰：「王臣謇謇，匪躬之故。」

〔五〕易曰：「德積載。」載，重也。

〔六〕韋賢、平當父子並相繼爲丞相。

贊曰：楊氏載德，仍世柱國。〔一〕震畏四知，秉去三惑。賜亦無諱，彪誠匪忒。〔二〕脩雖才子，渝我淳則。〔三〕

〔一〕言世爲國柱臣也。

〔二〕忒，差也。

〔三〕渝，變也。

校勘記

一七五九頁三行　八世祖喜　按：集解引惠棟說，謂太尉楊震碑作「熹」，喜讀爲熹也。

一七六〇頁四行　續漢(志)〔書〕曰　集解引沈欽韓說，謂「志」當作「書」，今據改。按：御覽九百九十六引作「謝承後漢書」。

一七六二頁二行　倫字仲桓　按：集解引惠棟說，謂案儒林傳，倫字仲理，東昏人。倫理名字相副，作「桓」者未詳。

一七六三頁八行　簒辭也　按：「辭」原譌「亂」，逕據汲本、殿本改正。

一七六五頁四行　去年十(一)〔二〕月四日京師地動　按：延光二年十二月戊辰，京師及郡國三地震。通鑑考異謂下文「其日戊辰」，十一月丙申朔，戊辰乃十二月四日也。今據改。

一七六六頁四行　小人怨詈則還自敬德　汲本「還自敬德」作「皇自敬德」，羣書治要作「洸目改聽」。按：李慈銘謂案無逸「皇自敬德」，今文尚書作「況自敬德」，隸釋載漢熹平石經尙書殘碑「況」作「兄」，兄即古況字，王肅尙書注訓爲滋益。石經用今文，楊震受歐陽尙書，故此疏用今文作「況自敬德」，因誤作「洸目改聽」，皆因形近致譌。章懷注僅引古文尙書「皇自敬德」，後人不解「況」字，遂改作「還」字，幸治要四字皆誤，轉可推求而得。

一七六六頁一四行　震行至城西几陽亭　汲本、殿本「几」作「夕」。集解引惠棟說，謂東觀記作「洛陽都亭」，袁宏紀作「洛陽沈亭」，通鑑作「几陽亭」。今按：清胡克家翻刻元刊胡注本通鑑作「夕陽亭」，章鈺校宋刊本通鑑三種及明孔天胤本，並作「几陽亭」。

一七六八頁一〇行 帝嘗從容問奇曰　按：「嘗」原作「常」，逕據汲本、殿本改。

一七六九頁六行 桃林縣有蕬鄉　按：「桃林」當作「弘農」。集解引惠棟說，謂郡國志宏農郡宏農縣有桃邱聚，故桃林，有蕬鄉。桃林非縣名，注訛。

一七六九頁八行 秉字叔節　按：校補引柳從辰說，謂御覽二百七引張璠漢記作「字叔卿」。

一七六九頁一三行 私過幸河南尹梁胤府舍　按：集解引沈欽韓說，謂袁宏紀云幸梁不疑府，梁冀子爲河南尹在元嘉初元之後，袁紀是。

一七七〇頁四行 特蒙哀識　集解引王補說，謂袁紀「哀識」作「光識」。按：校補謂「哀」字疑當作「表」。

一七七〇頁五行 太尉黃瓊　按：校補引柳從辰說，謂「太尉」袁紀作「太常」，又袁紀載秉上疏在元嘉元年，而瓊爲太尉在永興二年，則作「太常」是也。

一七七〇頁一六行 日月星辰山龍華蟲藻火粉米〔黼黻〕十二章　據汲本、殿本補。

一七七二頁二行 居郎閒　汲本、殿本「郎」譌「廊」。按：前書顏注，郎著皁衣，故章玄服以廁也。

一七七二頁七行 中常侍單超弟匡　按：集解引錢大昕說，謂案第五種傳以匡爲超兄子，宦者傳以爲超弟子。

一七七三頁一行 可告在所屬　按：刊誤謂案文多一「在」字。

一七四頁四行　覽顧知釁重　汲本、殿本「顧」作「固」。按：顧固通。

一七四頁七行　投畀(有)〔豺〕虎　刊誤謂「有」當作「豺」，注無它說，知與詩同。今據改。

一七五頁一〇行　左傳曰晉寺人披言也　「言」原譌「吉」，逕改正。按：「曰」字疑衍。

一七五頁一五行　賜字伯獻　按：集解引惠棟說，謂太尉楊公碑及文烈楊公碑皆云字伯猷，袁宏紀字子猷。又引沈欽韓說，謂謝承書作「伯欽」。又校補引柳從辰說，謂今袁紀作「字子獻」，又東觀記作「字伯獻」，與此同。

一七七頁六行　布恩施惠　按：「惠」原譌「志」，逕改正。

一七七頁一四行　景公時　按：陳景雲謂「景公」上脫「宋」字。

一七八頁一行　周文日昊不暇　汲本、殿本「昊」作「昃」。按：昃本作厢，昊爲厢之或字。

一七八頁二行　文王自朝至於日中仄　汲本、殿本「仄」作「昃」。按：仄昃通。

一七九頁五行　長壯大節　集解引沈欽韓說，謂列女傳「壯」作「指」。今按：初學記引作「壯」。

一七九頁六行　折臀出匈　汲本、殿本「出」作「凸」。按：列女傳作「出」，初學記引同。

一七九頁六行　年四十　按：集解引沈欽韓說，謂「四十」新序及初學記並作「三十」。

一七九頁六行　行嫁不售　按：集解引沈欽韓說，謂列女傳「行」作「衒」。

一七八一頁四行　禹數視其少子　按：「少」原譌「小」，逕改正。

一七八一頁九行　檮杌次於(平)〔丕〕山　據殿本改。

一七八一頁一三行　蝀音董　按：汲本「董」作「東」。

一七八三頁四行　齊宣五里　按：集解引惠棟說，謂王懋云世說舉樂松之語，云齊五十里，乃知非五里也，當時史文于「五」字下脫一「十」字。蓋七十里近于百里，四十里近于五十里，樂松舉其大要耳。

一七八五頁二行　張(輔)〔酺〕曾孫　據校補引柳從辰說改。按：張濟爲張酺曾孫，已見酺傳。

一七八六頁三行　三百石長導從置門下五吏賊曹功曹皆帶劍車道　按：刊誤謂案後漢志文，此不合有「三百石長」四字。又云「賊曹、督盜賊、功曹皆帶劍，三車導」，此文少「督盜賊」三字，又少一「三」字，又誤「導」字也。蓋門下五吏，賊曹一，督盜賊一，功曹一，主簿一，主記一，凡五車也。

一七八六頁一三行　光武宮洛陽於今亦十世矣　按：沈家本謂魏志董卓傳注「十世」作「十一世」，是也。此奪「一」字。

一七八六頁一五行　〔昔〕關中遭王莽變亂　據汲本、殿本補。

一七八七頁一三行　及車駕還洛陽　按：「還」原譌「遷」，逕改正。

一七八八頁一三行　〔融見〕操〔曰〕　據刊誤補。按：此注原在「劾以大逆」下，據刊誤說移此。

後漢書卷五十五

章帝八王傳第四十五

孝章皇帝八子：宋貴人生清河孝王慶，梁貴人生和帝，申貴人生濟北惠王壽、河閒孝王開，四王不載母氏。

千乘貞王伉，建初四年封。和帝卽位，以伉長兄，甚見尊禮。立十五年薨。子寵嗣，一名伏胡。永元七年，改國名樂安。立二十八年薨，是爲夷王。父子薨于京師，皆葬洛陽。

子鴻嗣。安帝崩，始就國。鴻生質帝。質帝立，梁太后下詔，以樂安國土卑溼，租委鮮薄，改〔封〕鴻(封)勃海王。〔一〕立二十六年薨，是爲孝王。

〔一〕委謂委輸也。

無子，太后立桓帝弟蠡吾侯悝爲勃海王，奉鴻（嗣）〔祀〕。〔一〕延熹八年，悝謀爲不道，有司請廢之。帝不忍，乃貶爲癭陶王，食一縣。

〔一〕悝，蠡吾侯翼子，河閒王開孫也。

悝後因中常侍王甫求復國，許謝錢五千萬。帝臨崩，遺詔復爲勃海王。悝知非甫功，不肯還謝錢。甫怒，陰求其過。初，迎立靈帝，道路流言悝恨不得立，欲鈔徵書，而中常侍鄭颯、〔一〕中黃門董騰並任俠通剽輕，數與悝交通。〔二〕王甫司察，以爲有姦，密告司隸校尉段熲。熹平元年，遂收颯送北寺獄。〔三〕使尚書令廉忠誣奏颯等謀迎立悝，大逆不道。遂詔冀州刺史收悝考實，又遣大鴻臚持節與宗正、廷尉之勃海，迫責悝。悝自殺。妃妾十一人，子女七十人，伎女二十四人，皆死獄中。傅、相以下，以輔導王不忠，悉伏誅。悝立二十五年國除。衆庶莫不憐之。

〔一〕音立。

〔二〕剽，疾也。

〔三〕北寺，獄名，屬黃門署。前書音義曰即若盧獄也。

平春悼王全，〔一〕以建初四年封。其年薨，葬於京師。無子，國除。

〔一〕續漢志平春，縣，屬江夏郡也。

清河孝王慶，母宋貴人。貴人，宋昌八世孫，扶風平陵人也。〔一〕父楊，以恭孝稱於鄉閭，不應州郡之命。楊姑即明德馬后之外祖母也。馬后聞楊二女皆有才色，迎而訓之。永平末，選入太子宮，甚有寵。肅宗即位，並爲貴人。建初三年，大貴人生慶，明年立爲皇太子，徵楊爲議郎，褒賜甚渥。貴人長於人事，供奉長樂宮，身執饋饌，太后憐之。太后崩後，竇皇后寵盛，以貴人姊妹並幸，慶爲太子，心內惡之，與母比陽主謀陷宋氏。〔二〕外令兄弟求其纖過，內使御者偵伺得失。〔三〕後於掖庭門邀遮得貴人書，云「病思生菟，令家求之」，因誣言欲作蠱道祝詛，以菟爲厭勝之術，日夜毀譖，貴人母子遂漸見疏。

〔一〕昌，文帝時爲中尉，以代邸功封壯武侯。

〔二〕比陽主，東海王彊女。

〔三〕偵，候也，音丑政反。廣雅曰：「偵，問也。」

慶出居承祿觀，數月，竇后諷掖庭令誣奏前事，請加驗實。七年，帝遂廢太子慶而立皇太子肇。肇，梁貴人子也。乃下詔曰：「皇太子有失惑無常之性，爰自孩乳，至今益章，恐襲其母凶惡之風，不可以奉宗廟，爲天下主。大義滅親，況降退乎！〔一〕今廢慶爲清河王。皇子肇保育皇后，承訓懷衽，導達善性，將成其器。蓋庶子慈母，尚有終身之恩，〔二〕豈若嫡后事正義明哉！今以肇爲皇太子。」遂出貴人姊妹置丙舍，使小黃門蔡倫考實之，皆承諷旨傅致其事，〔三〕乃載送暴室。二貴人同時飲藥自殺。〔四〕帝猶傷之，勑掖庭令葬於樊濯聚。〔五〕於是免楊歸本郡。郡縣因事復捕繫之，楊友人前懷令山陽張峻、左馮翊沛國劉均等奔走解釋，得以免罪。楊失志憔悴，卒于家。慶時雖幼，而知避嫌畏禍，言不敢及宋氏，帝更憐之，勑皇后令衣服與太子齊等。太子特親愛慶，入則共室，出則同輿。及太子卽位，是爲和帝，待慶尤渥，諸王莫得爲比，常共議私事。

〔一〕左傳，衞石碏殺其子厚，君子曰：「石碏純臣也，惡州吁而厚預焉。大義滅親，其是之謂乎！」

〔二〕儀禮喪服曰：「慈母如母。」謂妾子之無母，父命妾養之，故曰慈母。如母者，貴父之命也。

〔三〕傅讀曰附。

〔四〕續漢志曰「暴室，署名，主中婦人疾病」也。

〔五〕在洛陽城北也。

後慶以長，別居丙舍。永元四年，帝移幸北宮章德殿，講於白虎觀，慶得入省宿止。帝將誅竇氏，欲得外戚傳，〔一〕懼左右不敢使，乃令慶私從千乘王求，夜獨內之；又令慶傳語中常侍鄭衆求索故事。〔二〕及大將軍竇憲誅，慶出居邸，賜奴婢三百人，輿馬、錢帛、帷帳、珍寶、玩好充仞其第，又賜中傅以下至左右錢帛各有差。〔三〕

〔一〕前書外戚傳也。

〔二〕謂文帝誅薄昭，武帝誅竇嬰故事。

〔三〕前書音義曰：「中傅，宦者也。」

慶多被病，或時不安，帝朝夕問訊，進膳藥，所以垂意甚備。慶小心恭孝，自以廢黜，尤畏事愼法。每朔謁陵廟，常夜分嚴裝，衣冠待明；〔一〕約勑官屬，不得與諸王車騎競驅。常以貴人葬禮有闕，每竊感恨，至四節伏臘，輒祭於私室。竇氏誅後，始使乳母於城北遙祠。及竇太后崩，慶求上冢致哀，帝許之，詔太官四時給祭具。慶垂涕曰：「生雖不獲供養，終得奉祭祀，私願足矣。」欲求作祠堂，恐有自同恭懷梁后之嫌，遂不敢言。〔二〕常泣向左右，以爲沒齒之恨。〔三〕後上言外祖母王年老，遭憂病，下土無醫藥，願乞詣洛陽療疾。於是詔宋氏悉歸京師，除慶舅衍、俊、蓋、暹等皆爲郎。

〔一〕分，半也。

〔二〕恭懷梁后，和帝母梁貴人。

〔三〕沒，終；齒，年也。

十五年，有司以日食陰盛，奏遣諸王侯就國。詔曰：「甲子之異，責由一人。諸王幼稚，早離顧復，弱冠相育，〔一〕常有蓼莪、凱風之哀。〔二〕選懦之恩，知非國典，且復須留。」〔三〕至冬，從祠章陵，詔假諸王羽林騎各四十人。後中傅衞訢私爲臧盜千餘萬，詔使案理之，幷責慶不舉之狀。慶曰：「訢以師傅之尊，選自聖朝，臣愚唯知言從事聽，不甚有所糾察。」帝嘉其對，悉以訢臧財賜慶。及帝崩，慶號泣前殿，嘔血數升，因以發病。

〔一〕詩小雅曰：「父兮生我，母兮鞠我，顧我復我，出入腹我。」

〔二〕詩小雅曰：「蓼蓼者莪，匪莪伊蒿。哀哀父母，生我劬勞。」詩國風曰：「凱風自南，吹彼棘心。棘心夭夭，母氏劬勞。」

〔三〕選懦，仁弱慈戀不決之意也。懦音仁兗反。東觀記「須留」作「宿留」。

明年，諸王就國，鄧太后特聽清河王置中尉、內史，賜什物皆取乘輿上御，以宋衍等並爲清河中大夫。〔一〕慶到國，下令：「寡人生於深宮，長於朝廷，〔二〕仰恃明主，垂拱受成。〔三〕既以薄祐，早離顧復，屬遭大憂，〔四〕悲懷感傷。蒙恩大國，職惟藩輔，新去京師，憂心煢煢，夙夜屛營，未知所立。〔五〕蓋聞智不獨理，必須明賢。今官屬並居爵任，失得是均，庶望上遵策戒，下免悔咎。其糺督非枉，明察典禁，無令孤獲怠慢之罪焉。」

〔一〕續漢(書)〔志〕曰：「中大夫，秩六百石，無員，掌奉王使至京師。」
〔二〕魯哀公與孔子言曰：「寡人生於深宮之中，長於婦人之手。」事見孫卿子也。
〔三〕垂拱言無爲也。尚書曰：「垂拱仰成。」
〔四〕屬，近。
〔五〕煢煢，孤特也。屛營，仿偟也。

鄧太后以殤帝襁抱，遠慮不虞，〔一〕留慶長子祜與嫡母耿姬居清河邸。至秋，帝崩，立祜爲嗣，是爲安帝。太后使中黃門送耿姬歸國。

〔一〕襁以繒帛爲之，即今之小兒綳也。綳音必衡反。

帝所生母左姬，字小娥，小娥姊字大娥，犍爲人也。初，伯父聖坐妖言伏誅，家屬沒官，二娥數歲入掖庭，及長，並有才色。小娥善史書，喜辭賦。和帝賜諸王宮人，因入清河第。慶初聞其美，賞傅母以求之。及後幸愛極盛，姬妾莫比。姊妹皆卒，葬於京師。

慶立凡二十五年，乃歸國。其年病篤，謂宋衍等曰：「清河埤薄，〔二〕欲乞骸骨於貴人冢傍下棺而已。朝廷大恩，猶當應有祠室，庶母子并食，魂靈有所依庇，死復何恨？」乃上書太后曰：「臣國土下溼，願乞骸骨，下從貴人於樊濯，雖歿且不朽矣。及今口目尚能言視，冒昧干請。命在呼吸，願蒙哀憐。」遂薨，年二十九。遣司空持節與宗正奉弔祭；又使長樂謁者僕射、中謁者二人副護喪事；賜龍旂九旒，虎賁百人，儀比東海恭王。〔三〕太后使掖庭丞送左姬喪，與王合葬廣丘。

〔二〕埤音婢。

〔三〕旂有九旒，天子制也。恭王彊葬，贈以殊禮，升龍、旄頭、鸞輅、龍旂，虎賁百人。

子愍王虎威嗣。永初元年，太后封宋衍爲盛鄉侯，分清河爲二國，封慶少子常保爲廣川王，子女十一人皆爲鄉公主，食邑奉。明年，常保薨，無子，國除。虎威立三年薨，亦無子。鄧太后復立樂安王寵子延平爲清河王，是爲恭王。〔一〕

〔一〕寵卽千乘王伉之子。

太后崩，有司上言：「清河孝王至德淳懿，載育明聖，承天奉祚，爲郊廟主。漢興，高皇帝尊父爲太上皇，宣帝號父爲皇考，〔一〕序昭穆，置園邑。（太）〔大〕宗之義，舊章不忘。〔二〕宜上尊號曰孝德皇，皇妣左氏曰孝德后，孝德皇母宋貴人追謚曰敬隱后。」乃告祠高廟，使司徒持節與大鴻臚奉策書璽綬（之）清河，追上尊號；又遣中常侍奉太牢祠典，護禮儀侍中劉珍等及宗室列侯皆往會事。尊陵曰甘陵，廟曰昭廟，置令、丞，設兵車周衞，比章陵。〔三〕復以廣川益清河國。尊耿姬爲甘陵大貴人。又封女弟侍男爲涅陽長公主，別得爲舞陰長公主，久長爲濮陽長公主，直得爲平氏長公主。餘七主並早卒，故不及進爵。追贈敬隱后女弟小貴人印綬，追封謚宋楊爲當陽穆侯。〔四〕楊四子皆爲列侯，食邑各五千戶。宋氏爲卿、校、侍中、大夫、謁者、郎吏十餘人。孝德后異母弟次及達生二人，諸子九人，皆爲清河國郎中。耿貴人者，牟平侯舒之孫也。貴人兄寶，襲封牟平侯。帝以寶嫡舅，寵遇甚渥，位至大將軍，事已見耿舒傳。

〔一〕宣帝父諱進，武帝時號史皇孫，坐戾太子事遇害。帝即位，追尊皇考，立廟。

〔二〕（太）〔大〕宗謂繼嗣也。左傳季桓子曰「舊章不可忘」也。

〔三〕皇考南頓君陵。

〔四〕當陽，今荆州也。

〔延平〕立三十五年薨，子蒜嗣。冲帝崩，徵蒜詣京師，將議爲嗣。會大將軍梁冀與梁太后立質帝，罷歸國。

蒜爲人嚴重，動止有度，朝臣太尉李固等莫不歸心焉。初，中常侍曹騰謁蒜，蒜不爲禮，宦者由此惡之。及帝崩，公卿皆正議立蒜，而曹騰說梁冀不聽，遂立桓帝。語在李固傳。蒜由此得罪。

建和元年，甘陵人劉文與南郡妖賊劉鮪交通，訛言清河王當統天下，欲共立蒜。事發覺，文等遂劫清河相謝暠，將至王宮司馬門，〔一〕曰：「當立王爲天子，暠爲公。」暠不聽，罵之，文因刺殺嵩。於是捕文、鮪誅之。有司因劾奏蒜，坐貶爵爲尉氏侯，徙桂陽，自殺。立三年，國絕。

〔一〕帝紀「謝」作「射」，蓋紀傳不同。

梁冀惡清河名，明年，乃改爲甘陵。梁太后立安平孝王子經侯理爲甘陵王，〔一〕奉孝德皇祀，是爲威王。

〔一〕安平王德，河閒王開子。

理立二十五年薨，子貞王定嗣。

定立四年薨，子獻王忠嗣。黃巾賊起，忠爲國人所執，既而釋之。靈帝以親親故，詔復忠國。忠立十三年薨，嗣子爲黃巾所害，建安十一年，以無後，國除。

濟北惠王壽，母申貴人，潁川人也，世吏二千石。貴人年十三，入掖庭。壽以永元二年封，分太山郡爲國。和帝遵肅宗故事，兄弟皆留京師，恩寵篤密。有司請遣諸王歸藩，不忍許之，及帝崩，乃就國。永初元年，鄧太后封壽舅申轉爲新亭侯。壽立三十一年薨。自永初已後，戎狄叛亂，國用不足，始封王薨，減賻錢爲千萬，布萬匹；嗣王薨，五百萬，布五千匹。時唯壽最尊親，特賻錢三千萬，布三萬匹。

子節王登嗣。永寧元年，封登弟五人爲鄉侯，皆別食太山邑。

登立十五年薨，子哀王多嗣。

多立三年薨，無子。永和四年，立戰鄉侯安國爲濟北王，是爲釐王。〔一〕

〔一〕釐音僖也。

安國立（十）〔七〕年薨，子孝王次嗣。本初元年，封次弟猛爲亭侯。次九歲喪父，至孝。建和元年，梁太后下詔曰：「濟北王次以幼年守藩，躬履孝道，父沒哀慟，焦毀過禮，草廬土席，衰杖在身，頭不枇沐，體生瘡腫。諒闇已來二十八月，自諸國有憂，未之聞也，朝廷甚嘉焉。書不云乎：『用德章厥善。』〔一〕詩云：『孝子不匱，永錫爾類。』〔二〕今增次封五千戶，廣其土宇，以慰孝子惻隱之勞。」

〔一〕尚書盤庚之辭也。言以道德明之，使競爲善也。

〔二〕詩大雅也。匱，竭也。類，善也。永，長也。言孝子之行，無有匱竭，長賜與汝之族類，致道天下。

次立（十）七年薨，子鸞嗣。鸞薨，子政嗣。政薨，無子，建安十一年，國除。

河閒孝王開，以永元二年封，分樂成、勃海、涿郡爲國。延平元年就國。開奉遵法度，吏人敬之。永寧元年，鄧太后封開子翼爲平原王，奉懷王勝祀；〔一〕子德爲安平王，奉樂成王黨祀。〔二〕

〔一〕勝，和帝子。

〔二〕黨，明帝子也。

開立四十二年薨，子惠王政嗣。政慠佷，不奉法憲。順帝以侍御史吳郡沈景有彊能稱，故擢爲河閒相。景到國謁王，王不正服，箕踞殿上。侍郎贊拜，景峙不爲禮。〔一〕問王所在，虎賁曰：「是非王邪？」景曰：「王不服，常人何別！今相謁王，豈謁無禮者邪！」王慙而更服，景然後拜。出住宮門外，請王傅責之曰：「前發京師，陛下見受詔，以王不恭，使相檢督。諸君空受爵祿，而無訓導之義。」因奏治罪。詔書讓政而詰責傅。景因捕諸姦人上案其罪，〔二〕殺戮尤惡者數十人，出冤獄百餘人。政遂爲改節，悔過自脩。陽嘉元年，封政弟十三人皆爲亭侯。

〔一〕峙，立也。

〔二〕上，奏上也，音市丈反。

政立十年薨，子貞王建嗣。建立十年薨，子安王利嗣。利立二十八年薨，子陔嗣。陔立四十一年，魏受禪，以爲崇德侯。

蠡吾侯翼，元初六年鄧太后徵濟北、河閒王諸子詣京師，奇翼美儀容，故以爲平原懷王後焉。〔一〕留在京師。歲餘，太后崩。安帝乳母王聖與中常侍江京等譖鄧騭兄弟及翼，云與中大夫趙王謀圖不軌，闚覦神器，懷大逆心。〔二〕貶爲都鄉侯，遣歸河閒。翼於是謝賓客，閉門自處。永建五年，父開上書，願分蠡吾縣以封翼，順帝從之。

〔一〕平原王得無子，故立之也。

〔二〕神器喻帝位也。老子曰：「天下神器，不可爲也。」

翼卒，子志嗣，爲大將軍梁冀所立，是爲桓帝。梁太后詔追尊河閒孝王爲孝穆皇，夫人趙氏曰孝穆后，廟曰清廟，陵曰樂成陵；蠡吾先侯曰孝崇皇，廟曰烈廟，陵曰博陵。皆置令、丞，使司徒持節奉策書、璽綬，祠以太牢。建和二年，更封帝（兄）〔弟〕都鄉侯碩爲平原王，留博陵，奉翼後。尊翼夫人馬氏爲孝崇博園貴人，以涿郡之良鄉、故安，河閒之蠡吾三縣爲湯沐邑。碩嗜酒，多過失，帝令馬貴人領王家事。建安十一年，國除。

解瀆亭侯淑，以河閒孝王子封。淑卒，子（長）〔萇〕嗣。（長）〔萇〕卒，子宏嗣，爲大將軍竇武所立，是爲靈帝。建寧元年，竇太后詔追尊皇祖淑爲孝元皇，夫人夏氏曰孝元后，陵曰敦陵，廟曰靖廟；皇考長爲孝仁皇，夫人董氏爲愼園貴人，陵曰愼陵，廟曰奐廟。皆置令、丞，使司徒持節之河閒奉策書、璽綬，祠以太牢，常以歲時遣中常侍持節之河閒奉祠。

熹平三年，使使拜河閒安王利子康爲濟南王，奉孝仁皇祀。

康薨，子贇嗣，建安十二年，爲黃巾賊所害。子開嗣，立十三年，魏受禪，以爲崇德侯。

城陽懷王淑，以永元二年分濟陰爲國。立五年薨，葬於京師。無子，國除，還并濟陰。

廣宗殤王萬歲，以永元五年封，分鉅鹿爲國。其年薨，葬於京師。無子，國除，還并鉅鹿。

平原懷王勝，和帝長子也。不載母氏。少有痼疾，延平元年封。立八年薨，葬於京師。無子，鄧太后立樂安夷王寵子得爲平原王，奉勝後，是爲哀王。得立六年薨，無子，永寧元年，太后又立河閒王開子都鄉侯翼爲平原王嗣。安帝廢之，國除。

論曰：傳稱吳子夷昧，甚德而度，有吳國者，必其子孫。〔一〕章帝長者，事從敦厚，繼祀漢室，咸其苗裔，古人之言信哉！

〔一〕夷昧，吳君之名。左傳屈狐庸謂趙文子曰：「若天所啓，其在今嗣君乎？甚德而度，德不失人，度不失事，有吳國者，必此君之子孫也。」杜預注云：「嗣君謂夷昧也。」

贊曰：章祚不已，本枝流祉。質惟伉孫，安亦慶子。河閒多福，桓、靈承祀。濟北無驕，皇恩寵饒。平原抱痼，三王薨朝。〔一〕振振子孫，或秀或苗。〔二〕

〔一〕平春王全、廣宗王萬歲、城陽王淑並薨於京師也。

〔二〕振振，仁厚貌也，音之人反。詩國風曰：「宜爾子孫振振兮。」論語曰：「苗而不秀者有矣夫，秀而不實者有矣夫！」苗謂早夭，秀謂成長也。

校勘記

一七九七頁二行 章帝八王傳第四十五　按：集解引黃山說，謂八王中平原王勝既爲和帝子，應稱「章和八王」，如前書「宣元六王」之例，「帝」蓋誤字。

一七九七頁九行 改〔封〕鴻（封）勃海王　校補謂案文「鴻封」當作「封鴻」。今據改。

一七九八頁一行 奉鴻（嗣）〔祀〕　據汲本、殿本改。

一七九九頁五行　大貴人生慶　按：集解引惠棟說，謂續漢書云「小貴人」。

一八〇一頁六行　中傅宦者也　按：汲本「宦者」作「官名」。

一八〇二頁三行　慶到國下令　按：刊誤謂「令」下少一「曰」字。

一八〇二頁一三行　既以薄祜　按：「祜」當作「祜」，汲本正作「祜」。然范書「祜」字皆作「祜」，或別有所諱，參閱周章傳校記。

一八〇三頁一行　續漢(書)〔志〕曰　按：「書」當作「志」，各本皆失正，今改。

一八〇三頁六行　留慶長子祜　集解引惠棟說，謂按說文當作「祜」。今按：范書「祜」皆作「祜」，參閱周章傳校記。

一八〇四頁一〇行　(太)〔大〕宗之義　按：殿本考證謂何焯校本「太」改「大」，是。今據改。注同。

一八〇四頁一一行　使司徒持節與大鴻臚奉策書璽綬〔之〕清河　校補謂案文「清河」上少一「之」字。今據補。

一八〇五頁四行　事已見耿舒傳　「已」原作「以」，逕據汲本、殿本改。按：已以通。

一八〇五頁九行　〔延平〕立三十五年薨　據刊誤補。

一八〇五頁一四行　甘陵人劉文與南郡妖賊劉鮪交通　按：集解引洪頤煊說，謂李固傳「甘陵劉文，魏郡劉鮪，各謀立蒜爲天子」。甘陵、魏郡皆與清河近，此作「南郡」，誤。又「劉鮪」朱穆傳作

「嚴鮪」。

一八〇六頁一行　坐貶爵爲尉氏侯徙桂陽　按：集解引惠棟說，謂天文志「徙爲犍爲都鄉侯，薨，國絕」。

一八〇七頁四行　立戰鄉侯安國爲濟北王　按：集解引惠棟說，謂「戰鄉」疑作「鬭鄉」。又引錢大昕說，謂和帝紀封故濟北王壽子安爲濟北王，無「國」字。

一八〇七頁六行　安國立（十）〔七〕年薨　張熷謂案文「十」當爲「七」。質帝紀永嘉元年四月，濟北王安薨，距永和四年止七年耳。今據改。

一八〇七頁一三行　次立〔十〕七年薨　張森楷校勘記謂次以本初元年嗣，若立七年，當薨於元嘉二年，而本紀於延熹五年乃有次薨之文，則相距十七年矣，「七」上明奪「十」字。今據補。

一八〇八頁二行　永寧元年至奉樂成王黨祀　按：集解引錢大昕說，謂安帝紀是年與平原王同封者，乃濟北王壽之子樂成王萇也。其明年爲建光元年，鄧太后崩，樂成王萇亦以罪廢。又明年爲延光元年，始改樂成國爲安平，封河閒王開子得爲王，得與德本一人也。此傳蓋有脫文，不可考矣。

一八〇八頁八行　王不服　按：刊誤謂「服」上少一「王」字。

一八〇九頁四行　中大夫趙王　按：集解引惠棟說，謂蔣果云「中大夫」疑當作「中大人」。又殿本考證謂「王」字疑當作「玉」，鄧太后紀有宮人趙玉。

一八〇九頁一〇行　更封帝(兄)〔弟〕都鄉侯碩爲平原王　按：「兄」當依桓帝紀作「弟」。桓帝紀校補引侯康說，謂東觀記稱桓帝爲蠡吾侯長子，則帝不得有兄也。今據改。

一八〇九頁一三行　子(長)〔萇〕嗣　刊誤謂案紀「長」作「萇」，他書亦然，明此誤。今據改。

一八一〇頁二行　康爲濟南王　按：集解引錢大昕說，謂案光武子有濟南安王康，此濟南王亦名康，先後同國同名，亦可疑也。御覽引續漢書，此濟南王名廣。

一八一〇頁三行　子開嗣　按：集解引惠棟說，謂開爲孝王六世孫，不應與始封之祖同諱，有誤。

後漢書卷五十六

張王种陳列傳第四十六

張晧字叔明，犍爲武陽人也。六世祖良，高帝時爲太子少傅，封留侯。晧少游學京師，（初）永元中，歸仕州郡，辟大將軍鄧騭府，五遷尚書僕射，職事八年，出爲彭城相。〔一〕

〔一〕明帝子彭城王恭之相也。

永寧元年，徵拜廷尉。晧雖非法家，而留心刑斷，數與尚書辯正疑獄，多以詳當見從。〔二〕時安帝廢皇太子爲濟陰王，晧與太常桓焉、太僕來歷廷爭之，不能得。事已具來歷傳。退而上疏曰：「昔賊臣江充，造構讒逆，至令戾園興兵，終及禍難。〔三〕後壺關三老一言，上乃覺悟，雖追前失，悔之何逮！〔三〕今皇太子春秋方始十歲，未見保傅九德之義，〔四〕宜簡賢輔，就成聖質。」書奏不省。

〔二〕詳審而平當也。

〔三〕趙人江充，字次倩。武帝時，爲直指繡衣，劾太子家吏行馳道中，恐爲太子所誅，見上年老，意多所惡，因言左右皆爲巫蠱。上乃使充捕案巫蠱。既知上意太子，乃言宮中有蠱氣，遂掘蠱太子宮，得桐木人。時上疾在甘泉宮，太子懼，不能自明，收充斬之，發兵與丞相劉屈氂戰，敗，亡走湖，自殺。後太子孫宣帝即位，追謚太子曰戾，於湖置園邑奉祠，故曰戾園。

〔三〕逮，及也。太子死後，壺關三老令狐茂上書訟太子冤，武帝感寤，憐太子無辜，乃族滅江充，作思子宮，爲歸來望思之臺於湖，天下聞而悲之。事見前書。

〔四〕尚書皋繇陳九德，曰「寬而栗，柔而立，愿而恭，亂而敬，擾而毅，直而溫，簡而廉，剛而塞，彊而誼」也。

及順帝即位，拜晧司空，在事多所薦達，天下稱其推士。時清河趙騰上言災變，譏刺朝政，章下有司，收騰繫考，所引黨輩八十餘人，皆以誹謗當伏重法。晧上疏諫曰：「臣聞堯舜立敢諫之鼓，三王樹誹謗之木，春秋採善書惡，聖主不罪芻蕘。〔一〕騰等雖干上犯法，所言本欲盡忠正諫。如當誅戮，天下杜口，塞諫爭之源，非所以昭德示後也。」帝乃悟，減騰死罪一等，餘皆司寇。〔二〕四年，以陰陽不和策免。

〔一〕左氏傳曰：「春秋之稱，微而顯，志而晦，懲惡而勸善，非聖人誰能修之。」

〔二〕前書音義曰：「司寇，二歲刑也。」輸作司寇，因以名焉。

陽嘉元年，復爲廷尉。其年卒官，時年八十三。遣使者弔祭，賜葬地於河南縣。子綱。

綱字文紀。少明經學。雖爲公子，而厲布衣之節。舉孝廉不就，司徒辟高第爲〔侍〕御史。時順帝委縱宦官，有識危心。綱常感激，慨然歎曰：「穢惡滿朝，不能奮身出命埽國家之難，雖生吾不願也。」退而上書曰：「詩曰：『不愆不忘，率由舊章。』〔一〕尋大漢初隆，及中興之世，文、明二帝，德化尤盛。觀其理爲，易循易見，但恭儉守節，約身尚德而已。中官常侍不過兩人，近倖賞賜裁滿數金，惜費重人，故家給人足。夷狄聞中國優富，任信道德，所以姦謀自消而和氣感應。而頃者以來，不遵舊典，無功小人皆有官爵，富之驕之而復害之，非愛人重器，承天順道者也。〔二〕伏願陛下少留聖恩，割損左右，以奉天心。」書奏不省。

〔一〕詩大雅也。愆，過也。率，循也。言成王令德，不過循用舊典之文。

〔二〕器謂車服也。言無功小人不可妄授也。左傳曰「唯器與名不可以假人」也。

漢安元年，選遣八使徇行風俗，皆耆儒知名，多歷顯位，〔一〕唯綱年少，官次最微。餘人受命之部，而綱獨埋其車輪於洛陽都亭，曰：「豺狼當路，安問狐狸！」〔二〕遂奏曰：「大將軍冀，河南尹不疑，蒙外戚之援，荷國厚恩，以芻蕘之資，居阿衡之任，不能敷揚五教，翼讚日月，而專爲封豕長蛇，肆其貪叨，〔三〕甘心好貨，縱恣無底，多樹諂諛，以害忠良。誠天威所不赦，大辟所宜加也。謹條其無君之心十五事，斯皆臣子所切齒者也。」〔四〕書御，京師震竦。〔五〕時冀妹爲皇后，內寵方盛，諸梁姻族滿朝，帝雖知綱言直，終不忍用。

〔一〕周舉傳曰：「詔遣八使巡行風俗，同時俱拜，天下號曰『八俊』。刺史、二千石有臧罪者，驛馬上之，墨綬已下便收；其有清勤忠惠宜表異者，狀聞。」八使名見順帝紀。

〔二〕前書京兆督郵侯文之辭。

〔三〕左傳申包胥曰「吳爲封豕長蛇，荐食上國」也。

〔四〕左傳曰「有無君之心，而後動於惡」也。前書鄒陽謂蓋侯王長君曰：「太后怫鬱泣血，切齒側目於貴臣矣。」

〔五〕御，進也。

時廣陵賊張嬰等衆數萬人，殺刺史、二千石，寇亂揚徐閒，積十餘年，朝廷不能討。冀乃諷尚書，以綱爲廣陵太守，因欲以事中之。前遣郡守，率多求兵馬，綱獨請單車之職。既到，乃將吏卒十餘人，徑造嬰壘，以慰安之，求得與長老相見，申示國恩。嬰初大驚，既見綱誠信，乃出拜謁。綱延置上坐，問所疾苦。乃譬之曰：「前後二千石多肆貪暴，〔一〕故致公等懷憤相聚。二千石信有罪矣，然爲之者又非義也。今主上仁聖，欲以文德服叛，故遣太守，思以爵祿相榮，不願以刑罰相加，今誠轉禍爲福之時也。若聞義不服，天子赫然震怒，荆、揚、兗、豫大兵雲合，豈不危乎？若不料彊弱，非明也；弃善取惡，非智也；去順效逆，非忠也；身絕血嗣，非孝也；〔二〕背正從邪，非直也；見義不爲，非勇也：六者成敗之幾，利害所從，公其深計之。」嬰聞，泣下，曰：「荒裔愚人，不能自通朝廷，不堪侵枉，遂復相聚偷生，若魚遊釜中，喘息須臾閒耳。今聞明府之言，乃嬰等更生之〈晨〉〔辰〕也。既陷不義，實恐投兵之日，不免孥戮。」綱約之以天地，誓之以日月，嬰深感悟，乃辭還營。明日，將所部萬餘人與妻子面縛歸降。綱乃單車入嬰壘，大會，置酒爲樂，散遣部衆，任從所之；親爲卜居宅，相田疇；〔三〕子弟欲爲吏者，皆引召之。人情悅服，南州晏然。朝廷論功當封，梁冀遏絕，乃止。天子嘉美，徵欲擢用綱，而嬰等上書乞留，乃許之。

〔一〕二千石謂太守也。

〔二〕凡祭皆用牲，故曰血嗣。

〔三〕相，視也。田並畔曰疇。

綱在郡一年，年四十六卒。百姓老幼相攜，詣府赴哀者不可勝數。綱自被疾，吏人咸爲祠祀祈福，皆言「千秋萬歲，何時復見此君」。張嬰等五百餘人制服行喪，送到犍爲，負土成墳。詔曰：「故廣陵太守張綱，大臣之苗，剖符統務，正身導下，班宣德信，降集劇賊張嬰萬人，息干戈之役，濟蒸庶之困，未升顯爵，不幸早卒。嬰等縗杖，若喪考妣，朕甚愍焉！」拜綱子續爲郎中，賜錢百萬。

王龔字伯宗，山陽高平人也。世爲豪族。初舉孝廉，稍遷青州刺史，劾奏貪濁二千石數人，安帝嘉之，徵拜尚書。建光元年，擢爲司隸校尉，明年遷汝南太守。政崇溫和，好才愛士，引進郡人黃憲、陳蕃等。憲雖不屈，蕃遂就吏。蕃性氣高明，初到，龔不卽召見之，乃留記謝病去。龔怒，使除其錄。功曹袁閬請見，言曰：「聞之傳曰『人臣不見察於君，不敢立於朝』。蕃既以賢見引，不宜退以非禮。」龔改容謝曰：「是吾過也。」乃復厚遇待之。由是後進知名之士莫不歸心焉。閬字奉高。數辭公府之命，不修異操，而致名當時。

永建元年，徵龔爲太僕，轉太常。四年，遷司空，以地震策免。

永和元年，拜太尉。在位恭慎，自非公事，不通州郡書記。其所辟命，皆海內長者。龔深疾宦官專權，志在匡正，乃上書極言其狀，請加放斥。諸黃門恐懼，各使賓客誣奏龔罪，順帝命亟自實。〔一〕前掾李固時爲大將軍梁商從事中郎，乃奏記於商曰：「今旦聞下太尉王公勑令自實，未審其事深淺何如。王公束脩厲節，敦樂蓺文，不求苟得，不爲苟行，〔二〕但以堅貞之操，違俗失衆，橫爲讒佞所構毀，衆人聞知，莫不歎慄。夫三公尊重，承天象極，未有詣理訴冤之義。〔三〕纖微感槩，輒引分決，是以舊典不有大罪，不至重問。〔四〕王公沈靜內明，不可加以非理。卒有它變，則朝廷獲害賢之名，羣臣無救護之節矣。昔絳侯得罪，袁盎解其過，〔五〕魏尙獲戾，馮唐訴其冤，〔六〕時君善之，列在書傳。今將軍內倚至尊，外典國柄，言重信著，指撝無違，宜加表救，濟王公之艱難。語曰：『善人在患，飢不及餐。』斯其時也。」商卽言之於帝，事乃得釋。

〔一〕亟，急也，音紀力反。

〔二〕前書曰，楊子雲曰：「蜀嚴湛冥不作苟見，不爲苟得。」

〔三〕三公承助天子，位象三台，故曰承天象極。哀帝時，丞相王嘉有罪，召詣廷尉詔獄。主簿曰「將相不對理陳冤，相踵以爲故事，君侯宜引決」也。

〔四〕大臣獄重，故曰重問。成帝時，丞相薛宣、御史大夫翟方進有罪，上使五二千石雜問。音義云：「大獄重，故以二千石五人同問之。」

〔五〕文帝時，丞相絳侯周勃免就國，人告以爲反，諸公莫敢爲言，唯郎中袁盎明絳侯無罪。絳侯得釋，盎有力也。

〔六〕馮唐，安陵人，文帝時爲郎署長。上與論將帥，唐曰：「臣聞魏尚爲雲中守，坐上功首虜差六級，陛下下之吏，削其爵，罰作之。臣愚以爲陛下法太明，罰太重。」文帝悅，捨尚復官也。

龔在位五年，以老病乞骸骨，卒於家。子暢。

論曰：張晧、王龔，稱爲(雅)〔推〕士，若其好通汲善，明發升薦，仁人之情也。夫士進則世收其器，賢用卽人獻其能。能獻既已厚其功，器收亦理兼天下。〔一〕其利甚博，而人莫之先，豈同折枝於長者，以不爲爲難乎？〔二〕昔柳下惠見抑於臧文，〔三〕淳于長受稱于方進。〔四〕然則立德者以幽陋好遺，顯登者以貴塗易引。故晨門有抱關之夫，〔五〕柱下無朱文

之軫也。〔六〕

〔一〕言賢人見用，則人競獻其所能。但有能卽獻，動必有功，功多賞厚，故言已厚其功。有才器必被收用，用則海內蒙福，故曰理兼天下。

〔二〕以不爲爲難，言不之難也。謂進賢達士，同折枝之易，而不爲之。孟子謂齊宣王曰：「今恩足以及禽獸，而不能加於百姓者何？非力不能，是不爲也。」王曰：「不能不爲，二者謂何也？」孟子曰：「夫挾太山以超北海，王能乎？」王曰：「不能。」「爲長者折枝，王能乎？」曰：「不能也。」孟子曰：「夫挾太山以超〔北〕海，是實不能，不可彊也。爲長者折枝甚易，而王不爲，非不能也。老吾老，以及人之老，幼吾幼，以及人之幼，天下可運諸掌，何爲不能加於百姓乎？」劉熙注孟子曰：「折枝，若今之案摩也。」

〔三〕柳下惠姓展，名禽，字獲，食邑於柳下，謚曰惠。臧文仲，魯大夫，姓臧孫，名辰。左傳仲尼曰：「臧文仲不仁者三，下展禽，廢六關，妾織蒲。」言文仲知柳下惠之賢而使在下位，故曰抑之。

〔四〕成帝時，定陵侯淳于長以太后姊子爲九卿。翟方進爲丞相，獨與長交，稱薦之。

〔五〕論語：「子路宿於石門。晨門曰：『奚自？』」注云：「石門，魯城外門也。晨，主守門，晨夜開閉也。」史記，侯嬴，夷門抱關者。守門必抱關，故兼言之。

〔六〕神仙傳曰：「老子，周宣王時爲柱下史。」朱文，畫車爲文也。軫，車後橫木也。言貧賤之人，多被淪弃，所以晨門之下必有抱關之賢，柱下之微永無朱文之轍也。

暢字叔茂。少以清實爲稱，無所交黨。初舉孝廉，辭病不就。大將軍梁商特辟舉茂才，四遷尚書令，出爲齊相。〔一〕徵拜司隸校尉，轉漁陽太守。所在以嚴明爲稱。坐事免官。是時政事多歸尚書，桓帝特詔三公，令高選庸能。〔二〕太尉陳蕃薦暢清方公正，有不可犯之色，〔三〕由是復爲尚書。

〔一〕齊王喜之相。

〔二〕庸，功也。

〔三〕禮記曰：「介冑之士，則有不可犯之色。」

尋拜南陽太守。前後二千石逼懼帝鄉貴戚，多不稱職。暢深疾之，下車奮厲威猛，其豪黨有釁穢者，莫不糾發。會赦，事得散。暢追恨之，更爲設法，諸受臧二千萬以上不自首實者，盡入財物；若其隱伏，使吏發屋伐樹，堙井夷竈，豪右大震。功曹張敞奏記諫曰：「五教在寬，著之經典。湯去三面，八方歸仁。〔一〕武王入殷，先去炮格之刑。〔二〕高祖鑒秦，唯定三章之法。孝文皇帝感一緹縈，蠲除肉刑。〔三〕卓茂、文翁、召父之徒，皆疾惡嚴刻，務崇溫厚。〔四〕仁賢之政，流聞後世。夫明哲之君，網漏吞舟之魚，〔五〕然後三光明於上，人物悅於下。言之若迂，其效甚近。〔六〕發屋伐樹，將爲嚴烈，雖欲懲惡，難以聞遠。以明府上智之才，日月之曜，〔七〕敷仁惠之政，則海內改觀，實有折枝之易，而無挾山之難。郡爲舊都侯甸之國，園廟出於章陵，〔八〕三后生自新野，〔九〕士女沾教化，黔首仰風流，自中興以來，功臣將相，繼世而隆。愚以爲懇懇用刑，不如行恩；孳孳求姦，未若禮賢。舜舉皋陶，不仁者遠。〔一〇〕隨會爲政，晉盜奔秦。〔一一〕虞、芮入境，讓心自生。〔一二〕化人在德，不在用刑。」暢深納敞諫，更崇寬政，愼刑簡罰，教化遂行。

〔一〕史記曰，湯爲夏方伯，得專征伐。出見野張四面網，祝曰：「自天下四方，皆入吾網。」湯曰：「嘻，盡之矣！去其三面！」祝曰：「欲左左，欲右右，不用命，乃入吾網。」諸侯聞曰：「湯德至禽獸！」於是諸侯畢服。嘻音僖。

〔二〕列女傳：「紂爲銅柱，以膏塗之，加于炭之上，使有罪緣焉，足滑跌墮，紂與妲己笑以爲樂，名曰炮格之刑。」臣賢案：史記及帝王代紀皆言文王爲西伯，獻洛西之地，請除炮格之刑。今云武王，與此不同。

〔三〕文帝時，太倉令淳于公有罪當刑。淳于公無男，有五女，罵其女曰：「生女不生男，緩急非有益也。」其少女緹縈自傷悲泣，隨父至長安，上書請沒官爲婢以贖父。文帝悲憐其意，爲除肉刑。

〔四〕景帝時，文翁爲蜀郡守，仁愛教化。宣帝時，召信臣爲南陽太守，視人如子，其化大行。

〔五〕韓詩外傳曰：「夫吞舟之魚，不居潛澤。」前書曰「高祖約法三章，號爲網漏吞舟之魚」也。

〔六〕迂，遠也。

〔七〕莊子曰「飾智以驚愚，修身以明汚，昭昭乎若揭日月而行」也。

〔八〕五百里甸服，千里侯服。南陽去洛千里，故曰侯甸。南頓君以上四廟在焉。

〔九〕光烈皇后，和帝陰后、鄧后，並新野人。

〔一〇〕論語子夏之辭也。

〔一一〕左傳，晉命隨會將中軍，且爲太傅，晉國之盜奔秦也。

〔一二〕史記曰，文王爲西伯，陰行善化，諸侯皆來決平。於是虞、芮之人有獄不決，乃如周。入界，見耕者讓畔，少者讓長。虞、芮二人不見西伯，慙而相謂曰：「吾所爭，周人所恥，曷爲取辱？」遂俱讓而還也。

郡中豪族多以奢靡相尚，暢常布衣皮褥，車馬羸敗，以矯其敝。同郡劉表時年十七，從暢受學。進諫曰：「夫奢不僭上，儉不逼下，〔一〕循道行禮，貴處可否之閒。蘧伯玉恥獨爲君子。府君不希孔聖之明訓，而慕夷齊之末操，〔二〕無乃皎然自貴於世乎？」暢曰：「昔公儀休在魯，拔園葵，去織婦；〔三〕孫叔敖相楚，其子被裘刈薪。〔四〕夫以約失之鮮矣。〔五〕聞伯夷之風者，貪夫廉，懦夫有立志。〔六〕雖以不德，敢慕遺烈。」

〔一〕禮記曰「君子上不僭上，下不逼下」也。

〔二〕論語孔子曰：「奢則不遜，儉則固。」言仲尼得奢儉之中，而夷齊飢死，是末操也。

〔三〕史記曰，魯相公儀休之其家，見織帛，怒而出其婦，食於舍而茹葵，慍而拔其葵，曰：「吾已食祿，又奪園夫女子利乎？」

〔四〕史記曰，孫叔敖爲楚相，且死，屬其子曰：「我死，汝貧困，往見優孟，言孫叔敖子也。」居數年，其子貧，負薪逢優孟。優孟言之於王，封之寢丘四百戶也。

〔五〕論語孔子之辭也。言儉則無失。

〔六〕孟子之辭。

後徵爲長樂衞尉。建寧元年，遷司空，數月，以水災策免。明年，卒於家。

子謙，爲大將軍何進長史。謙子粲，以文才知名。〔一〕

〔一〕粲字仲宣。蔡邕見而奇之。時邕才學顯著，貴重朝廷，車騎塡門，賓客盈坐。聞粲在門，倒屣迎之。既至，年幼，容狀短小，一座盡驚。邕曰：「王公之孫，有異才，吾不如也。」太祖辟粲爲丞相掾，後爲侍中。博物多識，問無不對。嘗與人行，讀道邊碑，人問「卿能闇記乎」？因使背而誦之，一文不失。觀人圍碁，粲爲覆之，棊者不信，以帊蓋之，更以它局爲之，不誤一道。年四十卒。魏志有傳。

种暠字景伯，河南洛陽人，仲山甫之後也。父爲定陶令，有財三千萬。父卒，暠悉以賑卹宗族及邑里之貧者。其有進趣名利，皆不與交通。始爲縣門下史。時河南尹田歆外甥王諶，名知人。〔一〕歆謂之曰：「今當舉六孝廉，多得貴戚書命，不宜相違，欲自用一名士以報國家，爾助我求之。」明日，諶送客於大陽郭，遙見暠，異之。還白歆曰：「爲尹得孝廉矣，近洛陽門下史也。」歆笑曰：「當得山澤隱滯，（近）〔迺〕洛陽吏邪？」諶曰：「山澤不必有異士，異士不必在山澤。」歆卽召暠於庭，辯詰職事。暠辭對有序，歆甚知之，召署主簿，遂舉孝廉，辟太尉府，舉高第。

〔一〕有知人之名也。

順帝末，爲侍御史。時所遣八使光祿大夫杜喬、周舉等，多所糾奏，而大將軍梁冀及諸宦官互爲請救，事皆被寢遏。暠自以職主刺舉，志案姦違，乃復劾諸爲八使所舉蜀郡太守劉宣等罪惡章露，宜伏歐刀。又奏請勑四府條舉近臣父兄及知親爲刺史、二千石尤殘穢不勝任者，免遣案罪。帝乃從之。擢暠監太子於承光宮。中常侍高梵從中單駕出迎太子，時太傅杜喬等疑不欲從，惶惑不知所爲。暠乃手劍當車，曰：「太子國之儲副，人命所係。今常侍來無詔信，何以知非姦邪？今日有死而已。」梵辭屈，不敢對，馳命奏之。詔報，太子乃得去。喬退而歎息，愧暠臨事不惑。帝亦嘉其持重，稱善者良久。

出爲益州刺史。暠素慷慨，好立功立事。在職三年，宣恩遠夷，開曉殊俗，岷山雜落皆懷服漢德。其白狼、槃木、唐菆、邛、僰諸國，〔一〕自前刺史朱輔卒後遂絕；暠至，乃復舉種向化。時永昌太守冶鑄黃金爲文蛇，以獻梁冀，暠糾發逮捕，馳傳上言，而二府畏懦，不敢案之，冀由是銜怒於暠。會巴郡人服直聚黨數百人，自稱「天王」，〔二〕暠與太守應承討捕，不克，吏人多被傷害。冀因此陷之，傳逮暠、承。太尉李固上疏救曰：「臣伏聞討捕所傷，本非暠、承之意，實由縣吏懼法畏罪，迫逐深苦，致此不詳。比盜賊羣起，處處未絕。暠、承以首舉大姦，而相隨受罪，臣恐沮傷州縣糾發之意，更共飾匿，莫復盡心。」〔三〕梁太后省奏，乃赦暠、承罪，免官而已。

〔一〕菆音側留反。

〔二〕「直」或作「宜」。

〔三〕言各飾僞辭，隱匿眞狀也。

後涼州羌動，以暠爲涼州刺史，甚得百姓歡心。被徵當遷，吏人詣闕請留之，太后歎曰：「未聞刺史得人心若是。」乃許之。暠復留一年，遷漢陽太守，戎夷男女送至漢陽界，暠與相揖謝，千里不得乘車。及到郡，化行羌胡，禁止侵掠。遷使匈奴中郎將。時遼東烏桓反叛，復轉遼東太守，烏桓望風率服，迎拜於界上。坐事免歸。

後司隸校尉舉暠賢良方正，不應。徵拜議郎，遷南郡太守，入爲尚書。會匈奴寇并涼二州，桓帝擢暠爲度遼將軍。暠到營所，先宣恩信，誘降諸胡，其有不服，然後加討。羌虜先時有生見獲質於郡縣者，悉遣還之。誠心懷撫，信賞分明，由是羌胡、龜茲、莎車、烏孫等皆來順服。暠乃去烽燧，除候望，〔一〕邊方晏然無警。

〔一〕晝舉烽，夜燔燧。解見光武紀。

入爲大司農。延熹四年，遷司徒。推達名臣橋玄、皇甫規等，爲稱職相。在位三年，年六十一薨。并、涼邊人咸爲發哀。匈奴聞嵩卒，舉國傷惜。單于每入朝賀，望見墳墓，輒哭泣祭祀。二子：岱，拂。

岱字公祖。好學養志。舉孝廉、茂才，辟公府，皆不就。公車特徵，病卒。

初，岱與李固子燮同徵議郎，燮聞岱卒，痛惜甚，乃上書求加禮於岱。曰：「臣聞仁義興則道德昌，道德昌則政化明，政化明而萬姓寧。伏見故處士种岱，淳和達理，耽悅詩書，富貴不能回其慮，萬物不能擾其心。稟命不永，奄然殂殞。若不槃桓難進，等輩皆已公卿矣。〔一〕昔先賢既沒，有加贈之典，〔二〕周禮盛德，有銘誄之文，〔三〕而岱生無印綬之榮，卒無官謚之號。雖未建忠效用，而爲聖恩所拔，遐邇具瞻，宜有異賞。」朝廷竟不能從。

〔一〕易屯卦曰：「槃桓，利居貞。」

〔二〕春秋隱公五年，臧僖伯卒，隱公葬之加一等。杜預曰：「加命服之一等。」

〔三〕周禮司勳曰：「凡有功者，銘書於王之太常。」又曰「卿大夫之喪，賜謚誄」也。

拂字穎伯。初爲司隸從事，拜宛令。時南陽郡吏好因休沐，游戲市里，爲百姓所患。拂出逢之，必下車公謁，以愧其心，自是莫敢出者。政有能名，累遷光祿大夫。初平元年，代荀爽爲司空。明年，以地震策免，復爲太常。

李傕、郭汜之亂，長安城潰，百官多避兵衝。拂揮劍而出曰：「爲國大臣，不能止戈除暴，致使凶賊兵刃向宮，去欲何之！」遂戰而死。子劭。

劭字申甫。少知名。中平末，爲諫議大夫。

大將軍何進將誅宦官，召幷州牧董卓，至澠池，而進意更狐疑，遣劭宣詔止之。卓不受，遂前至河南。劭迎勞之，因譬令還軍。卓疑有變，使其軍士以兵脅劭。劭怒，稱詔大呼叱之，軍士皆披，〔一〕遂前質責卓。卓辭屈，乃還軍夕陽亭。〔二〕

〔一〕披音芳靡反。

〔二〕夕陽亭在河南城西。

及進敗，獻帝卽位，拜劭爲侍中。卓旣擅權，而惡劭彊力，遂左轉議郎，出爲益涼二州刺史。會父拂戰死，竟不之職。服終，徵爲少府、大鴻臚，皆辭不受。曰：「昔我先父以身徇國，吾爲臣子，不能除殘復怨，何面目朝覲明主哉！」遂與馬騰、韓遂及左中郎劉範、諫議大夫馬宇共攻李傕、郭汜，以報其仇。與汜戰於長平觀下，〔一〕軍敗，劭等皆死。騰遂還涼州。

〔一〕長平，阪名也。有觀，在長安西十五里也。

陳球字伯眞，下邳淮浦人也。歷世著名。〔一〕父亹，廣漢太守。〔二〕球少涉儒學，善律令。陽嘉中，舉孝廉，稍遷繁陽令。〔三〕時魏郡太守諷縣求納貨賄，球不與之，太守怒而撾督郵，欲令逐球。〔四〕督郵不肯，曰：「魏郡十五城，獨繁陽有異政，今受命逐之，將致議於天下矣。」太守乃止。

〔一〕謝承書曰：「祖父屯，有令名。」

〔二〕亹音尾。

〔三〕繁陽，魏郡縣。

〔四〕撾，擊也。

復辟公府，舉高第，拜侍御史。是時，桂陽黠賊李研等羣聚寇鈔，陸梁荆部，州郡懦弱，不能禁，太尉楊秉表球爲零陵太守。球到，設方略，朞月閒，賊虜消散。而州兵朱蓋等反，與桂陽賊胡蘭數萬人轉攻零陵。零陵下溼，編木爲城，不可守備，郡中惶恐。掾史白遣家避難，球怒曰：「太守分國虎符，受任一邦，〔一〕豈顧妻孥而沮國威重乎？復言者斬！」乃悉內吏人老弱，與共城守，弦大木爲弓，羽矛爲矢，引機發之，遠射千餘步，多所殺傷。賊復激流灌城，球輒於內因地埶反決水淹賊。相拒十餘日，不能下。會中郎將度尚將救兵至，球募士卒，與尚共破斬朱蓋等。賜錢五十萬，拜子一人爲郎。遷魏郡太守。

〔一〕文帝初與郡守分銅虎符。

徵拜將作大匠，作桓帝陵園，所省巨萬以上。遷南陽太守，以糾舉豪右，爲埶家所謗，徵詣廷尉抵罪。會赦，歸家。

（復）〔徵〕拜廷尉。熹平元年，竇太后崩。太后本遷南宮雲臺，〔一〕宦者積怨竇氏，遂以衣車載后尸，置城南市舍數日。中常侍曹節、王甫欲用貴人禮殯，帝曰：「太后親立朕躬，統承大業。詩云：『無德不報，無言不酬。』〔二〕豈宜以貴人終乎？」於是發喪成禮。及將葬，節等復欲別葬太后，而以馮貴人配祔。〔三〕詔公卿大會朝堂，令中常侍趙忠監議。太尉李咸時病，乃扶輿而起，擣椒自隨，謂妻子曰：「若皇太后不得配食桓帝，吾不生還矣。」既議，坐者數百人，各瞻望中官，良久莫肯先言。趙忠曰：「議當時定。」怪公卿以下各相顧望。球曰：「皇太后以盛德良家，母臨天下，宜配先帝，是無所疑。」忠笑而言曰：「陳廷尉宜便操筆。」球即下議曰：「皇太后自在椒房，有聰明母儀之德。遭時不造，援立聖明，承繼宗廟，功烈至重。先帝晏駕，因遇大獄，遷居空宮，不幸早世，家雖獲罪，事非太后。今若別葬，誠失天下之望。且馮貴人冢墓被發，骸骨暴露，與賊併尸，魂靈汙染，〔四〕且無功於國，何宜上配至尊？」忠省球議，作色俛仰，蚩球曰：「陳廷尉建此議甚健！」球曰：「陳、竇既冤，皇太后無故幽閉，臣常痛心，天下憤歎。今日言之，退而受罪，宿昔之願。」公卿以下，皆從球議。李咸始不敢先發，見球辭正，然〔後〕大言曰：「臣本謂宜爾，誠與臣意合。」會者皆爲之愧。曹節、王甫復爭，以爲梁后家犯惡逆，別葬懿陵，武帝黜廢衞后，而以李夫人配食。〔五〕今竇氏罪深，豈得合葬先帝乎？李咸乃詣闕上疏曰：「臣伏惟章德竇后虐害恭懷，安思閻后家犯惡逆，而和帝無異葬之議，順朝無貶降之文。至於衞后，孝武皇帝身所廢弃，不可以爲比。今長樂太后尊號在身，親嘗稱制，坤育天下，〔六〕且援立聖明，光隆皇祚。太后以陛下爲子，陛下豈得不以太后爲母？子無黜母，臣無貶君，宜合葬宣陵，一如舊制。」帝省奏，謂曹節等曰：「竇氏雖爲不道，而太后有德於朕，不宜降黜。」節等無復言，於是議者乃定。咸字元貞，汝南人。累經州郡，以廉幹知名；在朝清忠，權倖憚之。

〔一〕太后父竇武與陳蕃謀誅宦官，反爲中常侍曹節矯詔殺武、蕃，遷太后焉。

〔二〕大雅抑詩也。

〔三〕祔謂新死之主祔於先死者之廟，婦祔於其夫，所祔之妃妾祔於妾祖姑也。

〔四〕段熲爲河南尹，坐盜發馮貴人冢，左遷諫議大夫。

〔五〕戾太子衞皇后共太子斬江充，自殺。武帝崩，霍光緣上雅意，以李夫人配食也。

〔六〕周易曰：「坤爲母。」

六年，遷球司空，以地震免。拜光祿大夫，復爲廷尉、太常。光和元年，遷太尉，數月，以日食免。復拜光祿大夫。明年，爲永樂少府，〔一〕乃潛與司徒河閒劉郃謀誅宦官。

〔一〕桓帝母孝崇皇后宮曰永樂，置太僕、少府。

初，郃兄侍中儵，與大將軍竇武同謀俱死，故郃與球相結。事未及發，球復以書勸郃曰：「公出自宗室，位登台鼎，天下瞻望，社稷鎮衞，豈得雷同容容無違而已？今曹節等放縱爲害，而久在左右，又公兄侍中受害節等，永樂太后所親知也。今可表徙衞尉陽球爲司隸校尉，以次收節等誅之。政出聖主，天下太平，可翹足而待也。」又尙書劉納以正直忤宦官，出爲步兵校尉，亦深勸於郃。郃曰：「凶豎多耳目，恐事未會，先受其禍。」納曰：「公爲國棟梁，傾危不持，焉用彼相邪？」〔一〕郃許諾，亦結謀陽球。

〔一〕論語孔子之辭也。

球小妻，程璜之女，璜用事宮中，所謂程大人也。節等頗得聞知，乃重賂於璜，且脅之。璜懼迫，以球謀告節，節因共白帝曰：「郃等常與藩國交通，有惡意。數稱永樂聲勢，受取狼籍。步兵校尉劉納及永樂少府陳球、衞尉陽球交通書疏，謀議不軌。」帝大怒，策免郃，郃與球及劉納、陽球皆下獄死。球時年六十二。

子瑀，吳郡太守；瑀弟琮，汝陰太守；弟子珪，沛相；珪子登，廣陵太守：並知名。〔一〕

〔一〕謝承書曰：「瑀舉孝廉，辟公府，洛陽市長；後辟太尉府，未到。永漢元年，就拜議郎，遷吳郡太守，不之官。球(兄)〔弟〕子珪，字漢瑜。舉孝廉，劇令，去官；舉茂才，濟北相。珪子登，字元龍。學通今古，處身循禮，非法不行，性兼文武，有雄姿異略，一領廣陵太守。」魏志曰，登在廣陵，有威名，有功加伏波將軍，年三十九卒。後許汜與劉備並在荆州牧劉表坐，備共論天下人，汜曰：「陳元龍淮海之士，豪氣不除。」備問汜曰：「君言豪，寧有事邪？」汜曰：「昔遭亂過下邳，見元龍無客主之意，不相與語，自上大牀臥，使客臥下牀。」備曰：「君有國士之名。今天下大亂，帝王失所，君須憂國忘家，有救世之意。乃求田問舍，言無可采，是元龍所諱也，何緣當與君語？如我自臥百尺樓上，臥君於地下，何但上下牀之閒哉！」表大笑也。

贊曰：安儲遭譖，張卿有請。〔一〕龔糾便佞，以直爲眚。〔二〕二子過正，埋車堙井。〔三〕种公自徵，臨官以威。陳球專議，桓思同歸。

〔一〕張晧爲廷尉，故曰卿。

〔二〕眚，過也。

〔三〕張綱埋輪，王(龔)〔暢〕堙井。孟子曰：「矯枉過正。」

校勘記

一八二五頁三行　張晧　按：集解引惠棟說，謂蜀志「晧」作「浩」。

一八二五頁四行　（初）永元中歸仕州郡　據刊誤刪。

一八二六頁一五行　司徒辟高第爲〔侍〕御史　羣書治要「御」上有「侍」字，又御覽七七八引及初學記一二引續漢書，並作「侍御史」，今據補。

一八二七頁二行　多樹諂諛　按：「諂」原譌「滔」，逕改正。

一八二七頁一五行　天下號曰八俊　按：集解引惠棟說，謂「八俊」續漢書作「八彥」。

一八二八頁一三行　身絕血嗣　按：集解引惠棟說，謂據注則正文注文之「嗣」字皆當作「祀」。

一八二八頁一五行　乃嬰等更生之（晨）〔辰〕也　按：校補謂「晨」當作「辰」，各本均未正。今據改。

一八二九頁九行　張嬰等五百餘人　按：校補引柳從辰說，謂袁紀作「三百餘人」。

一八三二頁一三行　稱爲（雅）〔推〕士　據汲本、殿本改。

一八三三頁六行　夫挾太山以超〔北〕海　據汲本、殿本補。

一八三五頁三行　陰行善化　按：「化」字疑衍。史記作「陰行善」，無「化」字。殿本「化」作「行」，疑涉上「行」字而衍。

一八三六頁三行　（近）〔迺〕洛陽吏邪　據汲本改。

一八三七頁八行　馳命奏之　刊誤謂案文多一「命」字。按：通鑑作「馳還奏之」。

〔一八二七頁二行〕自前刺史朱輔　按：集解引惠棟說，謂西南夷傳作「醻」，東觀記有傳，仍作「輔」。

〔一八二七頁三行〕而二府畏懦　按：御覽六四一引謝承書「二」作「三」。

〔一八二七頁一三行〕聚黨數百人　按：汲本、殿本作「百餘人」。

〔一八三〇頁一三行〕左中郎劉範諫議大夫馬宇　按：集解引錢大昕說，謂董卓傳云「侍中馬宇、右中郎將劉範」。

〔一八三〇頁一四行〕在長安西十五里也　按：集解引惠棟說，謂紀注及董卓傳注皆云去長安五十里。

〔一八三一頁二行〕太守怒而撾督郵　按：「撾」原作「檛」，逕據汲本、殿本改。注同。

〔一八三一頁一〇行〕而州兵朱蓋等反　集解引汪文臺說，謂御覽二百六十、三百四十七、類聚六十引張璠漢記作「朱葢」。今按：影印宋本御覽三四七作「朱蓋」。

〔一八三二頁三行〕受任一邦　按：集解引惠棟說，謂球，漢人，不應斥高祖諱。張璠漢記「邦」作「郡」。

〔一八三二頁六行〕(復)〔徵〕拜廷尉　刊誤謂案球初未嘗爲廷尉，何得言「復」，當作「徵」字。集解引汪文臺說，謂書鈔五十五引謝承書，云「橋玄表球明法律，徵拜廷尉正」。今據改。

〔一八三三頁三行〕然〔後〕大言曰　據汲本、殿本補。

〔一八三三頁九行〕咸字元貞　按：集解引惠棟說，謂蔡邕太尉李公碑云咸字元卓，案靈紀及胡廣傳注，皆云字元卓也。

一八二四頁五行　郃兄侍中儵　按：殿本「儵」作「儵」。

一八二五頁二行　球(兄)〔弟〕子珪　據殿本改，與正文合。

一八二五頁五行　陳元龍淮海之士　校補引柳從辰說，謂魏志「淮海」作「湖海」，御覽七百六引同。按：影宋本御覽作「河海」。

一八二五頁一三行　王(龔)〔暢〕堙井　據汲本、殿本改。

後漢書卷五十七

杜欒劉李劉謝列傳第四十七

杜根字伯堅，潁川定陵人也。父安，字伯夷，少有志節，年十三入太學，號奇童。京師貴戚慕其名，或遺之書，安不發，悉壁藏之。及後捕案貴戚賓客，安開壁出書，印封如故，竟不離其患，時人貴之。〔一〕位至巴郡太守，政甚有聲。

〔一〕離，被也。

根性方實，好絞直。〔一〕永初元年，舉孝廉，爲郎中。時和熹鄧后臨朝，權在外戚。根以安帝年長，宜親政事，乃與同時郎上書直諫。太后大怒，收執根等，令盛以縑囊，於殿上撲殺之。執法者以根知名，私語行事人使不加力，既而載出城外，根得蘇。太后使人檢視，根遂詐死，三日，目中生蛆，因得逃竄，爲宜城山中酒家保。〔二〕積十五年，酒家知其賢，厚敬待之。

〔一〕絞，急也。

〔三〕宜城縣故城在今襄州率道縣南，其地出美酒。廣雅云：「保，使也。」言爲人傭力保任而使也。

及鄧氏誅，左右皆言根等之忠。帝謂根已死，乃下詔布告天下，錄其子孫。根方歸鄉里，徵詣公車，拜侍御史。初，平原郡吏成翊世亦諫太后歸政，坐抵罪，與根俱徵，擢爲尙書郎，並見納用。或問根曰：「往者遇禍，天下同義，知故不少，何至自苦如此？」根曰：「周旋民閒，非絕跡之處，邂逅發露，禍及知親，故不爲也。」順帝時，稍遷濟陰太守。去官還家，年七十八卒。

翊世字季明，少好學，深明道術。延光中，中常侍樊豐、帝乳母王聖共譖皇太子，廢爲濟陰王。翊世連上書訟之，又言樊豐、王聖誣罔之狀。帝既不從，而豐等陷以重罪，下獄當死，有詔免官歸本郡。及濟陰王立，是爲順帝，司空張晧辟之。晧以翊世前訟太子之廢，薦爲議郎。翊世自以其功不顯，恥於受位，自劾歸。三公比辟，不應。〔一〕尙書僕射虞詡雅重之，欲引與共參朝政，乃上書薦之，徵拜議郎。後尙書令左雄、僕射郭虔復舉爲尙書。在朝正色，百僚敬之。

〔一〕比猶頻也。

欒巴字叔元，魏郡內黃人也。〔一〕〔好道〕。順帝世，以宦者給事掖庭，補黃門令，非其好也。性質直，學覽經典，雖在中官，不與諸常侍交接。後陽氣通暢，白上乞退，擢拜郎中，四遷桂陽太守。以郡處南垂，不閑典訓，爲吏人定婚姻喪紀之禮，興立（校）學〔校〕，以奬進之。雖幹吏卑末，皆課令習讀，程試殿最，隨能升授。〔二〕政事明察。視事七年，以病乞骸骨。

〔一〕神仙傳云：「巴，蜀郡人也。少而學道，不脩俗事。」

〔二〕幹，府吏之類也。晉令諸郡國不滿五千以下，置幹吏二人。郡縣皆有幹。幹猶主也。

荆州刺史李固薦巴治迹，徵拜議郎，守光祿大夫，與杜喬、周舉等八人徇行州郡。巴使徐州還，再遷豫章太守。郡土多山川鬼怪，小人常破貲產以祈禱。巴素有道術，能役鬼神，乃悉毀壞房祀，翦理姦巫，〔一〕於是妖異自消。百姓始頗爲懼，終皆安之。〔二〕遷沛相。所在有績，徵拜尚書。〔三〕會帝崩，營起憲陵。陵左右或有小人墳冢，主者欲有所侵毀，巴連上書苦諫。時梁太后臨朝，詔詰巴曰：「大行皇帝晏駕有日，卜擇陵園，務從省約，塋域所極，裁二十頃，而巴虛言主者壞人冢墓。事既非實，寢不報下，巴猶固遂其愚，復上誹謗。苟肆狂瞽，益不可長。」巴坐下獄，抵罪，禁錮還家。

〔一〕房謂爲房堂而祀者。

〔二〕神仙傳曰：「時廬山廟有神，於帳中與人言語，飲酒投杯，能令宮亭湖中分風，船行者舉帆相逢。巴未到十數日，廟中神不復作聲。郡中常患黃父鬼爲百姓害，巴到，皆不知所在，郡內無復疾疫」也。

〔三〕神仙傳曰：「巴爲尚書，正朝大會，巴獨後到，又飲酒西南噀之。有司奏巴不敬。有詔問巴，巴頓首謝曰：『臣本縣成都市失火，臣故因酒爲雨以滅火。臣不敢不敬。』詔即以驛書問成都，成都荅言：『正旦大失火，食時有雨從東北來，火乃息，雨皆酒臭。』後忽一旦大風，天霧晦暝，對坐皆不相見，失巴所在。尋問之，云其日還成都，與親故別也。」

二十餘年，靈帝即位，大將軍竇武、太傅陳蕃輔政，徵拜議郎。蕃、武被誅，巴以其黨，復謫爲永昌太守。以功自劾，辭病不行，上書極諫，理陳、竇之冤。帝怒，下詔切責，收付廷尉。巴自殺。子賀，官至雲中太守。

劉陶字子奇，一名偉，潁川潁陰人，濟北貞王勃之後。陶爲人居簡，不脩小節。所與交友，必也同志。好尚或殊，富貴不求合；情趣苟同，貧賤不易意。同宗劉愷，以雅德知名，獨深器陶。

時大將軍梁冀專朝，而桓帝無子，連歲荒飢，災異數見。陶時游太學，乃上疏陳事曰：

臣聞人非天地無以爲生，天地非人無以爲靈，〔一〕是故帝非人不立，人非帝不寧。夫天之與帝，帝之與人，猶頭之與足，相須而行也。伏惟陛下年隆德茂，中天稱號，〔二〕襲常存之慶，循不易之制，目不視鳴條之事，耳不聞檀車之聲，〔三〕天災不有痛於肌膚，震食不即損於聖體，故蔑三光之謬，輕上天之怒。伏念高祖之起，始自布衣，〔四〕拾暴秦之斂，追亡周之鹿，〔五〕合散扶傷，克成帝業。功既顯矣，勤亦至矣。流福遺祚，至於陛下。陛下既不能增明烈考之軌，而忽高祖之勤，妄假利器，委授國柄，使羣醜刑隸，芟刈小民，彫斂諸夏，虐流遠近，〔六〕故天降衆異，以戒陛下。陛下不悟，而競令虎豹窟於麑場，豺狼乳於春囿。〔七〕斯豈唐咨禹、稷，益典朕虞，議物賦土蒸民之意哉？又(令)〔今〕牧守長吏，上下交競；封豕長蛇，蠶食天下；貨殖者爲窮冤之魂，貧餒者作飢寒之鬼；高門獲東觀之辜，豐室羅妖叛之罪；〔八〕死者悲於窀穸，生者戚於朝野：〔九〕是愚臣所爲咨嗟長懷歎息者也。且秦之將亡，正諫者誅，諛進者賞，〔一〇〕嘉言結於忠舌，國命出於讒口，擅閻樂於咸陽，授趙高以車府。〔一一〕權去己而不知，威離身而不顧。古今一揆，成敗同埶。願陛下遠覽強秦之傾，近察哀、平之變，得失昭然，禍福可見。

〔一〕書曰「惟天地萬物父母，惟人萬物之靈」也。

〔二〕中謂當天之中也。

〔三〕鳴條，地名，在安邑之西。尚書曰：「伊尹相湯伐桀，遂與桀戰于鳴條之野。」檀車，兵車也。詩曰：「檀車嘽嘽，四牡痯痯，征夫不遠。」嘽音昌善反。痯音管。

〔四〕高祖曰：「吾以布衣提三尺以取天下。」

〔五〕前書蒯通曰：「秦失其鹿，天下共逐之。」音義云：「以鹿喻帝位也。」

〔六〕利器謂威權也。周禮「太宰以八柄詔王馭羣臣」，謂爵、祿、與、置、生、奪、廢、誅也。刑隸謂閹人也。

〔七〕鹿子曰麛。乳，產也。

〔八〕說苑曰「孔子爲魯司寇，七日而誅少正卯於東觀之下」也。

〔九〕杜元凱注左傳曰：「窀，厚也。穸，夜也。厚夜猶長夜也。」

〔一〇〕前書賈山上書曰「秦始皇進諛諂之人，殺直諫之士」也。

〔一一〕趙高爲車府令，與壻咸陽令閻樂謀殺胡亥。事見史記也。

臣又聞危非仁不扶，亂非智不救，故武丁得傳說，以消鼎雉之災，〔一〕周宣用申、甫，以濟夷、厲之荒。〔二〕竊見故冀州刺史南陽朱穆，前烏桓校尉臣同郡李膺，皆履正清平，貞高絕俗。穆前在冀州，奉憲操平，摧破姦黨，掃清萬里。膺歷典牧守，正身率下，及掌戎馬，威揚朔北。斯實中興之良佐，國家之柱臣也。宜還本朝，挾輔王室，上齊七燿，下鎮萬國。臣敢吐不時之義於諱言之朝，〔三〕猶冰霜見日，必至消滅。臣始悲天下之可悲，今天下亦悲臣之愚惑也。

〔一〕武丁，殷王高宗也。尚書曰，高宗得傅說爲相，殷復興焉。高宗時，有雉登鼎耳而雊，武丁懼而修德，位以永寧。

〔二〕申伯，仲山甫，周宣王之臣也。詩曰：「惟申及甫，惟周之翰。」史記曰，周孝王之子燮，是爲夷王。夷王崩，子厲王胡立，行暴虐，死于彘也。

〔三〕不時謂不合於時也。諱言謂拒諫也。

書奏不省。

時有上書言人以貨輕錢薄，故致貧困，宜改鑄大錢。事下四府羣僚及太學能言之士。陶上議曰：

聖王承天制物，與人行止，建功則衆悅其事，興戎而師樂其旅。是故靈臺有子來之人，武旅有鳬藻之士，〔一〕皆舉合時宜，動順人道也。臣伏讀鑄錢之詔，平輕重之議，訪覃幽微，不遺窮賤，是以藿食之人，謬延逮及。〔二〕

〔一〕詩大雅曰：「經始靈臺，經之營之，不日成之。經始勿亟，庶人子來。」武旅，周武王之旅。鳬得水藻，言喜悅也。

〔二〕說苑曰：「有東郭祖朝者，上書於晉獻公曰：『願請聞國家之計。』獻公使人告之曰：『肉食者已慮之矣，藿食者尚何預焉？』祖朝曰：『肉食者，一旦失計於廟堂之上，若臣等藿食，寧得無肝膽塗地於中原之野？其禍亦及臣之身，安得無預國家之計乎！』」

蓋以爲當今之憂，不在於貨，在乎民飢。夫生養之道，先食後（民）〔貨〕。是以先王觀象育物，敬授民時，〔一〕使男不逋畝，女不下機。故君臣之道行，王路之教通。由是言之，食者乃有國之所寶，生民之至貴也。竊見比年已來，良苗盡於蝗螟之口，杼柚空於公私之求，〔二〕所急朝夕之餐，所患靡監之事，豈謂錢貨之厚薄，銖兩之輕重哉？就使當今沙礫化爲南金，瓦石變爲和玉，〔三〕使百姓渴無所飲，飢無所食，雖皇羲之純德，唐虞之文明，猶不能以保蕭牆之內也。蓋民可百年無貨，不可一朝有飢，故食爲至急也。議者不達農殖之本，多言鑄冶之便，或欲因緣行詐，以賈國利。國利將盡，取者爭競，造鑄之端於是乎生。蓋萬人鑄之，一人奪之，猶不能給；況今一人鑄之，則萬人奪之乎？雖以陰陽爲炭，萬物爲銅，〔四〕役不食之民，使不飢之士，猶不能足無猒之求也。夫欲民殷財阜，要在止役禁奪，則百姓不勞而足。陛下聖德，愍海內之憂戚，傷天下之艱難，欲鑄錢齊貨以救其敝，此猶養魚沸鼎之中，棲鳥烈火之上。水木本魚鳥之所生也，用之不時，必至燋爛。願陛下寬鍥薄之禁，後冶鑄之議，〔五〕聽民庶之謠吟，問路叟之所憂，〔六〕瞰三光之文耀，視山河之分流。〔七〕天下之心，國家大事，粲然皆見，無有遺惑者矣。

〔一〕象，天象也。尚書曰：「欽若昊天，敬授人時。」

〔二〕詩曰：「小東大東，杼柚其空。」

〔三〕詩曰：「大路南金。」和玉，卞和之玉也。

〔四〕賈誼之言。

〔五〕鍥，刻也，音口結反。

〔六〕列子曰：「昔堯理天下五十年，不知天下理亂。堯乃微服遊於康衢。兒童謠曰：『立我蒸人，莫（不）〔非〕爾極，不識不知，順帝之則。』」說苑曰：「孔子行遊中路，聞哭者聲，其音甚悲。孔子避車而問之曰：『夫子非有喪也，何哭之悲？』虞丘子對曰：『吾有三失：吾少好學，周徧天下，還後吾親亡，一失也；事君奢驕不遂，是二失也；厚交友而後絕，是三失也。』」

〔七〕三光，日、月、星也。分謂山，流謂河。言日月有謫食之災，星辰有錯行之變，故視其文耀也。山崩川竭，皆亡之徵也。

臣嘗誦詩，至於鴻鴈于野之勞，哀勸百堵之事，每喟爾長懷，中篇而歎。〔一〕近聽征夫飢勞之聲，甚於斯歌。是以追悟匹婦吟魯之憂，始於此乎？〔二〕見白駒之意，屏營傍偟，不能監寐。〔三〕伏念當今地廣而不得耕，民衆而無所食。羣小競進，秉國之位，鷹揚天下，（鳥）〔烏〕鈔求飽，吞肌及骨，並噬無猒。誠恐卒有役夫窮匠，起於板築之閒，〔四〕投斤攘臂，登高遠呼，使愁怨之民，響應雲合，八方分崩，中夏魚潰。〔五〕雖方尺之錢，何能有救！其危猶舉函牛之鼎，絓纖枯之末，〔六〕詩人所以眷然顧之，潸焉出涕者也。〔七〕

〔一〕詩小雅鴻鴈之篇曰：「鴻鴈于飛，肅肅其羽。之子于征，劬勞于野。鴻鴈于飛，集於中澤。之子于垣，百堵皆作。」

鄭玄注云：「壞滅之國，徵人起屋舍，築牆壁，百堵同時而起，言趨事也。」

〔二〕列女傳曰：「魯漆室邑之女，過時未適人。當穆公之時，君老，太子幼，女倚柱而啼。傍人聞之，心莫不慘慘者。鄰婦從之遊，謂曰：『何哭之悲？子欲嫁乎？吾爲子求偶。』漆室女曰：『嗟乎，始吾以子爲知，今反無識也。豈爲嫁之故不樂而悲哉，吾憂魯君老而太子少也。』」

〔三〕詩曰：「皎皎白駒，食我場苗。縶之維之，以永今朝。」白駒諭賢人也。監寐猶寤寐也。

〔四〕役夫謂陳涉起蘄也。窮匠謂驪山之徒也。並見史記也。

〔五〕公羊傳曰：「其言梁亡何？魚爛而亡也。」何休曰：「魚爛，從中發潰爛也。」

〔六〕函牛之鼎謂大鼎也。淮南子曰：「函牛之鼎沸，則蟻不得置一足焉。」絓，掛也，音胡賣反。

〔七〕詩小雅大東之文也。潸，涕下貌。鄭玄注云：「傷今不如古也。」

臣東野狂闇，不達大義，緣廣及之時，對過所問，知必以身脂鼎鑊，爲天下笑。

帝竟不鑄錢。

後陶舉孝廉，除順陽長。縣多姦猾，陶到官，宣募吏民有氣力勇猛，能以死易生者，不拘亡命姦臧，於是剽輕劒客之徒過晏等十餘人，〔一〕皆來應募。陶責其先過，要以後效，使各結所厚少年，得數百人，皆嚴兵待命。於是覆案姦軌，所發若神。以病免，吏民思而歌之曰：「邑然不樂，思我劉君。何時復來，安此下民。」

〔一〕過，姓也，過國之後。見左傳。

書。

陶明尚書、春秋，爲之訓詁。推三家尚書〔一〕及古文，是正文字七百餘事，名曰中文尚書。

〔一〕三家謂夏侯建、夏侯勝、歐陽和伯也。

頃之，拜侍御史。靈帝宿聞其名，數引納之。時鉅鹿張角僞託大道，妖惑小民，陶與奉車都尉樂松、議郎袁貢連名上疏言之，曰：「聖王以天下耳目爲視聽，故能無不聞見。今張角支黨不可勝計。前司徒楊賜奏下詔書，切勑州郡，護送流民，會賜去位，不復捕錄。雖會赦令，而謀不解散。四方私言，云角等竊入京師，覘視朝政，鳥聲獸心，私共鳴呼。州郡忌諱，不欲聞之，但更相告語，莫肯公文。宜下明詔，重募角等，賞以國土。有敢回避，與之同罪。」帝殊不悟，方詔陶次第春秋條例。明年，張角反亂，海內鼎沸，帝思陶言，封中陵鄉侯，三遷尚書令。以所舉將爲尚書，難與齊列，乞從冗散，拜侍中。以數切諫，爲權臣所憚，徙爲京兆尹。到職，當出脩宮錢直千萬，〔一〕陶旣清貧，而恥以錢買職，稱疾不聽政。帝宿重陶才，原其罪，徵拜諫議大夫。

〔一〕時拜職名，當出買官之錢，謂之脩宮錢也。

是時天下日危，寇賊方熾，陶憂致崩亂，復上疏曰：「臣聞事之急者不能安言，心之痛者不能緩聲。竊見天下前遇張角之亂，後遭邊章之寇，每聞羽書告急之聲，心灼內熱，四體驚竦。今西羌逆類，私署將帥，皆多段熲時吏，曉習戰陳，識知山川，變詐萬端。臣常懼其輕出河東、馮翊，鈔西軍之後，東之函谷，據阸高望。今果已攻河東，恐遂轉更豕突上京。如是則南道斷絕，車騎之軍孤立，〔一〕關東破膽，四方動搖，威之不來，叫之不應，雖有田單、陳平之策，計無所用。臣前驛馬上便宜，急絕諸郡賦調，冀尚可安。事付主者，留連至今，莫肯求問。今三郡之民皆以奔亡，南出武關，北徙壺谷，〔二〕冰解風散，唯恐在後。今其存者尚十三四，軍吏士民悲愁相守，民有百走退死之心，而無一前鬬生之計。西寇浸前，去營咫尺，胡騎分布，已至諸陵。將軍張溫，天性精勇，而主者旦夕迫促，軍無後殿，假令失利，其敗不救。臣自知言數見厭，而言不自裁者，以爲國安則臣蒙其慶，國危則臣亦先亡也。謹復陳當今要急八事，乞須臾之閒，深垂納省。」其八事，大較言天下大亂，皆由宦官。宦官事急，共讒陶曰：「前張角事發，詔書示以威恩，自此以來，各各改悔。今者四方安靜，而陶疾害聖政，專言妖孽。州郡不上，陶何緣知？疑陶與賊通情。」於是收陶，下黃門北寺獄，掠按日急。陶自知必死，對使者曰：「朝廷前封臣云何？今反受邪譖。恨不與伊、呂同疇，而以三仁爲輩。」〔三〕遂閉氣而死，天下莫不痛之。

〔一〕時湟中義從胡北宮伯玉等叛，遣左車騎將軍皇甫嵩討之不剋也。
〔二〕三郡，河東、馮翊、京兆也。壺谷，壺關之谷，在上黨也。

〔三〕論語曰：「殷有三仁焉，微子去之，箕子爲之奴，比干諫而死。」

陶著書數十萬言，又作七曜論、匡老子、反韓非、復孟軻，及上書言當世便事、條教、賦、奏、書、記、辯疑，凡百餘篇。

時司徒東海陳耽，亦以非罪與陶俱死。耽以忠正稱，歷位三司。光和五年，詔公卿以謠言舉刺史、二千石爲民蠹害者。〔一〕時太尉許䤋、司空張濟承望內官，受取貨賂，其宦者子弟賓客，雖貪汙穢濁，皆不敢問，而虛糺邊遠小郡淸脩有惠化者二十六人。吏人詣闕陳訴，耽與議郎曹操上言：「公卿所舉，率黨其私，所謂放鴟梟而囚鸞鳳。」其言忠切，帝以讓䤋、濟，由是諸坐謠言徵者悉拜議郎。宦官怨之，遂誣陷耽死獄中。

〔一〕謠言謂聽百姓風謠善惡而黜陟之也。

李雲字行祖，甘陵人也。性好學，善陰陽。初舉孝廉，再遷白馬令。

桓帝延熹二年，誅大將軍梁冀，而中常侍單超等五人皆以誅冀功並封列侯，專權選舉。又立掖庭民女亳氏爲皇后，數月閒，后家封者四人，賞賜巨萬。〔一〕是時地數震裂，衆災頻降。雲素剛，憂國將危，心不能忍，乃露布上書，移副三府，〔二〕曰：「臣聞皇后天下母，德配坤靈，得其人則五氏來備，不得其人則地動搖宮。〔三〕比年災異，可謂多矣，皇天之戒，可謂至矣。高祖受命，至今三百六十四歲，君期一周，當有黃精代見，姓陳、項、虞、田、許氏，不可令此人居太尉、太傅典兵之官。〔四〕舉厝至重，不可不慎。班功行賞，宜應其實。梁冀雖持權專擅，虐流天下，今以罪行誅，猶召家臣搤殺之耳。而猥封謀臣萬戶以上，高祖聞之，得無見非？西北列將，得無解體？〔五〕孔子曰：『帝者，諦也。』〔六〕今官位錯亂，小人諂進，財貨公行，政化日損，尺一拜用不經御省。〔七〕是帝欲不諦乎？」帝得奏震怒，下有司逮雲，詔尚書都護劍戟送黃門北寺獄，使中常侍管霸與御史廷尉雜考之。時弘農五官掾杜衆傷雲以忠諫獲罪，上書願與雲同日死。帝愈怒，遂并下廷尉。大鴻臚陳蕃上疏救雲曰：「李雲所言，雖不識禁忌，干上逆旨，其意歸於忠國而已。昔高祖忍周昌不諱之諫，成帝赦朱雲腰領之誅。〔八〕今日殺雲，臣恐剖心之譏復議於世矣。〔九〕故敢觸龍鱗，冒昧以請。」〔一〇〕太常楊秉、洛陽市長沐茂、郎中上官資並上疏請雲。帝恚甚，有司奏以爲大不敬。詔切責蕃、秉，免歸田里；茂、資貶秩二等。時帝在濯龍池，管霸奏雲等事。霸(跪)〔詭〕言曰：「李雲野澤愚儒，杜衆郡中小吏，出於狂戇，不足加罪。」帝謂霸曰：「『帝欲不諦』，是何等語，而常侍欲原之邪？」顧使小黃門可其奏，雲、衆皆死獄中。後冀州刺史賈琮使行部，過祠雲墓，刻石表之。

〔一〕時封后兄康爲比陽侯，弟統昆陽侯，統從兄會安陽侯，統弟秉爲(濟)〔清〕陽侯。

〔二〕露布謂不封之也，並以副本上三公府也。

〔三〕史記曰：「庶徵：曰雨，曰暘，曰燠，曰風，曰寒。五者來備，各以其序，庶草繁廡。」是與氏古字通耳。春秋漢含孳曰：「女主盛，臣制命，則地動。」

〔四〕黃精謂魏氏將興也。陳、項、虞、田並舜之後。舜土德，亦尚黃，故忌也。

〔五〕列將謂皇甫規、段熲等。

〔六〕春秋運斗樞曰：「五帝脩名立功，脩德成化，統調陰陽，招類使神，故稱帝。帝之言諦也。」鄭玄注云：「審諦於物也。」

〔七〕尺一之板謂詔策也。見漢官儀也。

〔八〕周昌，解見陳忠傳。朱雲上書曰：「臣願賜尚方斬馬劍，斷佞臣一人，以厲其餘。」上問：「誰也？」對曰：「安昌侯張禹。」上大怒曰：「小臣居下訕上，廷辱師傅，罪死不赦。」御史將雲去。左將軍辛慶忌以死爭，上意解，然後得已。事並見前書。

〔九〕比干以死諫紂，紂怒曰：「吾聞聖人心有七竅。」乃剖比干而觀其心。事見史記。

〔10〕韓子曰：「夫龍之爲蟲也，可狎而馴也。然喉下有逆鱗，嬰之則殺人。人主有逆鱗，說者嬰之，則亦幾矣。」

論曰：禮有五諫，諷爲上。〔一〕若夫託物見情，因文載旨，使言之者無罪，聞之者足以自戒，〔二〕貴在於意達言從，理歸乎正。曷其絞訐摩上，以衒沽成名哉？〔三〕李雲草茅之生，不識失身之義，〔四〕遂乃露布帝者，班檄三公，至於誅死而不顧，斯豈古之狂也！〔五〕夫未信而諫，則以爲謗己，〔六〕故說者識其難焉。〔七〕

〔一〕五諫謂諷諫、順諫、闚諫、指諫、陷諫也。諷諫者，知患禍之萌而諷告也。順諫者，出辭遜順，不逆君心也。闚諫者，視君顏色而諫也。指諫者，質指其事而諫也。陷諫者，言國之害忘生爲君也。見大戴禮。

〔二〕卜商詩序之文也。

〔三〕絞，直也。訐，正也。沽，賣之。

〔四〕儀禮曰：「凡自稱於君宅〔者〕，在邦（者）曰市井之臣，在野則曰草茅之臣，庶人則曰刺草之臣。」易曰：「臣不密，則失身。」

〔五〕論語曰：「古之狂也直，今之狂也詐而已矣。」

〔六〕論語曰：「事君信而後諫，其君未信，則以爲謗己。」

〔七〕韓非有說難篇。

劉瑜字季節，廣陵人也。高祖父廣陵靖王。父辯，清河太守。〔一〕瑜少好經學，尤善圖讖、天文、歷筭之術。州郡禮請不就。

〔一〕謝承書云：「父祥，爲清河太守。」

延熹八年，太尉楊秉舉賢良方正，及到京師，上書陳事曰：

臣瑜自念東國鄙陋，得以豐沛枝胤，被蒙復除，不給卒伍。故太尉楊秉知臣竊闚典籍，猥見顯舉，誠冀臣愚直，有補萬一。而秉忠謨不遂，命先朝露。臣在下土，聽聞歌謠，驕臣虐政之事，遠近呼嗟之音，竊爲辛楚，泣血漣如。幸得引錄，備荅聖問，泄寫至情，不敢庸回。〔一〕誠願陛下且以須臾之慮，覽今往之事，人何爲咨嗟，天曷爲動變。

〔一〕庸，用也。回，邪也。

蓋諸侯之位，上法四七，垂文炳燿，關之盛衰者也。〔一〕今中官邪孽，比肩裂土，皆競立胤嗣，繼體傳爵，或乞子疎屬，或買兒市道，殆乖開國承家之義。〔二〕

〔一〕四七，二十八宿也。諸侯爲天子守四方，猶天之有二十八宿。漢官儀曰「天子建侯，上法四七」也。

〔二〕易曰：「大君有命，開國承家。」

古者天子一娶九女，〔一〕娣姪有序，河圖授嗣，正在九房。今女嬖令色，充積閨帷，皆當盛其玩飾，冗食空宮，勞散精神，生長六疾。〔二〕此國之費也，生之傷也。且天地之性，陰陽正紀，隔絕其道，則水旱爲并。詩云：「五日爲期，六日不詹。」〔三〕怨曠作歌，仲尼所錄。〔四〕況從幼至長，幽藏殁身。又常侍、黃門，亦廣妻娶。怨毒之氣，結成妖眚。

行路之言，官發略人女，取而復置，轉相驚懼。孰不悉然，無緣空生此謗。鄒衍匹夫，杞氏匹婦，尚有城崩霜隕之異，況乃羣輩咨怨，能無感乎！〔五〕

〔一〕公羊傳曰，諸侯一聘三女，天子一娶九女，夏、殷制也。

〔二〕左傳曰「天有六氣，淫生六疾。六氣曰陰、陽、風、雨、晦、明，過則爲災。陰淫寒疾，陽淫熱疾，風淫末疾，雨淫腹疾，晦淫惑疾，明淫心疾。女，陽物而晦時，淫則生內熱惑蠱之疾」也。

〔三〕詩小雅曰：「終朝采藍，不盈一襜。五日爲期，六日不詹。」注云：「詹，至也。婦人過時而怨曠，期至五日而歸，今六日不至，是以憂也。」

〔四〕謂仲尼刪詩編錄也。

〔五〕淮南子曰：「鄒衍事燕惠王盡忠，左右譖之，王繫之，仰天而哭，五月天爲之下霜。」列女傳曰「齊人杞梁襲莒，戰死。其妻無所歸，乃就夫尸於城下而哭之，七日城崩」也。

昔秦作阿房，國多刑人。今第舍增多，窮極奇巧，掘山攻石，不避時令。〔一〕促以嚴刑，威以（法）正〔法〕。民無罪而覆入之，民有田而覆奪之。州郡官府，各自考事，姦情賕賂，皆爲吏餌。民愁鬱結，起入賊黨，官輒興兵，誅討其罪。貧困之民，或有賣其首級以要酬賞，父兄相代殘身，妻孥相（見）〔視〕分裂。窮之如彼，伐之如此，豈不痛哉！

〔一〕禮記月令曰「孟夏之月，無有壞墮，無起土功，無發大衆」也。

又陛下以北辰之尊，神器之寶，而微行近習之家，私幸宦者之舍，〔一〕賓客市買，熏灼道路，因此暴縱，無所不容。今三公在位，皆博達道蓺，而各正諸己，莫或匡益者，非不智也，畏死罰也。惟陛下設置七臣，以廣諫道，〔二〕及開東序金縢史官之書，從堯舜禹湯文武致興之道，〔三〕遠佞邪之人，放鄭衞之聲，則政致和平，德感祥風矣。〔四〕臣悾悾推情，言不足採，〔五〕懼以觸忤，征營惽悸。

〔一〕近習謂親近狎者。
〔二〕孝經曰：「古者天子有爭臣七人。」鄭玄注：「七人謂三公及前疑、後承、左輔、右弼。」
〔三〕爾雅曰：「東西廂謂之序。」書曰：「天球河圖在東序。」縢，緘也。以金緘之，不欲人開也。
〔四〕孝經援神契曰：「德至八方則祥風至。」
〔五〕悾悾，誠懇之貌。

於是特詔召瑜問災咎之徵，指事案經讖以對。執政者欲令瑜依違其辭，而更策以它事。瑜復悉心以對，八千餘言，有切於前，帝竟不能用。拜爲議郎。

及帝崩，大將軍竇武欲大誅宦官，乃引瑜爲侍中，又以侍中尹勳爲尚書令，共同謀畫。及武敗，瑜、勳並被誅。事在武傳。

勳字伯元，河南人。從祖睦爲太尉，睦孫頌爲司徒。勳爲人剛毅直方。少時每讀書，得忠臣義士之事，未嘗不投書而仰歎。自以行不合於當時，不應州郡公府禮命。桓帝時，以有道徵，四遷尚書令。延熹中，誅大將軍梁冀，帝召勳部分衆職，甚有方略，封宜陽鄉侯。僕射霍諝，尚書張敬、歐陽參、李偉、虞放、周永，並封亭侯。勳後再遷至九卿，以病免，拜爲侍中。八年，中常侍具瑗、左悺等有罪免，奪封邑，因黜勳等爵。

瑜誅後，宦官悉焚其上書，以爲訛言。

子瑰，傳瑜學，明占候，能著災異。舉方正，不行。

謝弼字輔宣，東郡武陽人也。〔一〕中直方正，〔二〕爲鄉邑所宗師。建寧二年，詔舉有道之士，弼與東海陳敦、玄菟公孫度俱對策，皆除郎中。

〔一〕謝承書曰：「弼字輔鸞，東郡濮陽人也。」與此不同。

〔二〕猶言中正方直也。

時青蛇見前殿，大風拔木，詔公卿以下陳得失。弼上封事曰：

臣聞和氣應於有德，妖異生乎失政。上天告譴，則王者思其愆；政道或虧，則姦臣當其罰。夫蛇者，陰氣所生；鱗者，甲兵之符也。〔一〕鴻範傳曰：「厥極弱，時則有蛇龍之孽。」〔二〕又熒惑守亢，裴回不去，法有近臣謀亂，發於左右。不知陛下所與從容帷幄之內，親信者爲誰。宜急斥黜，以消天戒。臣又聞「惟虺惟蛇，女子之祥」。〔三〕伏惟皇太后定策宮闈，援立聖明，書云：「父子兄弟，罪不相及。」竇氏之誅，豈宜咎延太后？幽隔空宮，愁感天心，如有霧露之疾，陛下當何面目以見天下？〔四〕昔周襄王不能敬事其母，戎狄遂至交侵。〔五〕孝和皇帝不絕竇后之恩，前世以爲美談。〔六〕禮爲人後者爲之子，今以桓帝爲父，豈得不以太后爲母哉？援神契曰：「天子行孝，四夷和平。」方今邊境日蹙，兵革蜂起，自非孝道，何以濟之！願陛下仰慕有虞蒸蒸之化，俯思凱風慰母之念。〔七〕

〔一〕謝承書曰：「蛇者，陰(之)〔氣〕所生，龍之類也。龍有鱗，甲兵之符也。」

〔二〕前書曰「皇之不極，是謂不建，厥極弱，時則有下伐上之痾，龍蛇之孽」也。

〔三〕詩小雅之文也。鄭玄注云：「虺、蛇穴處，陰之祥也，故爲生女。」

〔四〕文帝徙淮南王長於蜀，袁盎曰：「淮南王爲人剛，今暴摧折之，臣恐其逢霧露病死，陛下有殺弟之名也。」

〔五〕史記曰，周襄王母早死，後母曰惠后，生叔帶，有寵。帶與戎翟謀伐襄王。

〔六〕竇太后崩，張酺等奏云：「不宜合葬先帝。」和帝手詔曰：「臣子無貶尊上之文，恩不忍離。」於是合葬。見皇后紀也。

〔七〕尚書舜典曰：「蒸蒸乂，不格姦。」孔安國注云：「蒸蒸猶進進也。言舜進於善道。」詩凱風曰：「有子七人，莫慰母心。」

臣又聞爵賞之設，必酬庸勳；開國承家，小人勿用。〔一〕今功臣久外，未蒙爵秩，阿母寵私，乃享大封，大風雨雹，亦由於茲。又故太傅陳蕃，輔相陛下，勤身王室，夙夜匪懈，而見陷羣邪，一旦誅滅。其爲酷濫，駭動天下，而門生故吏，並離徙錮。蕃身已往，人百何贖！〔二〕宜還其家屬，解除禁網。夫台宰重器，國命所繼。今之四公，唯司空劉寵斷斷守善，餘皆素餐致寇之人，〔三〕必有折足覆餗之凶。可因災異，並加罷黜。〔四〕徵故司空王暢，長樂少府李膺，並居政事，庶災變可消，國祚惟永。臣山藪頑闇，未達國典。策曰「無有所隱」，敢不盡愚，用忘諱忌。伏惟陛下裁其誅罰。

〔一〕易師卦上六爻詞也。

〔二〕詩國風曰：「如可贖兮，人百其身。」

〔三〕四公謂劉矩爲太尉，許訓爲司徒，胡廣爲太傅及寵也。書曰：「如有一介臣，斷斷猗，無它伎。」孔安國注云：「斷斷猗然專一之臣也。」素，空也。無德而食其祿曰素餐。易曰「負且乘，致寇至」也。

〔四〕易曰：「鼎折足，覆公餗。」鼎以喻三公。餗，鼎實也。折足覆餗，言不勝其任。

左右惡其言，出爲廣陵府丞。去官歸家。

中常侍曹節從子紹爲東郡太守，忿疾於弼，遂以它罪收考掠按，死獄中，時人悼傷焉。

初平二年，司隸校尉趙謙訟弼忠節，求報其怨〔魂〕，乃收紹斬之。

贊曰：鄧不明辟，〔一〕梁不損陵。慊慊欒、杜，諷辭以興。黃寇方熾，子奇有識。〔二〕武謀允臧，瑜亦協志。弼忤宦情，雲犯時忌。成仁喪己，同方殊事。

〔一〕尚書曰：「朕復子明辟。」孔安國注云：「復還明君之政於成王也。」言鄧后臨朝，不還政於安帝也。

〔二〕識，協韻音式侍反。

校勘記

一八三九頁一〇行　積十五年　按：校補引柳從辰說，謂袁宏紀載根上書直諫在永初二年十二月，「積十五年」作「積十年餘」。

一八四〇頁三行　拜侍御史　按：校補引錢大昭說，謂先賢行狀作「符節郎」。

一八四〇頁六行　年七十八卒　按：集解引周壽昌說，謂三國魏志引先賢行狀，云年八十七，以壽終，與此作「七十八」微異。

一八四一頁一行　魏郡內黃人也〔好道〕　據汲本、殿本補。

一八四一頁三行　興立(校)學〔校〕　據刊誤改。按：汲本作「學校」。

一八四三頁七行　以功自劾　按：汲本「劾」作「效」。又按：刊誤謂功不可以自劾，當是「無功自劾」，少一

「無」字。

〔一八四三頁〕八行　又（令）〔今〕牧守長吏　刊誤謂案文「令」當作「今」。張森楷校勘記謂羣書治要「令」作「今」。今據改。

〔一八四三頁〕九行　饕食天下　按：「饕」原譌「吞」，逕據汲本、殿本改正。

〔一八四四頁〕三行　吾以布衣提三尺以取天下　汲本、殿本「三尺」下有「劍」字。今按：史記有「劍」字。漢書無「劍」字，小顏謂三尺，劍也，流俗本或云「提三尺劍」，「劍」字後人所加耳。

〔一八四五頁〕一五行　先食後（民）〔貨〕　據刊誤改。

〔一八四七頁〕三行　莫（不）〔非〕爾極　據刊誤改。

〔一八四七頁〕一三行　（鳥）〔烏〕鈔求飽　集解引惠棟說，謂「鳥」當作「烏」，引周禮射鳥氏「以弓矢敺烏鳶」鄭玄注「烏鳶喜鈔盜，故云烏鈔」爲證。今據改。

〔一八四八頁〕一三行　後陶舉孝廉除順陽長　集解引汪文臺說，謂類聚十九引謝承書作「樅陽長」，類聚五十、御覽二百六十七引續漢書作「湞陽長」。今按：校補引柳從辰說，謂御覽四百六十五引本書，仍作「順陽長」。又按：類聚十九引謝承書，御覽二百六十七引續漢書，「劉陶」作「劉駒駼」，類聚五十作「劉騊」，御覽四百六十五引本書作「劉陶駼」，皆誤。

〔一八四九頁〕六行　不復捕錄　按：校補謂案上文止言讙迸流民，未言捕賊，楊賜又本以下州郡捕討恐更騷擾，明不主捕，先捕後錄，亦不成文理，「捕」當爲「補」之譌。

一八五一頁九行　按：此注原在「二千石」下，今據殿本移正。

一八五二頁三行　霸〔跪〕〔詭〕言曰　據汲本、殿本改。　按：胡刻通鑑亦譌「跪」，章鈺胡刻通鑑正文校宋記云明孔天胤本作「詭」，張敦仁校本同。

一八五二頁一四行　冀州刺史賈琮　按：集解引惠棟說，謂水經注作「賈瑢」。

一八五二頁一五行　統弟秉爲〔濟〕〔湆〕陽侯　據集解引惠棟說改。

一八五三頁一三行　吾聞聖人心有七竅　按：「七」原譌「九」，逕據汲本、殿本改正。

一八五四頁七行　凡自稱於君宅〔者〕在邦〔者〕曰市井之臣　據汲本改，與儀禮文合。

一八五四頁九行　古之狂也直今之狂也詐而已矣　按：今論語兩「狂」字皆作「愚」。意者，范氏元以李雲爲古之愚，而正文譌「愚」爲「狂」，後人遂並注文而改之歟？

一八五四頁一〇行　事君信而後諫其君未信　按：今論語無「事君」「其君」字，或章懷所見本異也。

一八五五頁四行　泣血漣如　按：「漣」原作「連」，逕據汲本、殿本改。

一八五五頁八行　闕之盛衰者也　按：集解引何焯說，謂「闕」字下有脫文。

一八五六頁一行　行路之言官發略人女　按：張森楷校勘記謂治要「之」下有「人」字。

一八五六頁三行　公羊傳曰諸侯一聘三女天子一娶九女　按：集解引惠棟說，謂公羊傳無此文，逸禮王度記有之，未知章懷何據以爲公羊傳也。

一八五六頁一三行　威以(法)正〔法〕　據刊誤改。按：汲本作「正法」。

一八五六頁一四行　妻孥相(見)〔覩〕分裂　據汲本、殿本改。

一八五八頁六行　建寧二年詔舉有道之士　殿本「二年」作「三年」。集解引錢大昕說，謂靈帝紀建寧元年五月，詔郡國守相舉有道之士各一人，「二年」當是「元年」之誤。按：校補謂案靈帝紀舉有道下詔雖在元年，郡國守相遵旨薦舉，奉准以某人爲有道之士，豈必尙在元年，錢說殊泥。惟殿本作「三年」，證以𢾺上封事所言各事，無一合者，殆必誤矣。

一八五九頁八行　蛇者陰(之)〔氣〕所生　據殿本改。

一八六〇頁四行　司空劉寵　按：校補謂案靈帝紀，詔公卿以下各上封事在建寧二年四月，其時劉寵尙爲司徒，傳文「司空」明是「司徒」之誤。

一八六〇頁一五行　求報其怨〔魂〕　據汲本、殿本補。

後漢書卷五十八

虞傅蓋臧列傳第四十八

虞詡字升卿，陳國武平人也。〔一〕祖父經，爲郡縣獄吏，案法平允，務存寬恕，每冬月上其狀，恆流涕隨之。嘗稱曰：「東海于公高爲里門，而其子定國卒至丞相。〔二〕吾決獄六十年矣，雖不及于公，其庶幾乎！子孫何必不爲九卿邪？」故字詡曰升卿。

〔一〕武平故城在今亳州鹿邑縣東北。酈元水經注云武平城西南七里有漢尚書令虞詡碑，題云「君諱詡，字定安，虞仲之後」。定安蓋詡之別字也。

〔二〕前書，于定國字曼倩，東海人。其父于公爲縣獄吏、郡決曹，所決皆不恨，爲之生立祠。其門閭壞，父老方共修之，于公曰：「少高大閭門，令容駟馬高蓋車。我決獄多陰德，未嘗有所冤，子孫必有興者。」至定國爲丞相，孫永爲御史大夫也。

詡年十二，能通尚書。早孤，孝養祖母。縣舉順孫，國相奇之，欲以爲吏。詡辭曰：「祖母九十，非詡不養。」相乃止。後祖母終，服闋，辟太尉李脩府，拜郎中。〔一〕

〔一〕漢官儀曰：「脩字伯游，襄城人也。」

永初四年，羌胡反亂，殘破并、涼，大將軍鄧騭以軍役方費，事不相贍，欲弃涼州，并力北邊，乃會公卿集議。騭曰：「譬若衣敗，壞一以相補，猶有所完。若不如此，將兩無所保。」議者咸同。詡聞之，乃說李脩曰：「竊聞公卿定策當弃涼州，求之愚心，未見其便。先帝開拓土宇，劬勞後定，而今憚小費，舉而弃之。涼州既弃，卽以三輔爲塞；三輔爲塞，則園陵單外。此不可之甚者也。喭曰：『關西出將，關東出相。』〔一〕觀其習兵壯勇，實過餘州。今羌胡所以不敢入據三輔，爲心腹之害者，以涼州在後故也。其士人所以推鋒執銳，無反顧之心者，爲臣屬於漢故也。若弃其境域，徙其人庶，安土重遷，必生異志。如使豪雄相聚，席卷而東，〔二〕雖賁、育爲卒，太公爲將，猶恐不足當禦。議者喻以補衣猶有所完，詡恐其疽食侵淫而無限極。弃之非計。」〔三〕脩曰：「吾意不及此。微子之言，幾敗國事。然則計當安出？」詡曰：「今涼土擾動，人情不安，竊憂卒然有非常之變。誠宜令四府九卿，〔四〕各辟彼州數人，其牧守令長子弟皆除爲冗官，〔五〕外以勸厲，荅其功勤，內以拘致，防其邪計。」脩善其言，更集四府，皆從詡議。於是辟西州豪桀爲掾屬，拜牧守長吏子弟爲郎，以安慰之。

〔一〕說文曰：「喭，傳言也。」前書曰：「秦、漢以來，山東出相，山西出將。」秦時郿白起，頻陽王翦；漢興，義渠公孫賀、傅介子，成紀李廣、李蔡，上邽趙充國，狄道辛武賢：皆名將也。丞相，則蕭、曹、魏、丙、韋、平、孔、翟之類也。

〔二〕席卷言無餘也。前書曰「雲徹席卷，後無餘灾」也。

〔三〕疽，癰瘡也。

〔四〕四府謂太傅、太尉、司徒、司空之府也。九卿謂太常、光祿、衞尉、廷尉、太僕、大鴻臚、宗正、大司農、少府等也。

〔五〕宂，散也，音人勇反。

鄧騭兄弟以詡異其議，因此不平，欲以吏法中傷詡。後朝歌賊甯季等數千人攻殺長吏，屯聚連年，州郡不能禁，乃以詡爲朝歌長。故舊皆弔詡曰：「得朝歌何衰！」詡笑曰：「志不求易，事不避難，臣之職也。不遇槃根錯節，何以別利器乎？」始到，謁河內大守馬稜。〔一〕稜勉之曰：「君儒者，當謀謨廟堂，反在朝歌邪？」詡曰：「初除之日，士大夫皆見弔勉。以詡譸之，知其無能爲也。〔二〕朝歌者，韓、魏之郊，〔三〕背太行，臨黃河，去敖倉百里，〔四〕而靑、冀之人流亡萬數。賊不知開倉招衆，劫庫兵，守城皐，斷天下右臂，〔五〕此不足憂也。今其衆新盛，難與爭鋒。兵不猒權，願寬假轡策，勿令有所拘閡而已。」〔六〕及到官，設令三科以募求壯士，自掾史以下各舉所知，其攻劫者爲上，傷人偸盜者次之，帶喪服而不事家業爲下。收得百餘人，詡爲饗會，悉貰其罪，使入賊中，誘令劫掠，乃伏兵以待之，遂殺賊數百人。又潛遣貧人能縫者，傭作賊衣，以采綖縫其裾爲幟，〔七〕有出市里者，吏輒禽之。賊由是駭散，咸稱神明。遷懷令。

〔一〕棱字伯威，援族孫也。

〔二〕講當作「籌」也。

〔三〕韓界上黨，魏界河內，相接犬牙，故云郊也。

〔四〕敖倉在滎陽，解具安紀也。

〔五〕右臂，喻要便也。

〔六〕閡與「礙」同。

〔七〕幟，記也。續漢書曰「以絳縷縫其裾」也。

後羌寇武都，鄧太后以詡有將帥之略，遷武都太守，引見嘉德殿，厚加賞賜。羌乃率衆數千，遮詡於陳倉、崤谷，詡卽停軍不進，而宣言上書請兵，須到當發。羌聞之，乃分鈔傍縣，詡因其兵散，日夜進道，兼行百餘里。令吏士各作兩竈，日增倍之，羌不敢逼。或問曰：「孫臏減竈而君增之。〔一〕兵法日行不過三十里，以戒不虞，〔二〕而今日且二百里。何也？」詡曰：「虜衆多，吾兵少。徐行則易爲所及，速進則彼所不測。虜見吾竈日增，必謂郡兵來迎。衆多行速，必憚追我。孫臏見弱，吾今示彊，埶有不同故也。」

〔一〕孫臏爲齊軍將，與魏龐涓戰，使齊軍入魏地，爲十萬竈，明日爲五萬竈，明日爲三萬竈。龐涓行三日，大喜曰：「我固知齊卒怯。入吾地三日，士卒亡過半矣。」事見史記。

〔二〕前書王吉上疏曰：「古者師行三十里，吉行五十里。」

既到郡，兵不滿三千，而羌衆萬餘，攻圍赤亭數十日。〔一〕詡乃令軍中，使彊弩勿發，而潛發小弩。羌以爲矢力弱，不能至，并兵急攻。詡於是使二十彊弩共射一人，發無不中，羌大震，退。詡因出城奮擊，多所傷殺。明日悉陳其兵衆，令從東郭門出，北〔二〕郭門入，貿易衣服，回轉數周。羌不知其數，更相恐動。詡計賊當退，乃潛遣五百餘人於淺水設伏，候其走路。虜果大奔，因掩擊，大破之，斬獲甚衆，賊由是敗散，南入益州。詡乃占相地埶，築營壁百八十所，招還流亡，假賑貧人，郡遂以安。

〔一〕赤亭故城在今渭州襄武縣東南，有赤亭水也。

〔二〕一作「西」。

先是運道艱險，舟車不通，驢馬負載，僦五致一。〔一〕詡乃自將吏士，案行川谷，自沮至下辯〔二〕數十里中，皆燒石翦木，開漕船道，〔三〕以人僦直雇借傭者，於是水運通利，歲省四千餘萬。詡始到郡，戶裁盈萬。及綏聚荒餘，招還流散，二三年閒，遂增至四萬餘戶。鹽米豐賤，十倍於前。〔四〕坐法免。

〔一〕廣雅曰：「僦，賃也。」音子救反。僦五致一謂用五石賃而致一石也。

〔二〕沮及下辯並縣名。沮，今興州順政縣也。下辯，今成州同谷縣也。沮音七余反。

〔三〕續漢書曰「下辯東三十餘里有峽，中當泉水，生大石，障塞水流，每至春夏，輒溢沒秋稼，壞敗營郭。詡乃使人燒石，以水灌之，石皆坼裂，因鐫去石，遂無氾溺之患」也。

〔四〕續漢書曰：「詡始到，穀石千，鹽石八千，見戶萬三千。視事三歲，米石八十，鹽石四百，流人還歸，郡戶數萬，人足家給，一郡無事。」

永建元年，代陳禪爲司隸校尉。數月閒，奏太傅馮石、太尉劉熹、中常侍程璜、陳秉、孟生、李閏等，百官側目，號爲苛刻。三公劾奏詡盛夏多拘繫無辜，爲吏人患。詡上書自訟曰：「法禁者俗之堤防，刑罰者人之銜轡。〔一〕今州曰任郡，郡曰任縣，更相委遠，百姓怨窮，以苟容爲賢，盡節爲愚。臣所發舉，臧罪非一，二府恐爲臣所奏，遂加誣罪。臣將從史魚死，即以尸諫耳。」〔二〕順帝省其章，乃爲免司空陶敦。〔三〕

〔一〕禮記曰：「夫禮，禁亂之所由生，猶坊止水之所自來也。故以舊防爲無用壞之者，必有水敗。」尸子曰：「刑罰者，人之鞭策也。」

〔二〕韓詩外傳曰「昔者衞大夫史魚病且死，謂其子曰：『我數言蘧伯玉之賢而不能進，彌子瑕不肖不能退。爲人臣生不能進賢而退不肖，死不當理喪正堂，殯我於室足矣。』衞君問其故，子以父言聞，君乃立召蘧伯玉而貴之，彌子瑕而退之，徙殯於正堂，成禮而後去」也。

〔三〕漢官儀曰：「敦字文理，京（兆）〔縣〕人也。」

時中常侍張防特用權埶，每請託受取，詡輒案之，而屢寢不報。詡不勝其憤，乃自繫廷尉，奏言曰：「昔孝安皇帝任用樊豐，遂交亂嫡統，幾亡社稷。今者張防復弄威柄，國家之禍將重至矣。臣不忍與防同朝，謹自繫以聞，無令臣襲楊震之跡。」〔一〕書奏，防流涕訴帝，詡坐論輸左校。防必欲害之，二日之中，傳考四獄。獄吏勸詡自引，詡曰：「寧伏歐刀以示遠近。」〔二〕宦者孫程、張賢等知詡以忠獲罪，乃相率奏乞見。程曰：「陛下始與臣等造事之時，〔三〕常疾姦臣，知其傾國。今者即位而復自爲，何以非先帝乎？司隸校尉虞詡爲陛下盡忠，而更被拘繫；常侍張防臧罪明正，反搆忠良。今客星守羽林，其占宮中有姦臣。〔四〕宜急收防送獄，以塞天變。下詔出詡，還假印綬。」時防立在帝後，程乃叱防曰：「姦臣張防，何不下殿！」防不得已，趨就東箱。〔五〕程曰：「陛下急收防，無令從阿母求請。」〔六〕帝問諸尚書，尚書賈朗素與防善，證詡之罪。帝疑焉，謂程曰：「且出，吾方思之。」於是詡子顗與門生百餘人，舉幡候中常侍高梵車，叩頭流血，訴言枉狀。梵乃入言之，防坐徙邊，賈朗等六人或死或黜，即日赦出詡。程復上書陳詡有大功，語甚切激。帝感悟，復徵拜議郎。數日，遷尚書僕射。

〔一〕震爲樊豐所譖而死。

〔二〕歐刀，刑人之刀也。

〔三〕謂順帝爲太子，被江京等廢爲濟陰王，程等謀立之時也。

〔四〕史記天官書曰「虛、危南有衆星，曰羽林」也。

〔五〕埤蒼云：「箱，序也。」字或作「廂」。

〔六〕阿母，宋娥也。

是時長吏、二千石聽百姓讁罰者輸贖，號爲「義錢」，託爲貧人儲，而守令因以聚斂。詡上疏曰：「元年以來，貧百姓章言長吏受取百萬以上者，匈匈不絕，讁罰吏人至數千萬，而三公、刺史少所舉奏。尋永平、章和中，州郡以走卒錢給貸貧人，〔一〕司空劾案，州及郡縣皆坐免黜。今宜遵前典，蠲除權制。」於是詔書下詡章，切責州郡。讁罰輸贖自此而止。

〔一〕走卒，伍伯之類也。續漢志曰：「伍伯，公八人，中二千石六人，千石、六百石皆四人，自〔四〕百石以下至二百石皆二人。黃綬。武官伍伯，文官辟車。鈴下、侍閤、門蘭、部署、街〔里〕走卒，皆有程品，多少隨所典領，率皆赤幘縫褠。」即今行鞭杖者也。此言錢者，令其出資錢，不役其身也。

先是寧陽主簿詣闕，訴其縣令之枉，〔二〕積六七歲不省。主簿乃上書曰：「臣爲陛下子，陛下爲臣父。臣章百上，終不見省，臣豈可北詣單于以告怨乎？」帝大怒，持章示尚書，尚書遂劾以大逆。詡駮之曰：「主簿所訟，乃君父之怨；百上不達，是有司之過。愚惷之人，不足多誅。」帝納詡言，笞之而已。詡因謂諸尚書曰：「小人有怨，不遠千里，斷髮刻肌，詣闕告訴，而不爲理，豈臣下之義？君與濁長吏何親，而與怨人何仇乎？」聞者皆慙。詡又上言：「臺郎顯職，仕之通階。今或一郡七八，或一州無人。宜令均平，以厭天下之望。」及諸奏議，多見從用。

〔一〕寧陽，縣，屬東平國，故城在今兗州龔丘縣南也。

詡好刺舉，無所回容，〔一〕數以此忤權戚，遂九見譴考，三遭刑罰，而剛正之性，終老不屈。永和初，遷尚書令，以公事去官。朝廷思其忠，復徵之，會卒。臨終，謂其子恭曰：「吾事君直道，行己無愧，所悔者爲朝歌長時殺賊數百人，其中何能不有冤者。自此二十餘年，家門不增一口，斯獲罪於天也。」

〔一〕回，曲也。

恭有俊才，官至上黨太守。

傅燮字南容，北地靈州人也。〔一〕本字幼起，慕南容三復白珪，乃易字焉。〔二〕身長八尺，有威容。少師事太尉劉寬。再舉孝廉。聞所舉郡將喪，乃弃官行服。後爲護軍司馬，與左中郎〔將〕皇甫嵩俱討賊張角。

〔一〕靈州，縣也。

〔二〕家語子貢對衞文子曰：「一日三復白珪之玷，是南宮縚之行也。」王肅注云：「玷，缺也。詩云：『白珪之玷，尙可磨也。斯言之玷，不可爲也。』一日三復，愼之至也。」

燮素疾中官，既行，因上疏曰：「臣聞天下之禍，不由於外，皆興於內。是故虞舜升朝，先除四凶，然後用十六相。〔一〕明惡人不去，則善人無由進也。今張角起於趙、魏，黄巾亂於六州。〔二〕此皆釁發蕭牆，而禍延四海者也。臣受戎任，奉辭伐罪，始到潁川，戰無不剋。黄巾雖盛，不足爲廟堂憂也。臣之所懼，在於治水不自其源，末流彌增其廣耳。陛下仁德寬容，多所不忍，故閹豎弄權，忠臣不進。誠使張角梟夷，黄巾變服，臣之所憂，甫益深耳。〔三〕何者？夫邪正之人不宜共國，亦猶冰炭不可同器。〔四〕彼知正人之功顯，而危亡之兆見，皆將巧辭飾說，共長虛僞。夫孝子疑於屢至，〔五〕市虎成於三夫。〔六〕若不詳察眞僞，忠臣將復有杜郵之戮矣。〔七〕陛下宜思虞舜四罪之舉，速行讒佞放殛之誅，〔八〕則善人思進，姦凶自息。臣聞忠臣之事君，猶孝子之事父也。子之事父，焉得不盡其情？使臣身備鈇鉞之戮，陛下少用其言，國之福也。」書奏，宦者趙忠見而忿惡。及破張角，燮功多當封，忠訴譖之，〔九〕靈帝猶識燮言，〔一〇〕得不加罪，竟亦不封，以爲安定都尉。以疾免。

〔一〕左傳曰，昔高陽氏有才子八人，蒼舒、隤敳、檮戭、大臨、尨降、庭堅、仲容、叔達，謂之八愷。高辛氏有才子八人，伯奮、仲堪、叔獻、季仲、伯虎、仲熊、叔豹、季貍，謂之八元也。

〔二〕皇甫嵩傳曰：「連結郡國，自青、徐、幽、冀、荆、楊、兗、豫八州之人，莫不畢應。」此云「六州」，蓋初起時也。

〔三〕甫，始也。

〔四〕韓子曰「冰炭不同器而久，寒暑不同時而至」也。

〔五〕甘茂對秦武王曰：「昔曾參之居費，魯人有與曾參同姓名者殺人，人告其母曰『曾參殺人』，其母織自若也。又告之，其母自若也。又告之，其母投杼下機，踰牆而走。夫以曾參之賢與其母之信也，三人疑之，其母懼焉。」見史記也。

〔六〕解見馬援傳。

〔七〕白起與應侯有隙，搆之秦昭王，免起爲士伍，遷之陰密。行出咸陽西門十里，至杜郵，使賜劒自裁。見史記。案杜郵，今咸陽城是其地。酈元注水經云渭水北有杜郵亭也。

〔八〕殛音紀力反。殛亦誅也。

〔九〕續漢書曰：「燮軍斬賊三帥卜已、張伯、梁仲寧等，功高爲封首。」

〔一〇〕識，記也，音志。

後拜議郎。會西羌反，邊章、韓遂作亂隴右，徵發天下，役賦無已。司徒崔烈以爲宜弃涼州。詔會公卿百官，烈堅執先議。燮厲言曰：「斬司徒，天下乃安。」尚書郎楊贊奏燮廷辱大臣。帝以問燮。燮對曰：「昔冒頓至逆也，樊噲爲上將，願得十萬衆橫行匈奴中，憤激思奮，未失人臣之節，顧計當從與不耳，季布猶曰『噲可斬也』。〔一〕今涼州天下要衝，國家藩衛。高祖初興，使酈商別定隴右；〔二〕世宗拓境，列置四郡，議者以爲斷匈奴右臂。〔三〕

今牧御失和，使一州叛逆，海內爲之騷動，陛下臥不安寢。烈爲宰相，不念爲國思所以弭之之策，乃欲割弃一方萬里之土，臣竊惑之。若使左衽之虜得居此地，〔四〕士勁甲堅，因以爲亂，此天下之至慮，社稷之深憂也。若烈不知之，是極蔽也；知而故言，是不忠也。」帝從燮議。由是朝廷重其方格，〔五〕每公卿有缺，爲衆議所歸。

〔一〕冒頓，匈奴單于名也。前書曰，季布爲中郎將，單于爲書嫚呂太后，呂太后怒，召諸將議之。將軍樊噲曰：「願得十萬衆，橫行匈奴中。」諸將皆阿太后，以噲言爲然。布曰：「樊噲可斬也！夫以高帝兵三十萬困於平城，噲時亦在其中。今柰何以十萬衆橫行匈奴中！」

〔二〕前書，漢王賜酈商爵信成君，以將軍爲隴西都尉，別定北地。

〔三〕前書，武帝分武威、酒泉，置張掖、敦煌，謂之四郡。劉歆等議曰：「孝武帝北攘匈奴，降昆邪十萬之衆，置五屬國，起朔方，以奪其肥饒之地。東伐朝鮮，起玄菟、樂浪，以斷匈奴之左臂。西伐大宛，并〔三十〕六國，結烏孫，起敦煌、酒泉、張掖，以（高）〔鬲〕婼羌，裂匈奴之右臂。」婼音而遮反。

〔四〕說文曰：「衽，衣衿也。」

〔五〕方，正也。格猶標準也。

頃之，趙忠爲車騎將軍，詔忠論討黃巾之功，執金吾甄舉等謂忠曰：「傅南容前在東軍，有功不侯，故天下失望。今將軍親當重任，宜進賢理屈，以副衆心。」忠納其言，遣弟城門校尉延致殷勤。延謂燮曰：「南容少荅我常侍，萬戶侯不足得也。」燮正色拒之曰：「遇與不遇，命也；有功不論，時也。傅燮豈求私賞哉！」忠愈懷恨，然憚其名，不敢害。權貴亦多疾之，是以不得留，〔一〕出爲漢陽太守。

〔一〕一作「封」。

初，郡將范津明知人，舉燮孝廉。及津爲漢陽，與燮交代，合符而去，鄉邦榮之。津字文淵，南陽人。燮善卹人，叛羌懷其恩化，並來降附，乃廣開屯田，列置四十餘營。

時刺史耿鄙委任治中程球，球爲通姦利，士人怨之。〔一〕中平四年，鄙率六郡兵討金城賊王國、韓遂等。燮知鄙失衆，必敗，諫曰：「使君統政日淺，人未知教。孔子曰：『不教人戰，是謂弃之。』今率不習之人，越大隴之阻，將十舉十危，而賊聞大軍將至，必萬人一心。邊兵多勇，其鋒難當，而新合之衆，上下未和，萬一內變，雖悔無及。不若息軍養德，明賞必罰。賊得寬挺，〔二〕必謂我怯，羣惡爭埶，其離可必。然後率已教之人，討已離之賊，其功可坐而待也。今不爲萬全之福，而就必危之禍，竊爲使君不取。」鄙不從。行至狄道，果有反者，先殺程球，次害鄙，賊遂進圍漢陽。城中兵少粮盡，燮猶固守。

〔一〕漢官曰：司隸功曹從事，即持中也。

〔二〕挺，解也。

時北〔地〕胡騎數千隨賊攻郡，皆夙懷燮恩，共於城外叩頭，求送燮歸鄉里。子幹年十三，從在官舍。知燮性剛，有高義，恐不能屈志以免，進諫曰：「國家昏亂，遂令大人不容於朝。今天下已叛，而兵不足自守，鄉里羌胡〔一〕先被恩德，欲令弃郡而歸，願必許之。徐至鄉里，率厲義徒，見有道而輔之，以濟天下。」言未終，燮慨然而歎，呼幹小字曰：「別成，〔二〕汝知吾必死邪？蓋『聖達節，次守節』。〔三〕且殷紂之暴，伯夷不食周粟而死，仲尼稱其賢。〔四〕今朝廷不甚殷紂，吾德亦豈絕伯夷？世亂不能養浩然之志，〔五〕食祿又欲避其難乎？〔六〕吾行何之，必死於此。汝有才智，勉之勉之。主簿楊會，吾之程嬰也。」〔七〕幹哽咽不能復言，左右皆泣下。王國使故酒泉太守黃衍說燮曰：「成敗之事，已可知矣。先起，上有霸王之業，下成伊呂之勳。天下非復漢有，府君寧有意爲吾屬師乎？」〔八〕燮案劒叱衍曰：「若剖符之臣，反爲賊說邪！」遂麾左右進兵，臨陣戰歿。謚曰壯節侯。

〔一〕燮，北地人，故云鄉里也。

〔二〕幹集曰：「幹字彥林。」

〔三〕左傳曰，曹公子臧曰：「前志有之，聖達節，次守節，下失節。」

〔四〕史記曰，伯夷，孤竹君之子也。武王載文王木主伐紂。殷既平，伯夷恥之，義不食周粟，遂餓死。論語曰，子貢問曰：「伯夷、叔齊何人也？」孔子曰：「古之賢人也。」

〔五〕孟子曰：「養吾浩然之氣。」趙岐注曰：「浩然，天氣也。」

〔六〕左傳曰，子路曰「食焉不避其難」也。

〔七〕程嬰，解見馮衍傳也。

〔八〕師即君也。尙書曰「作之君，作之師」也。

幹知名，位至扶風太守。

蓋勳字元固，敦煌廣至人也。〔一〕家世二千石。〔二〕初舉孝廉，爲漢陽長史。時武威太守倚恃權埶，恣行貪橫，從事武都蘇正和案致其罪。涼州刺史梁鵠畏懼貴戚，欲殺正和以免其負，乃訪之於勳。勳素與正和有仇，或勸勳可因此報隙。勳曰：「不可。謀事殺良，非忠也；乘人之危，非仁也。」乃諫鵠曰：「夫紲食鷹鳶欲其鷙，〔三〕鷙而亨之，將何用哉？」鵠從其言。正和喜於得免，而詣勳求謝。勳不見，曰：「吾爲梁使君謀，不爲蘇正和也。」怨之如初。〔四〕

〔一〕廣至，縣名，故城在今瓜州常樂縣東，今謂之縣泉堡是也。

〔二〕續漢書曰：「曾祖父進，漢陽太守。祖父彪，大司農。」謝承書曰：「父字思齊，官至安定屬國都尉。」

〔三〕紲，繫也。廣雅曰：「鷙，執也。」蒼頡解詁曰：「鳶，鵄也。」食音嗣。

〔四〕續漢書，中平元年，黃巾賊起，故武威太守酒泉黃雋被徵，失期。梁鵠欲奏誅雋，勳爲言得免。雋以黃金二十斤謝勳，勳謂雋曰：「吾以子罪在八議，故爲子言。吾豈賣評哉！」終辭不受。

中平元年，北地羌胡與邊章等寇亂隴右，刺史左昌因軍興斷盜數千萬。〔一〕勳固諫，昌怒，乃使勳別屯阿陽以拒賊鋒，〔二〕欲因軍事罪之，而勳數有戰功。邊章等遂攻金城，殺郡守陳懿，勳勸昌救之，不從。邊章等進圍昌於冀，昌懼而召勳。勳初與從事辛曾、孔常俱屯阿陽，及昌檄到，曾等疑不肯赴。勳怒曰：「昔莊賈後期，穰苴奮劒。〔三〕今之從事，豈重於古之監軍哉！」曾等懼而從之。勳即率兵救昌。到，乃誚讓章等，責以背叛之罪。皆曰：「左使君若早從君言，以兵臨我，庶可自改。今罪已重，不得降也。」乃解圍而去。昌坐斷盜徵，以扶風宋梟代之。〔四〕梟患多寇叛，謂勳曰：「涼州寡於學術，故屢致反暴。今欲多寫孝經，令家家習之，庶或使人知義。」勳諫曰：「昔太公封齊，崔杼殺君；伯禽侯魯，慶父篡位。〔五〕此二國豈乏學者？今不急靜難之術，遽爲非常之事，既足結怨一州，又當取笑朝廷，勳不知其可也。」梟不從，遂奏行之。果被詔書詰責，坐以虛慢徵。時叛羌圍護羌校尉夏育於畜官，〔六〕勳與州郡合兵救育，至狐槃，爲羌所破。勳收餘衆百餘人，爲魚麗之陳。〔七〕羌精騎夾攻之急，士卒多死。勳被三創，堅不動，乃指木表〔八〕曰：「必尸我於此。」句就種羌滇吾〔九〕素爲勳所厚，乃以兵扞衆曰：「蓋長史賢人，汝曹殺之者爲負天。」勳仰罵曰：「死反虜，汝何知？促來殺我！」衆相視而驚。滇吾下馬與勳，勳不肯上，遂爲賊所執。羌戎服其義勇，不敢加害，送還漢陽。後刺史楊雍即表勳領漢陽太守。時人飢，相漁食，勳調穀稟之，〔一〇〕先出家糧以率衆，存活者千餘人。

〔一〕斷謂割截。

〔二〕阿陽，縣，屬天水郡。

〔三〕齊景公時，燕、晉侵齊，景公以司馬穰苴爲將，扞之，仍令寵臣莊賈監軍。與穰苴期旦日會，賈素驕貴，夕時至，穰苴召軍正問曰：「軍法期而後者云何？」對曰：「當斬。」遂斬賈以徇三軍。

〔四〕續漢書「梟」字作「泉」也。

〔五〕崔杼，齊大夫。齊莊公先通其妻，杼殺之。慶父，魯莊公弟。莊公子開立，是爲湣公，慶父襲殺湣公。並見史記。

〔六〕前書尹翁歸傳曰：「有論罪輸掌畜官。」音義曰：「右扶風畜牧所在，有苑師之屬，故曰畜官。畜音許救反。」

〔七〕麗音離。左傳曰：「王以諸侯伐鄭，鄭原繁、高渠彌奉公爲魚麗之陳，先偏後伍，伍承彌縫。」杜預注曰：「此魚麗陳法也。」

〔八〕表，標也。

〔九〕句就，羌別種也。句音古侯反。

〔一〇〕調猶發也。

後去官，徵拜討虜校尉。靈帝召見，問：「天下何苦而反亂如此？」勳曰：「倖臣子弟擾之。」時宦者上軍校尉蹇碩在坐，帝顧問碩，碩懼，不知所對，而以此恨勳。帝又謂勳曰：「吾已陳師於平樂觀，多出中藏財物以餌士，何如？」〔一〕勳曰：「臣聞『先王燿德不觀兵』。〔二〕今寇在遠而設近陳，不足昭果毅，秪黷武耳。」〔三〕帝曰：「善。恨見君晚，羣臣初無是言也。」

〔一〕中藏謂內藏也。

〔二〕國語曰：「穆王將征犬戎，祭公謀父諫曰：『不可。先王燿德不觀兵。』」韋昭注曰：「燿，明也。觀，示也。」

〔三〕左傳曰「戎昭果毅以聽之之謂武，殺敵爲果，致果曰毅」也。

勳時與宗正劉虞、佐軍校尉袁紹同典禁兵。勳謂虞、紹曰：「吾仍見上，上甚聰明，但擁蔽於左右耳。若共併力誅嬖倖，然後徵拔英俊，以興漢室，功遂身退，豈不快乎！」虞、紹亦素有謀，因相連結，未及發，而司隸校尉張溫舉勳爲京兆尹。帝方欲延接勳，而蹇碩等心憚之，並勸從溫奏，遂拜京兆尹。

時長安令楊黨，父爲中常侍，恃埶貪放，勳案得其臧千餘萬。貴戚咸爲之請，勳不聽，具以事聞，幷連黨父，有詔窮案，威震京師。時小黃門京兆高望爲尚藥監，倖於皇太子，太子因蹇碩屬望子進爲孝廉，勳不肯用。或曰：「皇太子副主，望其所愛，碩帝之寵臣，而子違之，所謂三怨成府者也。」〔一〕勳曰：「選賢所以報國也。非賢不舉，死亦何悔！」勳雖在外，每軍國密事，帝常手詔問之。〔二〕數加賞賜，甚見親信，在朝臣右。

〔一〕府，聚也。

〔二〕續漢書曰：「是時，漢陽叛人王國，衆十餘萬，攻陳倉，三輔震動。勳領郡兵五千人，自請滿萬人，因表用處士扶風〔士〕孫瑞爲鷹鷂都尉，桂陽魏傑爲破敵都尉，京兆杜楷爲威虜都尉，弘農楊儒爲鳥擊都尉，長陵第五儁爲清寇都尉。凡五都尉，皆素有名，悉領屬勳。每有密事，靈帝手詔問之。」

及帝崩，董卓廢少帝，殺何太后，勳與書曰：「昔伊尹、霍光權以立功，猶可寒心，足下小醜，何以終此？賀者在門，弔者在廬，可不慎哉！」〔一〕卓得書，意甚憚之。徵爲議郎。時左將軍皇甫嵩精兵三萬屯扶風，勳密相要結，將以討卓。會嵩亦被徵，勳以衆弱不能獨立，遂並還京師。自公卿以下，莫不卑下於卓，唯勳長揖爭禮，見者皆爲失色。卓問司徒王允曰：「欲得快司隸校尉，誰可作者？」允曰：「唯有蓋京兆耳。」卓曰：「此人明智有餘，然不可假以雄職。」乃以爲越騎校尉。卓又不欲令久典禁兵，復出爲潁川太守。未及至郡，徵還京師。時河南尹朱儁爲卓陳軍事。卓折儁曰：「我百戰百勝，決之於心，卿勿妄說，且汙我刀。」勳曰：「昔武丁之明，猶求箴諫，〔二〕況如卿者，而欲杜人之口乎？」卓曰：「戲之耳。」勳曰：「不聞怒言可以爲戲？」卓乃謝儁。勳雖強直不屈，而內厭於卓，不得意，疽發背卒，時年五十一。遺令勿受卓賻贈。卓欲外示寬容，表賜東園祕器賵襚，送之如禮。葬于安陵。

〔一〕孫卿子曰「慶者在堂，弔者在閭，福與禍鄰，莫知其門」也。

〔二〕武丁，殷王高宗也。謂傅說曰：「啓乃心，沃朕心。」說復于王曰：「惟木從繩則正，后從諫則聖。」見尚書。

子順，官至永陽太守。

臧洪字子源，廣陵射陽人也。〔一〕父旻，有幹事才。〔二〕熹平元年，會稽妖賊許昭起兵句章，〔三〕自稱「大將軍」，立其父生爲越王，攻破城邑，衆以萬數。拜旻揚州刺史。旻率丹〔揚〕〔陽〕太守陳夤擊昭，破之。昭遂復更屯結，大爲人患。旻等進兵，連戰三年，破平之，獲昭父子，斬首數千級。遷旻爲使匈奴中郎將。

〔一〕射陽故城在今楚州安宜縣東也。

〔二〕謝承書曰：「旻達於從政，爲漢良吏，遷匈奴中郎將。還京師，太尉袁逢問其西域諸國土地風俗人物種數，旻具荅言西域本三十六國，後分爲五十五，稍散至百餘國。大小，道里近遠，人數多少，風俗燥溼，山川草木鳥獸異物名種不與中國同者，口陳其狀，手畫地形。逢奇其才，歎息言：『雖班固作西域傳，何以加此乎？』」

〔三〕句章縣故城在今越州鄮縣西。十三州志云：「句踐之地，南至句無，其後併吳，因大城句，章伯功以示子孫，故曰句章。」

洪年十五，以父功拜童子郎，〔一〕知名太學。洪體貌魁梧，有異姿。〔二〕舉孝廉，補即丘長。〔三〕

〔一〕漢法，孝廉試經者拜爲郎。洪以年幼才俊，故拜童子郎也。續漢書曰「左雄奏徵海內名儒爲博士，使公卿子弟爲諸生，有志操者加其俸祿。及汝南謝廉、河南趙建章年始十二，各能通經，雄並奏拜童子郎。於是負書來學，雲集京師」也。

〔二〕魁梧，壯大之貌也。梧音吾。

〔三〕即丘，縣，屬琅邪國，故城在今沂州臨沂縣東南，即春秋之祝丘也。

中平末，弃官還家，太守張超請爲功曹。時董卓(殺)〔弒〕帝，圖危社稷。洪說超曰：「明府歷世受恩，兄弟並據大郡。〔一〕今王室將危，賊臣虎視，此誠義士効命之秋也。今郡境尚全，吏人殷富，若動枹鼓，可得二萬人。以此誅除國賊，爲天下唱義，不亦宜乎！」超然其言，與洪西至陳留，見兄邈計事。邈先謂超曰：「聞弟爲郡，委政臧洪，洪者何如人？」超曰：「臧洪海內奇士，才略智數不比於超矣。」邈即引洪與語，大異之。乃使詣兗州刺史劉岱、〔二〕豫州刺史孔伷，〔三〕遂皆相善。邈既先有謀約，會超至，定議，乃與諸牧守大會酸棗。設壇場，將盟，既而更相辭讓，莫敢先登，咸共推洪。洪乃攝衣升壇，操血而盟曰：「漢室不幸，皇綱失統，賊臣董卓，乘釁縱害，禍加至尊，毒流百姓。大懼淪喪社稷，翦覆四海。兗州刺史岱、豫州刺史伷、陳留太守邈、東郡太守瑁、〔四〕廣陵太守超等，糾合義兵，並赴國難。〔五〕凡我同盟，齊心一力，以致臣節，隕首喪元，必無二志。有渝此盟，俾墜其命，無克遺育。〔六〕皇天后土，祖宗明靈，實皆鑒之。」洪辭氣慷慨，聞其言者，無不激揚。自是之後，諸軍各懷遲疑，莫適先進，遂使糧儲單竭，兵衆乖散。

〔一〕謂超爲廣陵，兄邈爲陳留也。

〔二〕岱字公山。

〔三〕伷字公緒。

〔四〕橋瑁也。

〔五〕糾，收也。

〔六〕左傳曰，王子虎盟諸侯于王廷，要言曰「皆奬王室，無相害也。有渝此盟，明神殛之，俾墜其師，無克祚國」也。

時討虜校尉公孫瓚與大司馬劉虞有隙，超乃遣洪詣虞，共謀其難。行至河閒而值幽冀交兵，行塗阻絕，因寓於袁紹。紹見洪，甚奇之，與結友好，以洪領青州刺史。前刺史焦和好立虛譽，能清談。時黃巾羣盜處處飇起，而青部殷實，軍革尚衆。和欲與諸同盟西赴京師，未及得行，而賊已屠城邑。和不理戎警，但坐列巫史，禜禱羣神。〔一〕又恐賊乘凍而過，命多作陷冰丸，以投于河。衆遂潰散，和亦病卒。洪收撫離叛，百姓復安。

〔一〕巫，女巫也。史，祝史也。禜謂營攢用幣，以(穰)〔禳〕風雨霜雪水旱厲疫於日月星辰山川也。禱謂告事求福也。

超在事二年，袁紹憚其能，徙爲東郡太守，都東武陽。時曹操圍張超於雍丘，甚危急。超謂軍吏曰：「今日之事，唯有臧洪必來救我。」或曰：「袁曹方穆，而洪爲紹所用，恐不能敗好遠來，違福取禍。」超曰：「子源天下義士，終非背本者也，或見制強力，不相及耳。」洪始聞超圍，乃徒跣號泣，並勒所領，將赴其難。自以衆弱，從紹請兵，而紹竟不聽之，超城遂陷，張氏族滅。洪由是怨紹，絕不與通。紹興兵圍之，歷年不下，使洪邑人陳琳以書譬洪，示其禍福，責以恩義。〔一〕洪荅曰：

〔一〕獻帝春秋曰「紹使琳爲書八條，責以恩義，告喻使降」也。

隔闊相思，發於寤寐。相去步武，〔一〕而趨舍異規，其爲愴恨，胡可勝言！前日不遺，比辱雅況，〔二〕述敘禍福，公私切至。以子之才，窮該典籍，豈將闇於大道，不達余趣哉？是以損弃翰墨，一無所酬，亦冀遙忖褊心，粗識鄙性。重獲來命，援引紛紜，雖欲無對，而義篤其言。

〔一〕爾雅曰：「武，迹也。」

〔二〕比，頻也。

僕小人也，本乏志用，中因行役，特蒙傾蓋，〔一〕恩深分厚，遂竊大州，寧樂今日自還接刃乎？每登城臨兵，觀主人之旗鼓，〔二〕瞻望帳幄，感故友之周旋，撫弦搦矢，〔三〕不覺涕流之覆面也。何者？自以輔佐主人，無以爲悔；主人相接，過絕等倫。受任之初，志同大事，埽清寇逆，共尊王室。豈悟本州被侵，郡將遘厄，請師見拒，辭行被拘，使洪故君，遂至淪滅。區區微節，無所獲申，豈得復全交友之道，重虧忠孝之名乎？所以忍悲揮戈，收淚告絕。若使主人少垂古人忠恕之情，來者側席，去者克己，〔四〕則僕抗季札之志，不爲今日之戰矣。〔五〕

〔一〕家語，孔子之郯，與程子相遇於塗，傾蓋而語也。

〔二〕洪常寓於紹，故謂之主人也。

〔三〕搦，捉也，音女卓反。

〔四〕來者側席而待之，去者克己自責，不責人也。

〔五〕吳王餘眛卒，欲授弟季札，季札逃去。見史記也。

昔張景明登壇喢血，奉辭奔走，卒使韓牧讓印，主人得地。後但以拜章朝主，賜爵獲傳之故，不蒙觀過之貸，而受夷滅之禍。〔一〕呂奉先討卓來奔，請兵不獲，告去何罪，復見斫刺。〔二〕劉子璜奉使踰時，辭不獲命，畏君懷親，以詐求歸，可謂有志忠孝，無損霸道，亦復僵尸麾下，不蒙虧除。慕進者蒙榮，違意者被戮，此乃主人之利，非遊士之願也。是以鑒戒前人，守死窮城，亦以君子之違，不適敵國故也。〔三〕

〔一〕英雄記云，袁紹使張景明、郭公則、高元才等說韓馥，使讓冀州與紹。然則馥之讓位，景明亦有其功。其餘未詳也。

〔二〕魏志呂布傳曰：「布破張燕軍而求益兵，衆將士鈔掠，紹患忌之。布覺其意，從紹求去。」英雄記：「布求還洛，紹假布領司隸校尉，外言當遣，內欲殺布。明日當發，紹遣甲士三十人，辭以送布，止於帳側。布僞使人於帳中鼓箏，紹兵臥，無何，出帳去而兵不覺。夜半兵起，亂斫布牀被，謂已死。明旦，紹訊問，知布尚在，乃閉城門，布遂引去。」

〔三〕左傳云，「公山不狃曰：『君子違不適讎國。』」杜預注云：「違，奔亡也。」

足下當見久圍不解，救兵未至，感婚姻之義，推平生之好，以爲屈節而苟生，勝守義而傾覆也。昔晏嬰不降志於白刃，南史不曲筆以求存，〔一〕故身傳圖象，名垂後世。況僕據金城之固，驅士人之力，散三年之畜以爲一年之資，匡困補乏，以悅天下，何圖築室反耕哉？〔二〕但懼秋風揚塵，伯珪馬首南向，〔三〕張揚、飛燕旅力作難，〔四〕北鄙將告倒懸之急，股肱奏乞歸之記耳。〔五〕主人當鑒戒曹輩，反旌退師，何宜久辱盛怒，暴威於吾城之下哉！

〔一〕崔杼殺齊莊公，欲劫晏子與盟，以戟拘其頸，劍承其心。晏子曰：「劫吾以刃而失其意，非勇也。」崔杼遂釋之。事見晏子。左傳曰「太史書曰『崔杼弒其君』，崔子殺之。其弟嗣書而死者二人，其弟又書，乃舍之。南史氏聞太史盡死，執簡以往，聞既書矣，乃還」也。

〔二〕左傳曰：「楚子圍宋，築室反耕。」杜預注曰：「築室於宋，反兵耕田，示無還意也。」

〔三〕伯珪，公孫瓚字。

〔四〕魏志曰，張揚字稚叔，雲中人也，以武勇給并州為從事。何進令於本州募兵，得千餘人，因留上黨擊山賊。進敗，揚遂以所將兵攻上黨，仍略諸縣，衆至數千，又與袁紹合。張燕，常山人，本姓褚。黃巾起，燕合聚少年為羣盜，衆萬人。博陵張牛角(立)〔之〕起，衆次廮陶，牛角為飛矢所中，且死，告其衆曰：「必以燕為帥。」角死，衆奉燕，故改姓張。燕僄悍，捷速過人，軍中號為「飛燕」。衆至百萬，號曰「黑山」。後助公孫瓚與紹爭冀州也。

〔五〕股肱猶手足也。言北邊有倉卒之急，股肱之臣將告歸自救耳。

足下譏吾恃黑山以為救，獨不念黃巾之合從邪？昔高祖取彭越於鉅野，〔一〕光武創基兆於綠林，卒能龍飛受命，中興帝業。苟可輔主興化，夫何嫌哉！況僕親奉璽書，與之從事！

〔一〕前書，彭越將其衆居鉅野中，無所屬，漢王乃使人賜越將軍印，使下濟陰以擊楚也。

行矣孔璋！足下徼利於境外，臧洪投命於君親；吾子託身於盟主，〔二〕臧洪策名於長安。子謂余身死而名滅，僕亦笑子生死而無聞焉。本同末離，努力努力，夫復何言！

〔一〕盟主謂袁紹也。

紹見洪書，知無降意，增兵急攻。城中粮盡，外無援救，洪自度不免，呼吏士謂曰：「袁紹無道，所圖不軌，且不救洪郡將，洪於大義，不得不死。念諸君無事，空與此禍，〔二〕可先城未破，將妻子出。」將吏皆垂泣曰：「明府之於袁氏，本無怨隙，今爲郡將之故，自致危困，吏人何忍當捨明府去也？」初尙掘鼠，煑筋角，後無所復食，主簿啓內廚米三斗，請稍爲饘粥，〔三〕洪曰：「何能獨甘此邪？」使爲薄糜，徧班士衆。又殺其愛妾，以食兵將。兵將咸流涕，無能仰視。男女七八十人相枕而死，莫有離叛。

〔二〕與音預。

〔三〕杜預注左傳曰：「饘，糜也。」音之延反。

城陷，生執洪。紹盛帷幔，大會諸將見洪。謂曰：「臧洪何相負若是！今日服未？」洪據地瞋目曰：「諸袁事漢，四世五公，可謂受恩。今王室衰弱，無扶翼之意，而欲因際會，觖望非冀，〔一〕多殺忠良，以立姦威。洪親見將軍呼張陳留爲兄，則洪府君亦宜爲弟，而不能同心勠力，爲國除害，坐擁兵衆，觀人屠滅。惜洪力劣，不能推刃爲天下報仇，〔二〕何謂服乎？」紹本愛洪，意欲屈服赦之，見其辭切，知終不爲用，乃命殺焉。

〔一〕前漢音義曰：「觖猶冀也。」觖音羌恚反。

〔二〕公羊傳曰：「事君猶事父也，父受誅，子復讎，推刃之道。」

洪邑人陳容，少爲諸生，親慕於洪，隨爲東郡丞。先城未敗，洪使歸紹。時容在坐，見洪當死，起謂紹曰：「將軍舉大事，欲爲天下除暴，而專先誅忠義，豈合天意？臧洪發舉爲郡將，柰何殺之！」紹慙，使人牽出，謂曰：「汝非臧洪疇，空復爾爲？」容顧曰：「夫仁義豈有常所，蹈之則君子，背之則小人。今日寧與臧洪同日死，不與將軍同日生也。」遂復見殺。在紹坐者，無不歎息，竊相謂曰：「如何一日戮二烈士！」

先是洪遣司馬二人出，求救於呂布。比還，城已陷，皆赴敵死。

論曰：雍丘之圍，臧洪之感憤壯矣！想其行跣且號，束甲請舉，誠足憐也。夫豪雄之所趣舍，其與守義之心異乎？若乃締謀連衡，懷詐筭以相尙者，蓋惟利埶所在而已。況偏城既危，曹袁方穆，洪徒指外敵之衡，以紓倒縣之會。忿悁之師，兵家所忌。〔一〕可謂懷哭秦之節，存荆則未聞也。〔二〕

〔一〕前書魏相上書曰：「救亂誅暴，謂之義兵，兵義者王。敵加於己，不得已而起者，謂之應兵，兵應者勝。爭恨小故，不勝憤怒者，謂之忿兵，兵忿者敗。利人土地貨寶者，謂之貪兵，兵貪者破。恃國家之大，矜其人衆，欲見威於敵者，謂之驕兵，兵驕者滅。此非但人事，乃天道也。」

〔二〕吳破楚，申包胥如秦乞師，立依於庭牆而哭，日夜不絕聲，勺飲不入口，七日秦師乃出，以車五百乘救楚，敗吳兵於稷。事見左傳及史記。晉臧洪徒守節致死，不能如包胥之存楚也。

贊曰：先零擾疆，鄧、崔弃涼。詡、燮令圖，再全金方。蓋勳抗董，終然允剛。洪懷偏節，力屈志揚。

校勘記

一八六六頁四行　乃說李脩曰　按：集解引惠棟說，謂袁紀詡說太尉張禹，與傳異也。

一八六七頁六行　得朝歌何衰　按：集解引惠棟說，謂袁紀「何衰」作「可哀」。

一八六八頁二行　譸當作籌也　按：御覽一九〇引正作「籌」，疑據章懷注改也。

一八六八頁一四行　明日爲三萬竈　按：「三」原譌「二」，逕據汲本、殿本改正。

一八六九頁五行　築營壁百八十所　汲本、殿本「百」上有「二」字。按：通鑑亦作「百八十所」。

一八六九頁九行　自沮至下辯　集解引惠棟說，謂案漢李翕碑題名，「辯」當作「辨」。今按：續志作「辨」，通鑑胡注亦作「辨」。

一八六九頁一五行　每至春夏輒溢沒秋稼壞敗營郭　按：類聚六引作「春夏輒潰溢，敗壞城郭」。

一八七〇頁一行　石皆坼裂　按：類聚引「坼」作「罅」。

一八七〇頁一行　遂無氾溺之患　按：汲本「氾」作「汎」。類聚引作「遂無沈溺之害」。

一八七〇頁二行　穀石千　集解引惠棟說，謂御覽八百六十五引續漢書，云「始到郡，穀千五百」，此脫「五百」字。今按：通鑑亦作「穀石千」。

一八七〇頁七行　二府恐爲臣所奏　按：刊誤謂上文三公劾詡，則「二府」當爲「三府」也。

一八七〇頁一四行　教字文理京（兆）〔縣〕人也　張森楷校勘記謂據順帝紀注，敎是河南京縣人，此「兆」字當衍文，或「縣」字之誤。按：順帝紀注作「京縣人也」，今據改。

一八七一頁一行　無令臣襲楊震之跡　按：「楊」原譌「揚」，逕改正。下一八七八頁六行「楊會」、一八八一頁二行「楊雍」、一八八三頁四行注「楊儒」同。

一八七二頁七行　自〔四〕百石以下　陳景雲謂按續志「百石」上當有「四」字。今據補。

一八七二頁八行　街〔里〕走卒　刊誤謂後漢志「街」下有一「里」字。今據補。

一八七二頁八行　率皆赤幘縫褠　汲本、殿本「縫」作「絳」。按：續志作「絳韝」。

一八七三頁一〇行　與左中郎〔將〕皇甫嵩　刊誤謂案嵩傳，此少一「將」字。今據補。

一八七六頁一〇行　并〔三十〕六國　陳景雲謂「六」上當有「三十」二字。今據補。

一八七六頁一一行　以（高）〔鬲〕婼羌　據刊誤改。

一八七七頁一行　然憚其名不敢害　按：校補謂此處當脫仍奏請封燮某侯，幷燮轉某官，否則下文似不接，且議郎亦不得卽拜太守也。

一八七七頁四行　郡將范津明知人　按：刊誤謂「明」當作「名」。

一八七七頁一五行　時北〔地〕胡騎數千　刊誤謂案文少一「地」字，下文云「鄉里羌胡」，是與燮同北地人也。今據補。

一八七八頁五行　世亂不能養浩然之志　「浩」原譌「皓」，逕改正。下一五行「養吾浩然之氣」同。

一八七八頁九行　謚曰壯節侯　集解引周壽昌說，謂燮未封侯，豈死後贈爵邪？范史不敍，明少疎。按：校補謂范氏史法本密，不至一傳之中前後文亦不相應如此，其爲上脫燮封侯事明矣。

一八七八頁一二行　幹字彥林　按：集解引惠棟說，謂「林」一作「材」，見三國志注。

一八七八頁一五行　趙岐注曰　按：「岐」原作「歧」，逕改正。

一八七九頁八行　組食鷹鳶　按：「鷹」原譌「膺」，逕改正。

一八七九頁一三行　謝承書曰　按：「承」原譌「丞」，逕改正。

一八八〇頁一三行　至狐槃　按：集解引惠棟說，謂袁宏紀作「孤磐」。

一八八一頁五行　阿陽縣屬天水郡　按：「天水」當作「漢陽」，惠棟云後漢改天水爲漢陽。

一八八一頁八行　續漢書梟字作泉也　集解引汪文臺說，謂范作「梟」非，作「泉」亦非，疑本作「因」，音近譌作「淵」，又以避諱作「泉」。按：校補謂疑本是「泉」字，誤爲「梟」，復譌爲「泉」耳。

一八八二頁九行　是爲滑公慶父襲殺滑公　按：兩「滑」字原皆誤「滑」，逕改正。

一八八二頁一二行　伍承彌縫　「伍」原作「五」，逕據汲本、殿本改。

一八八三頁三行　扶風〔士〕孫瑞　據集解引惠棟說補。

一八八三頁四行　桂陽魏傑　按：張森楷校勘記謂案太尉劉寬碑陰有「右扶風杜陽魏傑」，獻帝春秋同，而桂陽則荊州郡，不在三輔矣，蓋「桂」字是「杜」字之誤。

一八八四頁五行　臧洪字子源　按：集解引惠棟說，謂唐贈工部尚書臧懷恪碑歷敍臧氏作「子原」，案字从厂从泉，後人復添三點，見顧炎武金石文字記。

一八八四頁六行　丹(揚)〔陽〕太守陳夤　據汲本改。

一八八四頁一三行　越州鄮縣　按：「鄮」原譌「鄮」，逕據汲本、殿本改正。

一八八五頁四行　河南趙建章　按：集解引惠棟說，謂依左雄傳，衍「章」字。

一八八五頁八行　時董卓(殺)〔弒〕帝　據汲本、殿本改。

一八八七頁一行　以(禨)〔禳〕風雨　據汲本改。

一八九〇頁八行　博陵張牛角(立)〔之〕起　刊誤謂「立」當作「之」。今據改。

一八九二頁六行　蹈之則君子背之則小人　按：汲本、殿本兩「則」字下並有「爲」字。

後漢書卷五十九

張衡列傳第四十九

張衡字平子，南陽西鄂人也。〔一〕世爲著姓。祖父堪，蜀郡太守。衡少善屬文，游於三輔，因入京師，觀太學，遂通五經，貫六蓺。雖才高於世，而無驕尚之情。常從容淡靜，不好交接俗人。永元中，舉孝廉不行，連辟公府不就。時天下承平日久，自王侯以下，莫不踰侈。衡乃擬班固兩都，作二京賦，因以諷諫。精思傅會，十年乃成。文多故不載。大將軍鄧騭奇其才，累召不應。

〔一〕西鄂，縣，故城在今鄧州向城縣南，有平子墓及碑在焉，崔瑗之文也。

衡善機巧，尤致思於天文、陰陽、歷筭。常耽好玄經，〔一〕謂崔瑗曰：「吾觀太玄，方知子雲妙極道數，乃與五經相擬，非徒傳記之屬，使人難論陰陽之事，漢家得天下二百歲之書也。〔二〕復二百歲，殆將終乎？〔三〕所以作者之數，必顯一世，常然之符也。漢四百歲，玄其興矣。」〔四〕安帝雅聞衡善術學，公車特徵拜郎中，再遷爲太史令。〔五〕遂乃研覈陰陽，妙盡

璇機之正，作渾天儀，著靈憲、筭罔論，言甚詳明。〔六〕

〔一〕桓譚新論曰：「揚雄作玄書，以爲玄者，天也，道也。言聖賢制法作事，皆引天道以爲本統，而因附續萬類、王政、人事、法度，故宓羲氏謂之易，老子謂之道，孔子謂之元，而揚雄謂之玄。玄經三篇，以紀天地人之道，立三體有上中下，如禹貢之陳三品。三三而九，因以九九八十一，故爲八十一卦。以四爲數，數從一至四，重累變易，竟八十一而徧，不可損益。以三十(五)〔六〕蓍揲之。玄經五千餘言，而傳十二篇也。」

〔二〕子雲當哀帝時著太玄經，自漢初至哀帝，二百歲也。

〔三〕自中興至獻帝，一百八十九年也。

〔四〕自此已上，並衡與崔瑗書之文也。

〔五〕漢官儀「太史令屬太常，秩六百石」也。

〔六〕漢名臣奏曰，蔡邕曰：「言天體者有三家：一曰周髀，二曰宣夜，三曰渾天。宣夜之學絕，無師法。周髀術數具存，考驗天狀，多所違失，故史官不用。唯渾天者，近得其情，今史官所用候臺銅儀，則其法也。」靈憲序曰：「昔在先王，將步天路，用定靈軌。尋緒本元，先準之于渾體，是爲正儀，故靈憲作興。」衡集無筭罔論，蓋網絡天地而筭之，因名焉。

順帝初，再轉，復爲太史令。衡不慕當世，所居之官，輒積年不徙。自去史職，五載復還，乃設客問，作應閒以見其志云：〔一〕

〔一〕閒，非也。衡集云：「觀者，觀余去史官五載而復還，非進取之勢也。唯衡內識利鈍，操心不改。或不我知者，以爲失志矣。用爲閒余。余應之以時有遇否，性命難求，因兹以露余誠焉，名之應閒云。」

有閒余者曰：蓋聞前哲首務，務於下學上達，佐國理民，有云爲也。〔一〕朝有所聞，則夕行之。立功立事，式昭德音。〔二〕是故伊尹思使君爲堯舜，而民處唐虞，彼豈虛言而已哉，必旌厥素爾。〔三〕咎單、巫咸，寔守王家，〔四〕申伯、樊仲，實幹周邦，服袞而朝，介圭作瑞。〔五〕厥跡不朽，垂烈後昆，不亦丕歟！且學非以要利，而富貴萃之。貴以行令，富以施惠，惠施令行，故易稱以「大業」。〔六〕質以文美，實由華興，器賴彫飾爲好，人以輿服爲榮。吾子性德體道，篤信安仁，約己博藝，無堅不鑽，以思世路，斯何遠矣！〔七〕曩滯日官，今又原之。〔八〕雖老氏曲全，進道若退，然行亦以需。〔九〕必也學非所用，術有所仰，故臨川將濟，而舟檝不存焉。徒經思天衢，內昭獨智，固合理民之式也？故嘗見謗于鄙儒。〔一〇〕深厲淺揭，隨時爲義，曾何貪於支離，而習其孤技邪？〔一一〕參〔一二〕輪可使自轉，木雕猶能獨飛，已垂翅而還故棲，盍亦調其機而銛諸？〔一三〕昔有文王，自求多福。〔一四〕人生在勤，不索何獲。〔一五〕曷若卑體屈己，美言以相剋？〔一六〕鳴于喬木，乃金聲而玉振之。〔一七〕用後勳，雪前吝，婞佷不柔，以意誰靳也。〔一八〕

〔一〕論語曰，孔子曰：「下學而上達。」注云：「下學人事，上知天命也。」

〔二〕尚書曰：「立功立事，可以永年。」逸詩曰：「祈招之愔愔，式昭德音。」式，用也。昭，明也。

〔三〕尚書伊尹曰：「予弗克俾厥后，惟堯舜其心，愧恥若撻于市。」旌，明也。素猶志也。

〔四〕咎單、巫咸，並殷賢臣也。尚書曰：「咎單作明居。」又曰「巫咸保乂王家」也。

〔五〕申伯，申國之伯也；樊仲，仲山甫也，爲樊侯：並周宣王之卿士。詩大雅曰：「維申及甫，維周之翰。」注：「翰，幹也。服袞謂申伯爲冢宰，服袞冕之服也。」又曰：「錫爾介圭，以作爾寶。」注云「寶，瑞也。圭長尺二寸謂之介」也。

〔六〕易繫詞曰「盛德大業，至矣哉！富有之謂大業，日新之謂盛德」也。

〔七〕論語曰：「篤信好學。」又曰：「仁者安仁。」又曰：「鑽之彌堅。」「博我以文，約我以禮。」

〔八〕日官，史官也。左傳曰：「天子有日官。」爾雅曰：「原，再也。」

〔九〕老子曰：「曲則全，枉則(正)〔直〕。」又曰：「夷道若纇，進道若退。」易雜卦曰：「需，不進也。」

〔一〇〕天衢，天道也。言徒銳思作靈憲、渾天儀等也。

〔一一〕揭，褰衣也，音丘例反。詩邶風曰：「深則厲，淺則揭。」爾雅曰：「由帶以上爲厲，由膝以下爲揭。」言遭時制宜，遇深水則厲，淺則揭也。易隨卦：「隨時之義大矣哉！」莊子曰：「朱泙曼學屠龍於支離益，單千金之家，三年技成而無所用。」技音渠綺反。責衡何獨妙思於機巧者也。

〔一二〕音二。

〔一三〕垂翅故棲，謂再爲史官也。盍，何不也。銛，利也。諸，之也。聞者言衡作三輪木雕，尚能飛轉，已乃垂翅故棲，何不調其機關使利而高飛邪？傅子曰「張衡能令三輪獨轉」也。

〔一四〕詩大雅文王篇曰「永言配命，自求多福」也。

〔五〕左傳曰：「人生在勤，勤則不匱。」又曰：「不索何獲，吾欲求之。」

〔六〕剋，勝也。衡集作「美言以市」也。

〔七〕詩小雅曰：「伐木丁丁，鳥鳴嚶嚶，出自幽谷，遷于喬木。」喻求仕遷於高位，振揚德音，如金玉之聲。孟子曰：「金聲而玉振〔之〕。」

〔八〕吝，恥也。左傳曰：「宋公靳之。」杜預注云：「戲而相愧曰靳。」

應之曰：是何觀同而見異也？君子不患位之不尊，而患德之不崇；不恥祿之不夥，而恥智之不博。〔一〕是故藝可學，而行可力也。天爵高懸，得之在命，〔二〕或不速而自懷，或羨旃而不臻，〔三〕求之無益，故智者面而不思。〔四〕阽身以徼幸，固貪夫之所為，未得而豫喪也。〔五〕枉尺直尋，議者譏之，盈欲虧志，孰云非羞？〔六〕於心有猜，則簋飧饌餔猶不屑餐，旌瞀以之。〔七〕意之無疑，則兼金盈百而不嫌辭，孟軻以之。〔八〕士或解裋褐而襲黼黻，或委臿築而據文軒者，度德拜爵，量績受祿也。〔九〕輸力致庸，受必有階。〔一〇〕

〔一〕方言曰：「凡物盛而多，齊宋之郊謂之夥。」音和果反。

〔二〕孟子曰：「仁義忠信，樂善不倦，此天爵也。公卿大夫，此人爵也。」案：此謂天子高縣爵位，得者在命也。

〔三〕速，召也。懷，來也。旃，之也。

〔四〕面，偝也。

〔五〕阽，危也。

〔六〕孟子陳代問孟子曰：「枉尺而直尋，若可爲也？」孟子曰：「昔齊景公田，招虞人以旌，不到，將殺之。志士不忘在溝壑，如不待招而往，何哉？且夫枉尺而直尋者，以利言也。如以利，則枉尋直尺而利，亦可爲歟？」趙岐注云：「志士，守義者也。君子固窮，故虞人不得其招尙不往，如何君子不（得）〔待〕其招而妄見也。尺小尋大，不可枉大就小，而以要利也。」

〔七〕猜，嫌也。簋，食器也。飧音孫。詩云：「有蒙簋飧。」饌音仕卷反，餔音補故反，並謂食也。屑猶介也。以，用也。爰旌瞀，餓人也。一作「爰精目」。列子曰：「東方有人焉，曰爰旌目，將有適也，而餓於道。狐丘父之盜曰丘，見而下壺飧以餔之。爰旌目三餔而後能視，曰：『子何爲者？』（也）〔曰〕：『我狐父之人丘也。』爰旌目曰：『譆，汝非盜邪？吾義不食子之食也。』兩手據地而歐之，不出，喀喀而死。」

〔八〕孟子：「陳臻問曰：『前於齊，王餽兼金一百而不受；於宋，餽七十鎰而受。前日之不受是，則今受之非也？』孟子曰：『皆是也。當在宋也，予將遠行，遠行者必以贐，予何爲不受？若於齊，則未有處也，無處而餽之，是貨之也。焉有君子而可以貨取乎？』」趙岐注云：「兼金，好金也。價兼倍於惡者，故曰兼金。一百，百鎰也。二十兩爲鎰。贐，送行者贈賄之禮也。在齊時無事，於義未有所處也。義無所處而餽之，是以貨賄（所）取我，欲使我懷惠也。」

〔九〕解裋褐謂甯戚也。委畚築謂傅說也。裋音常主反。方言曰「自關而西，謂襜褕短者謂之裋」也。

〔一〇〕「受」或作「爰」。

渾元初基，靈軌未紀，吉凶紛錯，人用朣朦。〔一〕黃帝爲斯深慘。有風后者，是焉亮之，察三辰於上，跡禍福乎下，經緯歷數，然後天步有常，則風后之爲也。〔二〕當少昊清陽之末，實或亂德，人神雜擾，不可方物，重黎又相顓頊而申理之，日月卽次，則重黎之爲也。〔三〕人各有能，因藝授任，鳥師別名，四叔三正，官無二業，事不並濟。〔四〕晝長則宵短，日南則景北。〔五〕天且不堪兼，況以人該之。〔六〕夫玄龍，迎夏則陵雲而奮鱗，樂時也；涉冬則淈泥而潛蟠，避害也。〔七〕公旦道行，故制典禮以尹天下，懼教誨之不從，有人〔之〕不理。〔八〕仲尼不遇，故論六經以俟來辟，〔九〕恥一物之不知，有事之無範。所考不齊，如何可一？〔一〇〕

〔一〕朣朦言未明也。

〔二〕史記曰：「黃帝迎日推策，擧風后、力牧以理人，順天地之紀，幽明之占。」又曰：「旁羅日月星辰。」春秋內事曰：「黃帝師於風后，風后善於伏羲氏之道，故推演陰陽之事。」藝文志陰陽流有風后十三篇也。

〔三〕帝王紀曰：「少昊字清陽。」國語楚觀射父曰：「少皞之衰也，九黎亂德，人神雜糅，不可方物。顓頊承之，乃命南正重司天以屬神，命火正黎司地以屬人。」重，少昊氏之子。黎，顓頊氏之子。

〔四〕左傳郯子曰：「少皞鳥師而鳥名。鳳鳥氏歷正也，玄鳥氏司分也，伯趙氏司至也，青鳥氏司啓也，丹鳥氏司閉也。」又晉蔡墨曰：「少皞氏有四叔，曰重，曰該，曰脩，曰熙，實能金木及水，使重爲句芒，該爲蓐收，脩及熙爲玄冥。」四叔分主三正，言其不兼業也。

〔五〕夏至日北極而影短，晝六十刻，夜四十刻。冬至日南極而影長，夜六十刻，晝四十刻也。易通卦驗曰：「冬至，晷長丈三尺。夏至，晷長尺五寸。」謂立八尺表之陰也。

〔六〕該，備也。

〔七〕說文曰：「龍，鱗蟲之長，能幽能明，能小能巨，能短能長，春分而登天，秋分而入川。」言出入有時也。賈逵注國語曰：「淈，亂也。」淈音骨。

〔八〕尹，正也。道行言道得申也。流俗本作「行道」者，非也。

〔九〕辟，君也。公羊傳曰，孔子制春秋，以俟後聖也。

〔一〇〕衡集「考」字作「丁」。丁，當也。

夫戰國交爭，戎車競驅，君若綴旒，人無所麗。〔一〕燭武縣縋而秦伯退師，〔二〕魯連係箭而聊城弛柝。〔三〕從往則合，橫來則離，安危無常，要在說夫。〔四〕咸以得人爲梟，失士爲尤。〔五〕故樊噲披帷，入見高祖；〔六〕高祖踞洗，以對酈生。〔七〕當此之會，乃黿鳴而鼈應也。〔八〕故能同心戮力，勤恤人隱，〔九〕奄受區夏，遂定帝位，皆謀臣之由也。故一介之策，各有攸建，子長諜之，爛然有第。〔一〇〕夫女魃北而應龍翔，洪鼎聲而軍容息；〔一一〕溽暑至而鶉火棲，寒冰沍而黿鼉蟄。〔一二〕今也，皇澤宣洽，海外混同，萬方億醜，并質共劑，若修成之不暇，尙何功之可立！〔一三〕立事有三，言爲下列；下列且不可庶矣，奚冀其二哉！〔一四〕

〔一〕麗，附也。公羊傳曰：「君若贅旒然。」旒，旂旒也。言爲下所執持西東也。

〔二〕燭之武，鄭大夫也。縋，縣繩於城而下也。左傳曰，秦伯圍鄭，鄭伯使燭之武夜縋而出，說秦，秦伯爲之退師。

〔三〕魯仲連，齊人也。時燕將守聊城，仲連爲書係箭射聊城中，燕將自殺。見史記。弛，廢也。柝，行夜木也。

〔四〕張儀說諸侯連和事秦爲横，蘇秦說諸侯連兵拒秦爲從。蘇秦往則從合，張儀來則從離。

〔五〕梟猶勝也，猶六博得梟則勝。

〔六〕前書曰，樊噲，沛人也，封舞陽侯。高帝嘗病，惡見人，臥禁中，詔戶者無得入。噲乃排闥直入，流涕曰：「獨不見趙高之事乎？」帝笑而起也。

〔七〕前書曰，沛公方踞牀，令兩女子洗足，而見酈食其，食其曰：「必欲聚徒合義兵，誅無道，不宜踞見長者。」於是沛公輟洗謝之。

〔八〕喻君臣相感也。焦贛易林曰「鼃鳴岐野，鼈應於泉」也。

〔九〕隱，病也。國語曰「勤恤人隱，而除其害」也。

〔一〇〕前書音義曰：「諜，譜第也。」與「牒」通。司馬遷字子長，作史記，著功臣等傳，爛然各有第序也。

〔一一〕女魃，旱神也。北猶退也。應龍，能興雲雨者也。山海經曰：「蚩尤作兵伐黃帝，黃帝乃令應龍攻之冀州之野。應龍蓄水，蚩尤請風伯、雨師從，大風雨。黃帝乃下天女曰(妖)〔妭〕，雨止，遂殺蚩尤。(妖)〔妭〕不得復上，所居不雨。」(妖)〔妭〕亦魃也，音步末反。「磬」或作「磬」，「容」或作「客」，衡集「容」作「害」，並未詳也。

〔一二〕棲，息也。禮記月令曰：「季夏土潤溽暑。」鶉火，午之宿也。三月在午，六月在酉。言當季夏之時，鶉火退於酉。沍，凝也。

〔一三〕質、劑猶今分支契也。幷、共猶言交通也。周禮曰：「凡賣買者質劑焉，大市以質，小市以劑。」鄭玄注云：「兩書一札，同而別之，長曰質，短曰劑。」劑音子隨反。

〔四〕左傳魯叔孫豹曰：「太上有立德，其次有立功，其次有立言。」杜預注云：「立德，黃帝、堯、舜也。立功，禹、稷也。立言，史佚、周任、臧文仲。」

于茲搢紳如雲，儒士成林，及津者風攄，失塗者幽僻，遭遇難要，趨偶爲幸。世易俗異，事埶舛殊，不能通其變，而一度以揆之，〔一〕斯契船而求劍，守株而伺兎也。〔二〕冒愧逞願，必無仁以繼之，有道者所不履也。越王句踐事此，故厥緒不永。〔三〕捷徑邪至，我不忍以投步；干進苟容，我不忍以歙肩。〔四〕雖有犀舟勁檝，猶人涉卬否，有須者也。〔五〕姑亦奉順敦篤，守以忠信，得之不休，不獲不吝。〔六〕不見是而不惛，居下位而不憂，允上德之常服焉。〔七〕方將師天老而友地典，與之乎高睨而大談，孔甲且不足慕，焉稱殷彭及周聃！〔八〕與世殊技，固孤是求。〔九〕子憂朱泙曼之無所用，吾恨輪扁之無所教也。〔一〇〕子覩木雕獨飛，愍我垂翅故棲，吾感去鼃附鴟，悲爾先笑而後號也。〔一一〕

〔一〕易繋詞曰「通其變，使人不倦」也。

〔二〕契猶刻也。呂氏春秋曰：「楚人有涉江者，其劍自舟中墜於水，遽契其舟，曰『是吾劍所從墜也』。舟已行而劍不行，若此求劍，不亦惑乎！」韓子曰「宋人有耕者，田中有株，兎走觸之，折頸而死，因釋耕守株，冀復得兎，爲宋國笑」也。

〔三〕史記曰，越王句踐先吳興師，吳王聞之，悉發精兵擊越，敗之於夫椒。越王乃以餘兵五千人保棲於會稽。此爲冒愧逞顧，自取敗也。

〔四〕捷，疾也。歙，斂也，音翕。孟子曰：「阿意事貴，脅肩所尊，俗之情也。」歙亦脅也。

〔五〕前書曰：「羌戎弓矛之兵器不犀利。」音義曰：「今俗謂刀兵利爲犀。犀，堅也。」詩衞風曰：「招招舟子，人涉卬否。人涉卬否，卬須我友。」卬，我也。須，待也。鄭玄注云：「人皆涉，我友未至，我獨待而不涉。言室家之道，非得所適貞女不行，非得禮義婚姻不成，喻仕當以道，不求妄進也。」

〔六〕姑，且也。休，美也。吝，恥也。

〔七〕惛猶悶也。易曰：「不見是而無悶，樂則行之，憂則違之。」又曰「居上位而不驕，在下位而不憂」也。

〔八〕帝王紀曰：「黃帝以風后配上台，天老配中台，五聖配下台，謂之三公。其餘知天、規紀、地典、力牧、常先、封胡、孔甲等，或以爲師，或以爲將。」藝文志陰陽有地典六篇。殷彭卽老彭，殷賢人也。眂，視也。高視大談，言不同流俗。衡集作「矢談」，矢亦直也，義亦通也。

〔九〕技，巧也，音伎。本或作「拔」，誤也。

〔一〇〕輪扁謂爲輪者名扁也。扁音皮殄反。莊子曰：「輪扁對齊桓公曰：『斲輪之法，徐則甘而不固，疾則苦而不入。不疾不徐，得之於手而應之於心，口不能言也。臣不能以喻臣之子，臣子亦不能受之於臣。』」言泙曼屠龍既無所用，輪扁斲輪亦不能教人也。泙音匹萌反。

〔一一〕鼃，蝦蟇也，音胡媧反。周易旅上九曰：「先笑而後號咷。」

斐豹以斃督燔書，禮至以掖國作銘；〔一〕弦高以牛餼退敵，墨翟以縈帶全城；〔二〕貫高以端辭顯義，蘇武以禿節效貞；〔三〕蒱且以飛矰逞巧，詹何以沈鉤致精；〔四〕弈秋以棊局取譽，王豹以淸謳流聲。〔五〕僕進不能參名於二立，退又不能羣彼數子。〔六〕愍三墳之既穨，惜八索之不理。〔七〕庶前訓之可鑽，聊朝隱乎柱史。〔八〕且韞櫝以待價，踵顏氏以行止。〔九〕曾不慊夫晉、楚，敢告誠於知己。〔一〇〕

〔一〕左傳曰，晉欒盈復入於晉，欒氏之力臣曰督戎，國人懼之。斐豹謂范宣子曰：「苟焚丹書，我殺督戎。」宣子曰：「而殺之，所不請於君焚丹書者有如日。」乃殺之。杜注曰：「蓋豹犯罪，沒爲官奴，以丹書其罪。」左傳，衞伐邢，禮至與國子巡城，掖以赴外，殺之。禮至自爲銘曰：「余掖殺國子，莫余敢止。」國子，邢正卿。禮至本衞人，仕邢爲大夫。掖謂挾之而投於城外也。衡集「豹」字作「隸」也。

〔二〕左傳曰，秦師襲鄭及滑。鄭商人弦高將市於周，遇之，以牛十二犒師。曰：「寡君聞吾子將出於敝邑，敢犒從者。」秦孟明曰：「鄭有備矣。」滅滑而還。墨子曰：「公輸般爲雲梯以攻宋，墨子解帶爲城，以牒爲械，公輸般九攻，墨子九拒。公輸之攻盡，墨子之守有餘。楚王曰：『善哉，吾請無攻宋矣。』」

〔三〕貫高，趙相也。端猶正也。獨正言趙王不反，高帝賢而赦之。蘇武使匈奴中，杖節臥起，節毛盡落。並見前書。

〔四〕列子曰：「蒱且子之弋，弱弓纖繳，乘風振之，連雙鶬於青雲之際。」又曰：「詹何以獨繭絲爲綸，芒針爲鉤，荊篠爲竿，剖粒爲餌，引盈車之魚。」周禮曰：「矰矢用弋射。」鄭玄注云：「結繳於矢謂之矰。矰，高也。」

〔五〕弈，圍局也，棊即所執之子。秋，名也。孟子曰：「弈秋，通國之善弈者。」又曰「王豹處於淇而河西善謳」也。

〔六〕二立謂太上立德，其次立功也。上云「立事有三，言爲下列，下列且不可庶，況其二哉」，故言不能參名於二立也。臣賢案：古本作「二立」，流俗本及衡集「立」字多作「匹」，非也。數子謂斐豹以下也。

〔七〕左傳曰，楚左史倚相能讀三墳、五典、八索、九丘。孔安國以爲三墳（五典）三皇之書，八卦之說謂之八索。此以下言不能立德立功，唯欲立言而已。

〔八〕前書東方朔曰：「首陽爲拙，柱下爲工。」應劭曰：「老子爲周柱下史，朝隱終身無患，是爲上也。」

〔九〕論語子貢曰：「有美玉於斯，韞櫝而藏諸，求善賈而沽諸？」子曰：「我待價者也。」又子謂顏回曰：「用之則行，捨之則藏，唯我與爾有是夫。」

〔一〇〕孟子曾子曰：「晉、楚之富，不可及也。彼以其富，我以吾仁，彼以其爵，我以吾義，吾何慊也？」慊猶羨也，音苦簟反。

陽嘉元年，復造候風地動儀。以精銅鑄成，員徑八尺，合蓋隆起，形似酒尊，飾以篆文山龜鳥獸之形。中有都柱，傍行八道，施關發機。外有八龍，首銜銅丸，下有蟾蜍，張口承之。〔一〕其牙機巧制，皆隱在尊中，覆蓋周密無際。如有地動，尊則振龍機發吐丸，而蟾蜍銜之。振聲激揚，伺者因此覺知。雖一龍發機，而七首不動，尋其方面，乃知震之所在。驗之以事，合契若神。自書典所記，未之有也。嘗一龍機發而地不覺動，京師學者咸怪其無徵，後數日驛至，果地震隴西，於是皆服其妙。自此以後，乃令史官記地動所從方起。

〔一〕蟾蜍，蝦蟇也。蟾音時占反，蜍音時諸反。

時政事漸損，權移於下，衡因上疏陳事曰：「伏惟陛下宣哲克明，繼體承天，中遭傾覆，龍德泥蟠。〔一〕今乘雲高躋，磐桓天位，誠所謂將隆大位，必先倥傯之也。〔二〕親履艱難者知下情，備經險易者達物僞。〔三〕故能一貫萬機，靡所疑惑，百揆允當，庶績咸熙。宜獲福祉神祇，受譽黎庶。而陰陽未和，災眚屢見，神明幽遠，冥鑒在茲。福仁禍淫，景響而應，因德降休，乘失致咎，天道雖遠，吉凶可見。近世鄭、蔡、江、樊、周廣、王聖，皆爲效矣。〔四〕故恭儉畏忌，必蒙祉祚，奢淫諂慢，鮮不夷戮，前事不忘，後事之師也。夫情勝其性，流遯忘反，〔五〕豈唯不肖，中才皆然。苟非大賢，不能見得思義，故積惡成釁，罪不可解也。向使能瞻前顧後，援鏡自戒，則何陷於凶患乎！〔六〕貴寵之臣，衆所屬仰，其有愆尤，上下知之。褒美譏惡，有心皆同，故怨讟溢乎四海，神明降其禍辟也。〔七〕頃年雨常不足，思求所失，則洪範所謂『僭恆陽若』者也。〔八〕懼羣臣奢侈，昏踰典式，自下逼上，用速咎徵。又前年京師地震土裂，〔九〕裂者威分，震者人擾也。君以靜唱，臣以動和，威自上出，不趣於下，禮之政也。竊懼聖思厭倦，制不專己，恩不忍割，與衆共威。威不可分，德不可共。洪範曰：『臣有作威作福玉食，害于而家，凶于而國。』天鑒孔明，雖疎不失。災異示人，前後數矣，而未見所革，以復往悔。〔一〇〕自非聖人，不能無過。願陛下思惟所以稽古率舊，勿令刑德八柄，不由天子。〔一一〕若恩從上下，事依禮制，禮制脩則奢僭息，事合宜則無凶咎。然後神望允塞，災消不至矣。」

〔一〕傾覆謂順帝爲太子時廢爲濟陰王。蟠音薄寒反。廣雅曰：「蟠，曲也。」揚雄方言曰：「未升天龍謂之蟠。」

〔二〕倥音口弄反，傯音子弄反。埤蒼曰：「倥傯，窮困也。」亦謂順帝被廢時也。

〔三〕左傳曰：「晉侯在外十九年矣，險阻艱難備嘗之矣，人之情僞盡知之矣。」

〔四〕事具宦者傳。

〔五〕性者生之質，情者性之欲。性善情惡，情勝則荒淫也。

〔六〕楚辭曰：「瞻前而顧後兮，援鏡自戒。」謂引前事以爲鏡而自戒勑也。韓詩外傳曰：「明鏡所以照形，往古所以知今。」

〔七〕辟，罪也，音頻亦反。

〔八〕恆，常也。若，順也。孔安國注洪範云：「君行僭差則常陽順之，常陽則多旱也。」

〔九〕順帝永建三年正月，京師地震也。

〔一〇〕革，改也。復，反也。

〔一一〕周禮，太宰以八柄詔王馭羣臣，一曰爵，二曰祿，三曰予，四曰置，五曰生，六曰奪，七曰廢，八曰誅。

初，光武善讖，及顯宗、肅宗因祖述焉。自中興之後，儒者爭學圖緯，兼復附以訞言。衡以圖緯虛妄，非聖人之法，乃上疏曰：「臣聞聖人明審律歷以定吉凶，重之以卜筮，雜之以九宮，〔一〕經天驗道，本盡於此。或觀星辰逆順，寒燠所由，或察龜策之占，巫覡之言，〔二〕其所因者，非一術也。立言於前，有徵於後，故智者貴焉，謂之讖書。讖書始出，蓋知之者寡。自漢取秦，用兵力戰，功成業遂，可謂大事，當此之時，莫或稱讖。若夏侯勝、眭孟之徒，以道術立名，其所述著，無讖一言。劉向父子領校祕書，閱定九流，亦無讖錄。成、哀之後，乃始聞之。〔三〕尚書堯使鯀理洪水，九載績用不成，鯀則殛死，禹乃嗣興。〔四〕而春秋讖云『共工理水』。凡讖皆云黃帝伐蚩尤，而詩讖獨以爲『蚩尤敗，然後堯受命』。春秋元命包中有公輸班與墨翟，事見戰國，非春秋時也。〔五〕又言『別有益州』。益州之置，在於漢世。〔六〕其名三輔諸陵，世數可知。至於圖中訖于成帝。一卷之書，互異數事，聖人之言，埶無若是，殆必虛僞之徒，以要世取資。往者侍中賈逵摘讖互異三十餘事，諸言讖者皆不能說。至於王莽簒位，漢世大禍，八十篇何爲不戒？則知圖讖成於哀平之際也。且河洛、六藝，篇錄已定，後人皮傅，無所容簒。〔七〕永元中，清河宋景遂以歷紀推言水災，而僞稱洞視玉版。〔八〕或者至於弃家業，入山林。後皆無效，而復采前世成事，以爲證驗。至於永建復統，則不能知。〔九〕此皆欺世罔俗，以昧埶位，情僞較然，莫之糾禁。且律歷、卦候、九宮、風角，數有徵效，世莫肯學，而競稱不占之書。〔一〇〕譬猶畫工，惡圖犬馬而好作鬼魅，誠以實事難形，而虛僞不窮也。〔一一〕宜收藏圖讖，一禁絕之，則朱紫無所眩，典籍無瑕玷矣。」

〔一〕易乾鑿度曰：「太一取其數以行九宮。」鄭玄注云：「太一者，北辰神名也。下行八卦之宮，每四乃還於中央。中央者，（地神）〔北辰〕之所居，故謂之九宮。天數大分，以陽出，以陰入。陽起于子，陰起於午，是以太一下九宮，從坎宮始，自此而從於坤宮，又自此而從於震宮，又自此而從於巽宮，所以（從）〔行〕半矣，還息於中央之宮。既又自此而從於乾宮，又自此而從於兌宮，又自此而從於艮宮，又自此而從於离宮，行則周矣，上游息於太一之星而反紫宮。行起從坎宮始，終於离宮也。」

〔二〕前書曰：「齊肅聰明者，神或降之。」在男曰覡，在女曰巫。覡音胡歷反。

〔三〕眭弘字孟，魯國蕃人也。昭帝時，以明經爲議郎。夏侯勝字長公，東平人，好洪範五行傳說，宣帝時爲太子太傅。又成、哀時，有詔使劉向及子歆於祕書校定經、傳、諸子等。九流謂儒家、道家、陰陽家、法家、名家、墨家、縱橫家、雜家、農家，見藝文志，並無讖說也。

〔四〕殛，誅死也。

〔五〕衡集云「班與墨翟並當子思時，出仲尼後」也。

〔六〕前書武帝始置益州。

〔七〕衡集上事云：「河洛五九，六藝四九，謂八十一篇也。」傅音附。臣賢案：衡集云：「後人皮傅，無所容竄。」又揚雄方言曰：「秦、晉言非其事謂之皮傅。」謂不深得其情核，皮膚淺近，強相傅會也。後人不達皮膚之意，流俗本多作「頗傳」者，誤也。無所容竄謂不容妄有加增也。莊子曰：「竄句籍辭。」續漢書亦作「竄」。本作「篡」者，義亦通也。

〔八〕遁甲開山圖曰：「禹遊於東海，得玉珪，碧色，長一尺二寸，圓如日月，以自照，自達幽冥。」言宋景歷紀推知水災，非洞視玉版所見也。

〔九〕永建，順帝即位年也。復統謂廢而復立，言讖家不論也。

〔一〇〕謂讖稱讖書也。

〔一一〕韓子曰「客爲齊王畫者。問：『畫孰難？』對曰：『狗馬最難。』『孰易？』『鬼魅最易。』狗馬，人所知也，故難；鬼魅無形，故易」也。

後遷侍中，帝引在帷幄，諷議左右。嘗問衡天下所疾惡者。宦官懼其毁己，皆共目之，衡乃詭對而出。閹豎恐終爲其患，遂共讒之。

衡常思圖身之事，以爲吉凶倚伏，幽微難明，乃作思玄賦，〔一〕以宣寄情志。其辭曰：

〔一〕玄，道也，德也。老子曰：「玄之又玄，衆妙之門。」

仰先哲之玄訓兮，雖彌高其弗違。〔一〕匪仁里其焉宅兮，匪義迹其焉追？〔二〕潛服膺以永靚兮，綿日月而不衰。〔三〕伊中情之信脩兮，慕古人之貞節。〔四〕竦余身而順止兮，遵繩墨而不跌。〔五〕志團團以應懸兮，誠心固其如結。〔六〕旌性行以制佩兮，佩夜光與瓊枝。〔七〕纗幽蘭之秋華兮，又綴之以江蘺。〔八〕美襞積以酷裂兮，允塵邈而難虧。〔九〕既姱麗而鮮雙兮，非是時之攸珍。〔一〇〕奮余榮而莫見兮，播余香而莫聞。幽獨守此仄陋兮，敢怠皇而舍勤。〔一一〕幸二八之遻虞兮，喜傅說之生殷；尙前良之遺風兮，恫後辰而無及。〔一二〕何孤行之煢煢兮，孑不羣而介立？感鸞鷖之特棲兮，悲淑人之稀

合。〔一三〕

〔一〕玄訓，道德之訓也。論語顏回曰：「仰之彌高。」

〔二〕論語孔子曰：「里仁爲美，宅不處仁，焉得知？」里、宅，皆居也。

〔三〕說文曰：「膺，匈也。」禮記曰：「服膺拳拳而不息。」靚音才性反。前書音義曰：「靚與『靜』同。」

〔四〕脩謂自脩爲善也。楚辭曰：「苟中情其好脩兮。」

〔五〕竦，企立也。禮記曰：「爲人臣止於恭，爲人子止於孝，爲人父止於慈，與國人交止於信。」跌，蹉也，音徒結反。繩墨諭禮法也。楚辭曰：「遵繩墨而不頗。」

〔六〕團團，垂皃也。詩曰：「心之憂矣，如或結之。」

〔七〕旌，明也。夜光，美玉。瓊枝，玉樹。以諭堅貞也。楚辭曰「折瓊枝以繼佩」也。

〔八〕案：纗音租綏反。字書亦「纂」字也。纂，繫也。諸家音並戶圭反，誤也。江離，香草也。本草經曰：「蘪蕪，一名江離。」卽芎藭苗也。楚辭曰：「扈江離與辟芷兮，紉秋蘭以爲佩。」皆取芬芳以象德也。

〔九〕襞積，衣襵也。酷裂，香氣盛也。司馬相如曰：「酷裂淑郁。」又曰：「襞積褰縐。」允，信也。塵，久也。邈，遠也。虧猶歇也。衣服芬芳，久而不歇，以喻道德著美，幽而不屈也。

〔一〇〕姱音口瓜反。王逸注楚詞曰：「姱，好也。」攸，所也。言德雖美好，而時人不珍也。

〔一一〕怠，惰也。皇，暇也。舍，廢也。

〔一二〕二八，八元、八愷也。遌，遇也，音五故反。虞，虞舜也。倘，慕也。恫，痛也，音通。辰，時也。痛己後時而不及之也。

〔三〕山海經曰，女牀山有鳥，五采，名曰鸞，見則天下安寧。又曰，九疑山有五采之鳥，名鷖。淑，善也。特，獨也。言靈鳥既獨棲，善人亦少合也。

彼無合其何傷兮，患衆僞之冒眞。旦獲讟于羣弟兮，啓金縢而乃信。〔一〕覽蒸民之多僻兮，畏立辟以危身。〔二〕曾煩毒以迷或兮，羌孰可與言己？〔三〕私湛憂而深懷兮，思繽紛而不理。〔四〕願竭力以守義兮，雖貧窮而不改。執雕虎而試象兮，阽焦原而跟止。〔五〕庶斯奉以周旋兮，要既死而後已。〔六〕俗遷渝而事化兮，泯規矩之圓方。〔七〕珍蕭艾於重笥兮，謂蕙芷之不香。〔八〕斥西施而弗御兮，羈要褭以服箱。〔九〕行陂僻而獲志兮，循法度而離殃。〔一〇〕惟天地之無窮兮，何遭遇之無常！不抑操而苟容兮，譬臨河而無航。〔一一〕欲巧笑以干媚兮，非余心之所嘗。襲溫恭之黻衣兮，披禮義之繡裳。〔一二〕辮貞亮以爲鞶兮，雜技藝以爲珩。〔一三〕昭綵藻與雕琢兮，璜聲遠而彌長。〔一四〕淹棲遲以恣欲兮，燿靈忽其西藏。〔一五〕恃己知而華予兮，鶗鴂鳴而不芳。〔一六〕冀一年之三秀兮，遒白露之爲霜。〔一七〕時亹亹而代序兮，疇可與乎比伉？〔一八〕咨姤嫭之難並兮，想依韓以流亡。〔一九〕恐漸冉而無成兮，留則蔽而不章。

〔一〕旦，周公也。讟，謗也。信音申。成王立，周公攝政，其弟管叔、蔡叔等謗言，云公將不利於孺子，周公乃誅二叔。秋大孰未穫，天大雷電以風，禾盡偃。成王與大夫啓金縢之書，乃得周公所自以爲功代武王之策，方信周公忠於國家也。事見尚書。

〔二〕蒸，衆也。僻，邪也。辟，法也。詩曰「人之多僻，無自立辟」也。

〔三〕曾，重也。羌，發語辭也。言己之志，無可爲言之也。

〔四〕湛音沈。繽紛，亂皃也。

〔五〕彫虎，有文也。阽，臨也。焦原，原名也。跟，足踵也。尸子曰：「中黃伯曰：『我左執太行之獶，右執彫虎，唯象之未試，吾或焉。有力者則又願爲牛，與象，自謂天下之義人也。惡乎試之？曰，夫貧窮，大行之獶也；跡賤者，義之彫虎也。吾日試之矣。』」又曰：「莒國有名焦原者，廣尋，長五十步，臨百仞之谿，莒國莫敢近也。有以勇見莒子者，獨卻行劑踵焉，此所以服莒國也。夫義之爲焦原也高矣，此義所以服一世也。」衡言躬履仁義，不避險難，亦足以服一代之人也。

〔六〕左傳史克曰：「奉以周旋，不敢失墜。」論語孔子曰：「死而後已，不亦遠乎？」

〔七〕化，變也。泯，滅也。

〔八〕蕭，蒿也。笥，篋也。蕙、芷，並香草也。貴蕭艾，喻任小人。謂蕙芷爲不香，喻弃賢人也。

〔九〕斥，遠也。西施，越之美女也。要音於皎反。褭音奴了反。呂氏春秋曰：「要褭，古之駿馬也。」服，駕也。箱，車也。言疎遠美女，又以駿馬駕車，並喻不能用賢也。

〔一〇〕陂，不正也。離，被也。

〔一一〕航，船也。孫卿子曰：「偷合苟容以持祿。」周書陰符曰：「四輔不存，若濟河無舟矣。」

〔一二〕襲，重也。周禮黑與青謂之黻，五色備曰繡。

〔三〕說文曰：「辮，交織也。」音蒲殄反。禮記曰：「男鞶革，(革)〔女〕鞶絲。」鄭玄注云：「鞶，小囊，盛帨巾也。」珩，佩玉也。

〔四〕璜，佩玉也。爾雅曰：「半璧曰璜。」言佩服之美，喻道德之盛也。

〔五〕淹，久也。棲遲，遊息也。燿靈，日也。楚辭曰：「燿靈安藏。」言年歲之蹉跎也。

〔六〕已知猶知己也。華，榮也。予，衡自謂也。鶗鴂，鳥名，喻讒人也。廣雅曰：「鷤鴂，布穀也。」楚辭曰：「恐鷤鴂之先鳴兮，使夫百草爲之不芳。」王逸注云：「以喻讒言先至，使忠直之士被罪也。」言恃知己以相榮，反遇讒而見害也。

〔七〕三秀，芝草也。楚辭曰：「采三秀於山閒。」說文曰：「遒，迫也。」方秀遇霜，喻以賢被讒也。

〔八〕亹亹，進貌也。謂四時更進而代序。疇，誰也。伉，偶也。伉，協韻音苦郎反。

〔九〕咨，歎也。妒，忌也。嫮，美也，音胡故反。楚辭曰：「嫮目宜笑。」言嫉妒者，憎惡美人，故難與並也。韓謂齊仙人韓終也。爲王採藥，王不肯服，終自服之，遂得仙。楚辭曰：「羨韓衆之得一。」流亡謂流遁亡去也。

心猶與而狐疑兮，即岐阯而攄情。〔一〕文君爲我端著兮，利飛遁以保名。〔二〕歷衆山以周流兮，翼迅風以揚聲。〔三〕二女感於崇岳兮，或冰折而不營。〔四〕天蓋高而爲澤兮，誰云路之不平！〔五〕勔自強而不息兮，蹈玉階之嶢崢。〔六〕懼筮氏之長短兮，鑽東龜以觀禎。〔七〕遇九皋之介鳥兮，怨素意之不逞。〔八〕遊塵外而瞥天兮，據冥翳而哀鳴。〔九〕鵰鶚競於貪婪兮，我脩絜以益榮。〔一〇〕子有故於玄鳥兮，歸母氏而後寧。〔一一〕

〔二〕文君，文王也。端，正也。楚辭曰：「詹尹端策拂龜。」周易遁卦上九曰：「肥遁無不利。」淮南九師道訓曰：「遁而能飛，吉孰大焉？」

〔三〕遁卦艮下乾上，艮爲山，故曰歷衆山。從二至四爲巽，巽爲風，故曰翼迅風也。

〔四〕遁上九變而爲咸。咸，感也。咸卦艮下兌上，從二至四爲巽，與兌爲二女也。崇岳謂艮也。從三至五爲乾。易說卦曰：「乾爲冰，兌爲毀折。」陽不求陰，故曰冰折而不營也。

〔五〕乾變爲兌，乾爲天，兌爲澤，故曰天爲澤。言天高尙爲澤，誰云路之不平？言可行也。

〔六〕勔，勉也。乾爲金玉，故曰玉階。嶢崢，高峻皃。嶢音堯。崢音士耕反。

〔七〕左傳晉卜人曰：「筮短龜長，不如從長。」言筮之未盡，復以龜卜之也。周禮「龜人掌六龜之屬，東龜曰果屬，其色青」也。

〔八〕詩小雅曰：「鶴鳴九皐。」注云：「皐，澤中溢水出所爲也。自外數至九，喻深遠也。」介，耿介也。龜經有棲鶴兆也。言卜得鶴兆也。逞，快也，協韻音丑貞反。

〔九〕瞥，覗也，音普列反。冥翳，高遠也。

〔一〇〕鵰、鶚，鷙鳥也，以喻讒佞也。

〔一一〕子謂衡也。有故於玄鳥謂卜得鶴兆也。易曰：「鳴鶴在陰，其子和之。我有好爵，吾與汝縻之。」言子歸母氏然後得寧，猶臣遇賢君方享爵祿。勸衡求聖君以仕之也。

占既吉而無悔兮，簡元辰而俶裝。〔一〕旦余沐於清原兮，晞余髮於朝陽。〔二〕漱飛泉之瀝液兮，咀石菌之流英。〔三〕翾鳥舉而魚躍兮，將往走乎八荒。〔四〕過少皞之窮野兮，問三丘乎句芒。〔五〕何道眞之淳粹兮，去穢累而票輕。〔六〕登蓬萊而容與兮，鼇雖抃而不傾。〔七〕留瀛洲而採芝兮，聊且以乎長生。〔八〕憑歸雲而遐逝兮，夕余宿乎扶桑。〔九〕噏青岑之玉醴兮，餐沆瀣以爲糧。〔一〇〕發昔夢於木禾兮，穀崑崙之高岡。〔一一〕朝吾行於湯谷兮，從伯禹於稽山。〔一二〕集羣神之執玉兮，疾防風之食言。〔一三〕

〔一〕悔，惡也。元辰，吉辰也。俶，整也。

〔二〕晞，乾也。朝陽，日也。爾雅曰：「山東曰朝陽。」楚辭曰「朝濯髮於陽谷，夕晞余身乎九陽」也。

〔三〕瀝液，微流也。咀，嚼也。石菌，芝也。英，華也。

〔四〕翾，飛也，音許緣反。走猶赴也，音奏。八荒，八方荒遠地也。淮南子曰：「登太山，履石封，以望八荒。」

〔五〕帝王紀曰：「少昊邑于窮桑，都曲阜，故或謂之窮桑帝。」地在魯城北。衡欲往東方，故先過窮桑之野。三丘，東海中三山也，謂蓬萊、方丈、瀛洲。句芒，木正，東方之神也。

〔六〕道眞謂道德之眞。班固幽通賦曰：「矧沈躬於道眞。」不澆曰淳，不雜曰粹。票音匹妙反，猶飄颻也。

〔七〕鼇，大龜也。列子曰：「勃海之東有大壑焉，其中有五山，一曰岱輿，二曰員嶠，三曰方壺，四曰瀛洲，五曰蓬萊。隨波上下往還，不得暫峙。仙聖訴於帝，使巨鼇十五舉首而戴之，迭爲三番，六萬歲一交焉，五山始不動。」抃音皮媛反。楚辭曰：「鼇戴山抃。」說文：「抃，拊手也。」

〔八〕東方朔十洲記曰「瀛洲，在東海之東，上生神芝仙草，有玉石膏出泉如酒味，名之爲玉酒，飲之令人長生」也。

〔九〕扶桑，日所出，在湯谷中，其桑相扶而生。見淮南子。

〔一〇〕爾雅曰：「山小而高曰岑。」郭璞注曰：「言岑崟也。」楚辭曰：「餐六氣而飲沆瀣。」王逸注云：「沆瀣，夜半氣也。」「糧」或作「粻」。

〔一一〕山海經曰：「崐崘墟在西北，方八百里，高萬仞，上有木禾，長五尋，大五圍。」昔，夜也。穀，生也。衡此夜夢禾生於崐崘山之上，卽下文云「抨巫咸作占夢，含嘉秀以爲敷」是也。衡集注及近代注解皆云「昔日夢至木禾，今親往見焉，是爲發昔夢也」。臣賢案：衡之此賦，將往走乎八荒以後，卽先往東方，次往南方，乃適西方，此時正在湯谷、扶桑之地，崐崘乃西方之山，安得已往崐崘見木禾乎？良由尋究不精，致斯謬耳。

〔一二〕湯谷，日所出也。孔安國注尙書曰：「禹代鯀爲崇伯，故稱伯。」吳越春秋曰：「禹登茅山，大會計理國之道，故更名其山曰會稽」也。

〔一三〕左傳曰：「禹合諸侯於塗山，執玉帛者萬國。」國語仲尼曰：「昔禹致羣神於會稽之山，防風氏後至，禹殺而戮之。」客曰：「敢問誰爲神？」仲尼曰：「山川之守，足以紀綱天下者，其守爲神。」食言謂後至也。爾雅曰：「食，僞也。」

指長沙以邪徑兮，存重華乎南鄰。〔一〕哀二妃之未從兮，翩儐處彼湘瀕。〔二〕流目覜夫衡阿兮，睹有黎之圮墳；痛火正之無懷兮，託山陂以孤魂。〔三〕愁蔚蔚以慕遠兮，越卬州而愉敖。〔四〕躋日中于昆吾兮，憩炎天之所陶。〔五〕揚芒熛而絳天兮，水泫沄而涌濤。〔六〕溫風翕其增熱兮，惄鬱邑其難聊。〔七〕顝羈旅而無友兮，余安能乎留茲？〔八〕

〔一〕長沙，今潭州也。從稽山西南向長沙，故云邪徑。存猶問也。重華，舜名。葬於蒼梧，在長沙南，故云「南鄰」也。

〔二〕二妃，舜妻堯女娥皇、女英。翩，連翩也。儐，弃也。瀕，水涯也。劉向列女傳曰：「舜陟方，死於蒼梧，二妃死於江、湘之閒，俗謂之湘君、湘夫人也。」禮記云「舜葬蒼梧，二妃不從」也。

〔三〕衡阿，衡山之曲也。黎，顓頊之子祝融也，爲高辛氏之火正，葬於衡山。圮，毀也。盛弘之荆州記云：「衡山南有南正重黎墓。楚靈王時山崩，毀其墳，得營丘九頭圖焉。」

〔四〕河圖曰：「天有九部八紀，地有九州八柱。東南神州曰晨土，正南卬州曰深土，西南戎州曰滔土，正西弇州曰开土，正中冀州曰白土，西北柱州曰肥土，北方玄州曰成土，東北咸州曰隱土，正東揚州曰信土。」愉，樂也。敖，游也。

〔五〕淮南子曰：「日至于昆吾，是謂正中。」高誘注云：「昆吾，丘名，在南方。」憩，息也。東方朔神異經曰：「南方有火山，長四十里，廣四五里，晝夜火然。」陶猶炎熾也。

〔六〕芒，光芒也。字林曰：「熛，飛火也。」音必遙反。泫音胡犬反，沄音戶昆反，並水流皃也。

〔七〕溫風，炎風也。淮南子曰：「南方之極，自北戶之外，南至委火、炎風之野，二萬二千里。」惄音奴覿反。爾雅曰「惄，思也」。

〔八〕顝，獨也，音苦骨反。不能留此，將復西行也。

顧金天而歎息兮，吾欲往乎西嬉。〔一〕前祝融使舉麾兮，纚朱鳥以承旗。〔二〕躔建

木於廣都兮，拓若華而躊躇。〔三〕 超軒轅於西海兮，跨汪氏之龍魚；聞此國之千歲兮，曾焉足以娛余？〔四〕

〔一〕金天氏，西方之帝少皞也。 嬉，戲也。

〔二〕纚，繫也，音山綺反。 朱鳥，鳳也。 楚辭曰「鳳皇翼其承旂」也。

〔三〕躔，次也。 拓猶折也。 淮南子曰：「建木在廣都，若木在建木西，末有十日，其華照地。」 山海經曰，廣都之野，后稷葬焉。 楚辭曰：「折若木以拂日。」 躊躇猶俳回也。 躊音直流反。 躇音直余反。

〔四〕山海經曰「軒轅之國，在窮山之際，其（不）〔下〕壽者八百歲。 龍魚在其北，一曰蝦魚，有神巫乘此以行九野。 一曰鼈魚，在汪野北，其爲魚也如鯉魚。 白人之國在龍魚北」也。

思九土之殊風兮，從蓐收而遂徂。〔一〕 欻神化而蟬蛻兮，朋精粹而爲徒。〔二〕 蹶白門而東馳兮，云台行乎中野。〔三〕 亂弱水之潺湲兮，逗華陰之湍渚。〔四〕 號馮夷俾清津兮，權龍舟以濟予。〔五〕 會帝軒之未歸兮，悵相佯而延佇。〔六〕 呬河林之蓁蓁兮，偉關雎之戒女。〔七〕 黃靈詹而訪命兮，摎天道其焉如。〔八〕 曰近信而遠疑兮，六籍闕而不書。〔九〕 神逵昧其難覆兮，疇克謨而從諸？〔一〇〕 牛哀病而成虎兮，雖逢昆其必噬。〔一一〕 鼈令殪而尸亡兮，取蜀禪而引世。〔一二〕 死生錯而不齊兮，雖司命其不晣。〔一三〕 竇號行於代路兮，後膺祚而繁廡。〔一四〕 王肆侈於漢庭兮，卒銜恤而絕緒。〔一五〕 尉尨眉而郎潛兮，逮三葉而遘武。〔一六〕董弱冠而司袞兮，設王隧而弗處。〔一七〕夫吉凶之相仍兮，恆反側而靡所。穆負天以悅牛兮，豎亂叔而幽主。〔一八〕文斷袪而忌伯兮，閹謁賊而寧后。〔一九〕通人闇於好惡兮，豈愛惑之能剖？〔二〇〕嬴擿讖而戒胡兮，備諸外而發內。〔二一〕或聾眴而逹車兮，孕行產而為對。〔二二〕愼竈顯於言天兮，占水火而妄訏。〔二三〕梁叟患夫黎丘兮，丁厥子而事刃，親所睇而弗識兮，矧幽冥之可信。〔二四〕毋綿攣以涬己兮，思百憂以自疢。〔二五〕彼天監之孔明兮，用棐忱而佑仁。〔二六〕湯蠲體以禱祈兮，蒙厖褫以拯人。〔二七〕景三慮以營國兮，熒惑次於它辰。〔二八〕魏顆亮以從理兮，鬼亢回以斃秦。〔二九〕咎繇邁而種德兮，德樹茂乎英、六。〔三〇〕桑末寄夫根生兮，卉既彫而已毓。〔三一〕有無言而不讎兮，又何往而不復？〔三二〕盍遠迹以飛聲兮，孰謂時之可蓄？〔三三〕

〔一〕九土，九州也。蓐收，西方神也。徂，往也。欲還中土也。

〔二〕欻，疾貌也，音許勿反。蛻音稅。說文曰：「〔蛻〕，蟬蛇（蛻）所解皮也。」言去故就新，若蟬之蛻也。朋猶侶也。粹，美也。

〔三〕蹶音厥。鄭玄注禮記云：「蹶，行處之貌也。」淮南子曰：「自東北方曰方土之山，曰蒼門；東方曰東極之山，〔曰〕開明之門；東南方曰波母之山，曰陽門；南方〔曰〕南極之山，曰暑門；西南方曰編駒之山，曰白門；西方曰西極之山，曰閶闔之門；西北方曰不周之山，曰幽都之門；北方曰北極之山，曰寒門。凡八極之雲，是雨天下，八門之風，是節寒暑。」爾雅曰：「台，我也。」野，協韻音神渚反。

〔四〕正絕流曰亂。山海經曰：「崐崘之丘，其下有弱水之川環之。」注云：「其水不勝鳥毛。」潺湲，流貌也。逗，止也。華陰，華山之北也。臨河，故云「湍渚」。

〔五〕號，呼也。聖賢冢墓記曰：「馮夷者，弘農華陰潼鄉隄首里人，服八石，得水仙，為河伯。」龍魚河圖曰：「河伯姓呂名公子，夫人姓馮名夷。」俾，使也。淸，靜也。津，濟度處。靜之使無波濤也。櫂，檝也。淮南子曰：「龍舟，鷁首，浮吹以虞。」予，我也。

〔六〕帝軒，黃帝也。鑄鼎於湖，在今湖城縣，與河、華相近。未歸謂黃帝得仙升天，神靈未歸。相佯猶俳回也。

〔七〕呬音許吏反。爾雅曰：「呬，息也。」蓁蓁，茂盛貌。山海經云：「北望河林，其狀如蒨。」偉，美也。詩國風曰：「關關雎鳩，在河之洲。窈窕淑女，君子好仇。」衡覩河洲而思之也。

〔八〕黃靈，黃帝神也。爾雅曰：「詹，至也。訪，謀也。摎，求也。」

〔九〕曰，黃帝荅言也。六籍，六經也。

〔一〇〕逵，道也。爾雅曰：「覆，審也。疇，誰也。謨，謀也。」

〔一一〕昆，兄也。淮南子曰：「昔公牛哀病七日，化而為虎。其兄覘之，虎搏而殺之，不知其兄也。」

〔一二〕鼈令，蜀王名也。令音靈。殪，死也。禪，傳位也。引，長也。揚雄蜀王本紀曰「荊人鼈令死，其尸流亡，隨江水上至成都，見蜀王杜宇，杜宇立以為相。杜宇號望帝，自以德不如鼈令，以其國禪之，號開明帝。下至五代，有開明尙，始去帝號，復稱王」也。

〔一三〕錯，交錯也。司命，天神也。春秋佐助期曰：「司命，神，名為滅黨，長八尺，小鼻，望羊，多髭，癯瘦，通於命運期度。」晣，明也，協韻音之逝反。

〔一四〕竇謂孝文竇皇后也。緐廡，茂盛也。呂太后時，出宮人以賜諸王，竇姬家在清河，願如趙近家，遣宦者吏，必置我趙伍中。宦者忘之，誤置代伍中，姬涕泣不欲往，相強乃行。至代，代王獨幸竇姬，生景帝，後立爲皇后。景帝生十四子，後至光武中興也。

〔一五〕王謂孝平王皇后，莽之女也。前書聘以黃金二萬斤，遣劉歆奉乘輿法駕，迎后于第。及莽篡位，后常稱疾不朝，會莽誅，后自投火中而死。恤，憂也。詩小雅曰：「出則銜恤。」絕緒言無後也。

〔一六〕尉謂都尉顏駟也。尨，蒼雜色也。遘，遇也。漢武故事曰：「上至郎署，見一老郎，鬢眉皓白，問：『何時爲郎？何其老也？』對曰：『臣姓顏，名駟，以文帝時爲郎。文帝好文而臣好武，景帝好老而臣尚少，陛下好少而臣已老，是以三葉不遇也。』上感其言，擢爲會稽都尉」也。

〔一七〕董賢字聖卿，哀帝時爲大司馬，年二十二。袞，三公服也。時哀帝令爲賢起冢，至尊無以加。及帝崩，王莽殺賢於獄中。左傳曰，晉侯請隧，曰：「王章也。」禮記曰「二十曰弱冠」也。

〔一八〕穆，魯大夫叔孫豹也，謚曰穆。牛謂豎牛，豹之子也。幽，閉也。大夫稱主。左傳曰，叔孫豹奔齊，宿於庚宗，遇婦人而私焉。至齊，夢天壓己，弗勝，顧而見人，號之曰「牛，助余」，乃勝之。及後還魯，庚宗之婦人獻以雉，曰：「余子長矣。」召而見之，則所夢也。遂使爲豎，有寵。及穆子遇疾，豎牛欲亂其室，曰：「夫子疾病，不欲見人。」牛不進食，穆子遂餓而死。

〔一九〕文，晉文公也。祛，袂也。忌，怨也。伯謂伯楚也。謁，告也。賊謂呂甥、冀芮等。寧，安也。后，文公也。初，晉獻公使寺人勃鞮伐公於蒲城，公踰垣，勃鞮斬其祛。及公入國，呂甥、冀芮謀作亂，伯楚知之，以告公。公會秦伯于王城，殺呂、郄。伯楚，勃鞮字也。事見國語也。

〔一〇〕通人謂穆子、文公等。闇於好惡謂初悅豎牛，後以餓死；始怨勃鞮，終能告賊。剖，分也。言通人尚闇於好惡，況愛寵昏惑者豈能分之？

〔一一〕嬴，秦姓也。擿猶發也。謂始皇發讖，云「亡秦者胡」，乃使蒙恬北築長城，以爲外備，而不知胡亥竟爲趙高所殺，秦氏遂亡，是發內。

〔一二〕肇，運也。違，避也。車謂張車子也。有夫婦夜田者，天帝見而矜之，問司命曰：「此可富乎？」司命曰：「命當貧，有張車子財可以借而與之期。曰，車子生，急還之。」田者稍富，及期，夫婦齎其賄以逃。同宿有婦人，夜生子，問名於其父，父曰：「生車閒，名車子。」其家自此之後遂大貧敝。見搜神記。

〔一三〕爾雅曰：「諱，告也。」左傳曰：「日有食之。梓愼曰：『將水。』叔孫昭子曰：『旱也。』後果大旱。」又曰「宋、衞、陳、鄭將火，鄭大夫裨竈請瓘斝、玉瓚禳火，子產弗予。竈曰：『不用吾言，鄭又將火。』子產曰：『天道遠，人道邇，非爾所及。』遂不與，亦不復火」也。

〔一四〕梁叟，梁國之老人也。丁，當也。睎，視也。矧，況也。呂氏春秋曰：「梁北有黎丘鄉，鄉有丈人往市，醉而歸者，黎丘奇鬼效其子之狀而道苦之。丈人醒，謂其子曰：『吾爲而父，我醉，女道苦我，何故？』其子泣曰：『必奇鬼也。』丈人明日之市，醉，其眞子迎之，丈人拔劒而刺之。」事音側利反。前書音義曰「江東人以物插地中爲事」也。

〔一五〕綿攣猶牽制也。涬音胡鼎反。衡集注云：「涬，引也。言勿牽制於俗，引憂於己。」詩曰：「無思百憂，秖自重兮。」

〔一六〕監，視也。孔，甚也。棐，輔也。忱，誠也。佑，助也。言天之視人甚明，唯輔誠信而助仁德也。尚書曰：「天監厥德。」又曰：「天威棐忱。」

〔二七〕蠲，絜也。祈，求也。爾雅曰：「庬，大也。禠，福也。」帝王紀曰：「湯時大旱七年，殷史卜曰：『當以人禱。』湯曰：『必以人禱，吾請自當。』遂齋戒，翦髮斷爪，以己爲牲，禱於桑林之社，果大雨。」言蒙天大福以拯救人。衡集「祈」字作「祊」。祊，祭也。禠音斯。

〔二八〕景，宋景公也。三慮謂三善言也。景公有疾，司馬子韋曰：「熒惑守心。心，宋之分野。君當祭之，可移於相。」公曰：「相，股肱也。除心腹之疾而寘之股肱，可乎？」曰：「可移於民。」公曰：「民所以爲國，無民何以爲君？」曰：「可移於歲。」公曰：「歲，所以養人也。歲不登，何以畜人乎？」子韋曰：「君善言三，熒惑必退三舍。」見呂氏春秋也。

〔二九〕魏顆，魏武子之子也。亮，信也。左傳曰，晉魏顆敗秦師於輔氏，獲杜回。杜回，秦之力人也。初，魏武子有嬖妾，武子疾，命顆曰：「必嫁是妾。」疾病，則曰：「必以爲殉。」及卒，顆嫁之，曰：「疾病則亂，吾從其治也。」輔氏之役，顆見老人結草以亢杜回，躓而顚，故獲之。夜夢之曰：「余，而所嫁婦人之父也。爾用先人治命，余是以報也。」

〔三〇〕尚書曰：「咎繇邁種德。」注云：「邁，行也。種，布也。」英、六，並國名。咎繇能行布道德，子孫茂盛，封於英、六。帝王紀：「皐陶卒，葬之於六，禹封其少子於六，以奉其祀。」六故城在今壽州安豐縣南也。

〔三一〕根生謂寄生也。言百草至寒皆彫落，唯寄生獨榮於桑之末。本草經：「桑上寄生，一名寄屑，一名寓木，一名宛童。」以喻咎繇封於英、六，餘國先滅，英、六獨存也。

〔三二〕言咎繇布德行仁，慶流後裔，詩曰：「無言不讎。」易曰「無往不復」也。

〔三〕盍，何不也。著猶待。言何不遠遊以飛聲譽，誰謂時之可待？言易逝也。

仰矯首以遙望兮，魂慞惘而無疇。〔一〕偪區中之隘陋兮，將北度而宣遊。〔二〕行積冰之磑磑兮，清泉沍而不流。〔三〕寒風淒而永至兮，拂穹岫之騷騷。玄武縮於殼中兮，騰蛇蜿而自糾。〔四〕魚矜鱗而并淩兮，鳥登木而失條。〔五〕坐太陰之屏室兮，慨含欷而增愁。〔六〕怨高陽之相寓兮，伷顓頊之宅幽。〔七〕庸織絡於四裔兮，斯與彼其何瘳？〔八〕望寒門之絕垠兮，縱余緤乎不周。〔九〕迅飆潚其媵我兮，鶩翩飄而不禁。〔一〇〕趨谽嘲之洞穴兮，摽通淵之碄碄。〔一一〕經重陰乎寂寞兮，愍墳羊之潛深。〔一二〕

〔一〕慞惘猶敞怳也。

〔二〕偪，迫也。宣，徧也。

〔三〕淮南子曰：「北方之極，自九澤窮大海之極，有凍寒積（水）〔冰〕雪雹霰冰之野。」磑音牛哀反。世本云：「公輸作石磑。」說文曰：「皚皚，霜雪之貌也。」蓋古字「磑」與「皚」通。沍音胡故反。杜預注左傳云：「沍，閉也。」

〔四〕玄武謂龜、蛇也。曲禮曰：「前朱爵而後玄武。」殼，龜甲也。爾雅曰：「螣，螣蛇。」蜿，屈也。糾，纏結也。騷騷，協韻音脩。糾音古由反。

〔五〕矜，竦也。并猶聚也。淩，冰也，音力澄反。失條言寒也。

〔六〕太陰，北方極陰之地也。楚詞曰：「選鬼神於太陰。」

〔七〕高陽氏，帝顓頊也。山海經曰：「東北海之外，附禺之山，帝顓頊與九嬪葬焉。」相，視也。寓，居也。伷，屈也，晉乞鳳反。宅幽謂居北方幽都之地。尚書曰：「宅朔方曰幽都。」

〔八〕庸，勞也。織絡猶經緯往來也。瘳，愈也。言勞於往來四方，經積冰炎火之地，彼此亦何差也。「織」或作「識」，「絡」或作「駱」。

〔九〕淮南子曰：「北極之山，曰寒門。」楚辭曰：「踔絕垠乎寒門。」垠音玉巾反。廣雅曰：「垠，咢也。」紲，馬韁也，音思列反。不周，西北方山也。「垠」或作「限」也。

〔一〇〕（颷）〔飈〕，風也。潚，疾也，音肅。滕，送也。翩飄亦疾皃也。禁，協韻音金。

〔一一〕谽呀，深皃也。谽音呼含反。呀音呼加反。碄音林，亦深貌也。既遊四方，又入地下。

〔一二〕重陰，地中也。國語曰：「魯季桓子穿井，獲土缶，中有蟲若羊焉，使問仲尼。仲尼對曰：『土之怪曰墳羊。』」

追慌忽於地底兮，軼無形而上浮。〔一〕出右密之闇野兮，不識蹊之所由。〔二〕速燭龍令執炬兮，過鍾山而中休。〔三〕瞰瑤谿之赤岸兮，弔祖江之見劉。〔四〕聘王母於銀臺兮，羞玉芝以療飢；〔五〕戴勝慭其既歡兮，又誚余之行遲。〔六〕載太華之玉女兮，召洛浦之宓妃。〔七〕咸姣麗以蠱媚兮，增嫮眼而蛾眉。〔八〕舒妙婧之纖腰兮，揚雜錯之袿徽。〔九〕離朱脣而微笑兮，顏的礰以遺光。〔一〇〕獻環琨與璵縞兮，申厥好以玄黃。〔一一〕雖色豔而賂美兮，志浩盪而不嘉。〔一二〕雙材悲於不納兮，並詠詩而清歌。〔一三〕歌曰：天地烟熅，百卉含葩。鳴鶴交頸，雎鳩相和。處子懷春，精魂回移。〔一四〕如何淑明，忘我實多。〔一五〕

〔一〕慌忽，無形貌也。

〔二〕右謂西方也。密，山名也。山海經曰，西北曰密山。黃帝取密山之玉策，投之鍾山之陰。闇，幽隱也。蹊，路也。

〔三〕速，召也。燭龍，北方之神也。山海經曰：「西北海之外有神，人面蛇身，而赤其眼，及晦視乃明，不食不寢，是燭九陰，是謂燭龍。」炬，可以照明。

〔四〕瑤谿，瑤岸也。山海經曰：「鍾山之東曰瑤岸。」又曰：「鍾山，其子曰鼓，其狀人面而龍身，是與欽䲹殺祖江于崐崘之陽。」䲹音丕。爾雅曰：「劉，殺也。」

〔五〕王母，西王母也。銀臺，仙人所居也。羞，進也。本草經曰：「白芝，一名玉芝。」

〔六〕山海經曰：「崐崘之丘，有人戴勝虎齒，有尾，穴處，名曰西王母。」憖，相傳音宜觀反。杜預注左傳：「憖，發語之音也。」臣賢案張揖字詁，憖，笑貌也，(嗚)〔听〕之別體，音許近反，與此義合也。

〔七〕詩含神霧曰：「太華之山，上有明星玉女，主持玉漿，服之(神)〔成〕仙。」宓妃，洛水神也。

〔八〕姣，好也，音古巧反。蠱音野，謂妖麗也。嫮音胡故反，好貌也。楚辭曰「嫮目宜笑」也。

〔九〕婧音財性反，謂妍婧也。袿音圭，婦人之上服。爾雅曰：「婦人之徽謂之褵。」郭璞注云：「即今之香纓也。」

〔一〇〕的皪，明也。遺光言光彩射人也。

〔一一〕環、琨，並玉佩也。白虎通曰「修道無窮即佩環，能本道德即佩琨」也。玄黃謂繒綺也。尚書曰：「厥篚玄黃。」言玉女、宓妃等既獻環佩，又贈以繒綺也。

〔一二〕「賂」或作「貽」。浩蕩，廣大也。言不以玉女及贈遺爲美也。楚辭曰：「怨靈脩之浩蕩。」

〔一三〕雙材謂玉女、宓妃也，即上文所謂「二女感於崇岳」也。

〔一四〕烟熅，氣也。易繫辭曰：「天地烟熅。」張揖字詁曰：「𦺇，古花字也。」處子，處女也。懷，思也。莊子曰：「綽約若處子。」詩曰：「有女懷春。」

〔一五〕淑，善也。詩曰：「如何如何，忘我實多。」

將荅賦而不暇兮，爰整駕而亟行。〔一〕瞻崐崘之巍巍兮，臨縈河之洋洋。伏靈龜以負坻兮，亘螭龍之飛梁。〔二〕登閬風之曾城兮，搆不死而爲牀。〔三〕屑瑤蕊以爲糇兮，斞白水以爲漿。〔四〕抨巫咸以占夢兮，迺貞吉之元符。〔五〕滋令德於正中兮，(合)〔含〕嘉(秀)〔禾〕以爲敷。〔六〕既垂穎而顧本兮，爾要思乎故居。〔七〕安和靜而隨時兮，姑純懿之所廬。〔八〕

〔一〕賦謂玉女所歌詩也。亟，疾也，音紀力反。即上所謂「冰折不營」也。

〔二〕山海經曰：「河出崐崘西北隅。」縈，曲也。爾雅曰：「小沚曰坻。」謂水中高地，以龜負之，可以架橋也。亘猶橫度也。廣雅曰「無角曰螭龍」也。

〔三〕閬風，山名，在崐崘山上。楚詞曰：「登閬風而緤馬。」淮南子曰：「崐崘山有曾城九重，高萬一千里，上有不死樹在其西。」今以不死木爲牀也。

〔四〕瑤，瓊也。楚辭曰：「屑瓊蘂以爲粻。」糇，糧也。斞音(居)〔古〕于反，謂酌也。河圖曰：「崐山出五色流水，其白水東南流入中國，名爲河」也。

〔五〕抨，使也，音普耕反，又補耕反。巫咸，神巫也。山海經曰，大荒之中有靈山，巫咸、巫彭、巫謝等十巫。衡既夢木禾，今故令巫咸占之也。元，善也。

〔六〕滋，茂也。淮南子曰：「昏張中則務種穀。」說文曰：「禾，嘉穀也。至二月始生，八月而孰，得時之中，故謂之禾。」

〔七〕穎，穟也。本，禾本也。言禾既垂穟顧本，人亦當思故居也。淮南子曰：「孔子見禾三變，始於粟，生於苗，成於穟，乃歎曰：『我其首禾乎？』」高誘注云：「禾穟向根，君子不忘本也。」

〔八〕姑，且也。懿，美也。廬猶居也。

戒庶寮以夙會兮，僉恭職而並迓。〔一〕豐隆軯其震霆兮，列缺曄其照夜。〔二〕雲師䨏以交集兮，涷雨沛其灑塗。〔三〕轙琱輿而樹葩兮，擾應龍以服輅。〔四〕百神森其備從兮，屯騎羅而星布。〔五〕振余袂而就車兮，脩劍揭以低昂。〔六〕冠咢咢其映蓋兮，佩綝纚以煇煌。〔七〕僕夫儼其正策兮，八乘攄而超驤。〔八〕氛旄溶以天旋兮，蜺旌飄而飛揚。〔九〕撫軨軹而還睨兮，心灼藥其如湯。〔一〇〕羡上都之赫戲兮，何迷故而不忘？〔一一〕左青琱以揵芝兮，右素威以司鉦。〔一二〕前長離使拂羽兮，委水衡乎玄冥。〔一三〕屬箕伯以函風兮，澂淟涊而爲清。〔一四〕曳雲旗之離離兮，鳴玉鸞之譻譻。〔一五〕涉清霄而升遐兮，浮蔑蒙而上征。〔一六〕紛翼翼以徐戾兮，焱回回其揚靈。〔一七〕叫帝閽使闢扉兮，覿天皇于瓊宮。〔一八〕聆廣樂之九奏兮，展洩洩以彤彤。〔一九〕考理亂於律鈞兮，意建始而思終。〔二〇〕惟盤逸之無斁兮，懼樂往而哀來。〔二一〕素撫弦而餘音兮，大容吟曰念哉。〔二二〕既防溢而靜志兮，迨我暇以翱翔。〔二三〕出紫宮之肅肅兮，集大微之閶闔。〔二四〕命王良掌策駟兮，踰高閣之鏘鏘。〔二五〕建罔車之幕幕兮，獵青林之芒芒。〔二六〕彎威弧之撥剌兮，射嶓冢之封狼。〔二七〕觀壁壘於北落兮，伐河鼓之磅硠。〔二八〕乘天潢之汎汎兮，浮雲漢之湯湯。〔二九〕倚招搖、攝提以低回劉流兮，察二紀、五緯之綢繆遹皇。〔三〇〕偃蹇夭矯娩以連卷兮，雜沓叢顇颯以方驤。〔三一〕戫汩飂戾沛以罔象兮，爛漫麗靡藐以迭逷。〔三二〕凌驚雷之硠磕兮，弄狂電之淫裔。〔三三〕踰庬澒於宕冥兮，貫倒景而高厲。〔三四〕廓盪盪其無涯兮，乃今窮乎天外。

〔一〕僉，皆也。迓，迎也。

〔二〕豐隆，雷也。軯，聲也，音普耕反。震霆，霹靂也。霆音庭。列缺，電也。曄，光也。

〔三〕雲師，屏翳也。黮，陰皃，音徒感反。爾雅曰：「暴雨謂之涷。」沛，雨皃也。塗，協韻音徒故反。楚辭曰：「使涷雨兮灑塵。」

〔四〕轙音魚綺反。爾雅曰：「載轡謂之轙。」郭璞注云：「轙，軶上環也，轡所貫也。」琱，以玉飾車也。樹，立也。葩，華也，於車上建華蓋。擾，馴也。廣雅曰「有翼曰應龍」也。

〔五〕周頌曰：「懷柔百神。」森，衆皃也。屯，聚也。

〔六〕脩，長也。揭，低昂皃也。

〔七〕咢音五各反。一作「岌」，並冠高皃也。映蓋謂冠與車蓋相映也。綝音林，纚音離，盛皃也。煇音胡本反，光皃也。

〔八〕八乘，八龍也。楚辭曰：「駕八龍之蜿蜿。」攄猶騰也。

〔九〕氛，天氣也。旌，羽旌也。溶音勇。王逸注楚辭曰：「溶，廣大皃也」。蜺，雌虹也。

〔10〕軨音零。說文曰：「車轖閒橫木也。」楚辭曰：「倚結軨兮太息。」軹音之是反。杜子春注周禮云：「軹，兩轊也。」說文云：「車輪小穿也。」還睨，顧瞻也。爍音鑠，熱皃也。言顧瞻鄉國而心熱也。

〔11〕上都謂天上也。赫戲，盛皃也。衡既徧歷四海，方欲遊於天上，故云何不忘其故居，而苦迷惑思之。

〔12〕青琱，青文龍也。揵，堅也，音巨偃反。芝，蓋也。素威，白武也。禮記曰：「左青龍而右白武。」說文曰「鉦，鐃也，似鈴」也。

〔13〕長離，即鳳也。水衡，官名，主水官也。玄冥，水神也。司馬相如大人賦曰「前長離而後矞皇」也。

〔14〕箕伯，風師也。函猶含也。澂，淸也。淟音它典反。涊音乃典反。楚辭曰：「切淟涊之流俗。」王逸注曰：「淟涊，垢濁也。」

〔15〕鸞，鈴也，在鑣。譻，聲也，音嚶。楚辭曰「鳴玉鸞之啾啾」也。

〔16〕霄，雲也。蔑蒙，氣也。蒙音莫孔反。上征，上於天也。揚雄甘泉賦曰：「浮蔑蒙而撇天。」

〔17〕翼翼，飛皃。戾，至也。回回，光皃。楚辭曰：「皇剡剡其揚靈。」王逸注云：「揚其光靈也。」

〔18〕閽，主門者。天皇，天帝也。揚雄甘泉賦曰：「選巫咸兮叫帝閽。」

〔19〕史記曰，趙簡子曰：「我之帝所甚樂，與百神游于鈞天，廣樂九奏。」左傳，鄭莊公賦「大隧之中，其樂也融融」。姜出，賦「大隧之外，其樂也洩洩」。「彤」與「融」同也。

〔一〇〕詩序曰：「太平之音安以樂，其政和。亂世之音怨以怒，其政乖。」律，十二律也。樂叶圖徵曰：「聖人承天以立均。」宋均注曰：「均長八尺，施絃以調六律也。」建，立也。衡言聽九奏之樂，考政化之得失，而思其終始也。

〔一一〕盤，樂也。逸，縱也。斁，厭也，音亦，又音徒故反，古「度」字也。莊子曰：「樂未畢也，哀又繼之。」

〔一二〕素，素女也。史記曰：「太帝使素女鼓五十絃(琴)〔瑟〕。」大容，黄帝樂師也。念哉，戒逸樂也。

〔一三〕溢，滿也。迨，及也。翺翔，將遠逝也。

〔一四〕紫宮、太微，並星名也。肅肅，清也。閬閬，明大也。

〔一五〕史記曰：「天駟旁一星曰王良。」高閣，閣道星也。史記曰：「絕漢抵營室曰閣道。」鏘鏘，高皃也。

〔一六〕罔車，畢星也。幕幕，罔皃。青林，天苑也。

〔一七〕弧，星名也。易曰：「弧矢之利以威天下。」撥音方割反。剌音力達反。撥剌，張弓皃也。嶓冢，山也。封，大也。狼，星名。河圖曰：「嶓冢之精，上為狼星。」

〔一八〕壁，東壁也。史記曰，羽林天軍西為壁壘，旁大星為北落。牽牛北為河鼓。磅硠，聲也。磅音普郎反。硠音郎。

〔一九〕史記曰，王良旁有八星絕漢曰天潢，雲漢曰天河也。

〔二〇〕招搖、攝提，星名也。劉音居流反，低回劉流回轉之皃。二紀，日月也。五緯，五星也。綢繆，相次之皃也。遹皇，行皃也。

〔二一〕嫐音孚萬反，卷音拳，並翺翔自恣之皃也。

〔二二〕䫏音一六反，汩音于筆反，飂音遼，沛音普蓋反，並疾皃也。藐，小也。藐音亡小反。逿，徒郎反。

〔二三〕硫礚，雷聲也。硫音康。礚音苦蓋反。淫裔，電皃也。狂，疾也。

〔四〕庬音亡孔反。澒，胡孔反。孝經援神契曰：「天度濛澒。」宋均注云：「濛澒，未分之象也。」說文曰：「宕，過也。」冥，幽冥也。貫，穿也。前書谷永上書曰：「登遐倒景。」音義曰：「在日月之上，日月反從下照，故其景倒也。」厲，陵厲也。

據開陽而頫盼兮，臨舊鄉之暗藹。〔一〕悲離居之勞心兮，情悁悁而思歸。〔二〕魂眷眷而屢顧兮，馬倚輈而俳回。〔三〕雖遨游以媮樂兮，豈愁慕之可懷。〔四〕出閶闔兮降天塗，乘飇忽兮馳虛無。〔五〕雲霏霏兮繞余輪，風眇眇兮震余旟。繽聯翩兮紛暗曖，倏眩眃兮反常閭。〔六〕

〔一〕春秋運斗樞曰：「北斗第六星爲開陽。」頫音俯。暗藹，遠皃也。暗音烏感反。

〔二〕說文曰：「悁悁，憂也。」音於緣反。詩國風曰「勞心悁悁」也。

〔三〕輈，轅也。

〔四〕媮音通侯反。懷，安也。

〔五〕閶闔，天門。

〔六〕倏，忽也。眩音縣，眃音混，疾皃也。常閭，故里。

收疇昔之逸豫兮，卷淫放之遐心。〔一〕脩初服之娑娑兮，長余珮之參參。〔二〕文章煥以粲爛兮，美紛紜以從風。御六藝之珍駕兮，遊道德之平林。〔三〕結典籍而爲罟兮，歐儒、墨而爲禽。〔四〕玩陰陽之變化兮，詠雅、頌之徽音。嘉曾氏之歸耕兮，慕歷陵之欽崟。〔五〕共夙昔而不貳兮，固終始之所服也；夕惕若厲以省諐兮，懼余身之未勑也。〔六〕苟中情之端直兮，莫吾知而不恧。〔七〕墨無爲以凝志兮，與仁義乎消搖。〔八〕不出戶而知天下兮，何必歷遠以劬勞？〔九〕

〔一〕謂初遊於四方天地之閒以自淫放，今改悔也。

〔二〕楚辭曰：「退將復修吾初服。」王逸注云：「修吾初始清絜之服也。」娑娑，衣皃。參參，長皃。

〔三〕以六藝爲車而駕之也。以道德爲林而遊之也。

〔四〕罟，網也，音古。儒家，子思、孟軻、孫卿等。墨家謂墨翟、胡非、尹佚等。

〔五〕琴操曰：「歸耕者，曾子之所作也。曾子事孔子十餘年，晨覺，眷然念二親年衰，養之不備，於是援琴鼓之曰：『往而不反者年也，不可得而再事者親也。歔欷歸耕來日！安所耕歷山盤乎！』」欽崟，山皃。崟音吟。

〔六〕共音恭。易曰：「君子終日乾乾，夕惕若，厲。」惕，懼也。厲，病也。勑，整也。

〔七〕恧，慙也，音女六反。

〔八〕老子曰：「上德無爲。」

〔九〕老子曰：「不出戶而知天下。」

系曰：天長地久歲不留，俟河之清祇懷憂。〔一〕願得遠度以自娛，上下無常窮六區。〔二〕超踰騰躍絕世俗，飃颻神擧逞所欲。天不可階仙夫希，栢舟悄悄吝不飛。〔三〕松、喬高跱孰能離？結精遠遊使心攜。〔四〕回志朅來從玄謀，〔五〕獲我所求夫何思！

〔一〕系，繫也。老子曰：「天長地久。」左氏傳曰「俟河之清，人壽幾何」也。
〔二〕六區謂四方上下也。
〔三〕階，升也。論語曰：「夫子之不可及，猶天之不可階而升。」仙夫，仙人也。詩鄁風曰：「栢舟言仁而不遇也。」其詩曰：「汎彼栢舟，亦汎其流。憂心悄悄，慍于羣小。靜言思之，不能奮飛。」鄭玄注云：「舟，載度物者也。今不用，而與衆物汎汎然俱流水中，諭仁人不用，而與羣小並列。」悄悄，憂皃也。臣不遇於君，猶不忍奮翼而飛去。吝，惜也。衡亦不遇其時，而爲宦者所讒，故引以自諭也。
〔四〕松，赤松子也。喬，王子喬也。列仙傳曰：「赤松子，神農時雨師，服水玉，教神農，能入火自燒。至崐崘山上，常止西王母石室，隨風上下。王子喬，周靈王太子晉也。好吹笙作鳳鳴，遊伊洛閒。道士浮丘公接上嵩高山，三十餘年。後來於山上，見桓良曰：『告我家，七月七日待我緱氏山頭。』果乘白鵠住山顚，望之不得到，舉手謝時人，數日去。」字林曰：「跱，踞也。」謂得仙高踞也。離，附也。攜，離也。
〔五〕朅，去也，音丘列反。「諆」或作「謀」。諆亦謀也，音基，字從「其」。

永和初，出爲河閒相。〔一〕時國王驕奢，不遵典憲；又多豪右，共爲不軌。衡下車，治威嚴，整法度，陰知姦黨名姓，一時收禽，上下肅然，稱爲政理。視事三年，上書乞骸骨，徵拜尙書。年六十二，永和四年卒。

〔一〕河閒王名政。

著周官訓詁，崔瑗以爲不能有異於諸儒也。又欲繼孔子易說彖、象殘缺者，竟不能就。

所著詩、賦、銘、七言、靈憲、應閒、七辯、巡誥、懸圖凡三十二篇。〔一〕

〔一〕衡集作「玄圖」，蓋玄與懸通。

永初中，謁者僕射劉珍、校書郎劉騊駼等著作東觀，撰集漢記，因定漢家禮儀，上言請衡參論其事，會並卒，而衡常歎息，欲終成之。及爲侍中，上疏請得專事東觀，收撿遺文，畢力補綴。〔一〕又條上司馬遷、班固所敍與典籍不合者十餘事。〔二〕又以爲王莽本傳但應載篡事而已，至於編年月，紀災祥，宜爲元后本紀。又更始居位，人無異望，光武初爲其將，然後卽眞，宜以更始之號建於光武之初。書數上，竟不聽。及後之著述，多不詳典，時人追恨之。

〔一〕衡表曰「臣仰幹史職，敢徵官守，竊貪成訓，自忘頑愚，願得專於東觀，畢力於紀記，竭思於補闕，俾有漢休烈，比久長於天地，並光明於日月，炤示萬嗣，永永不朽」也。

〔二〕衡集其略曰：「易稱宓戲氏王天下，宓戲氏沒，神農氏作，神農氏沒，黃帝、堯、舜氏作。史遷獨載五帝，不記三皇，今宜并錄。」又一事曰：「帝系，黃帝產青陽、昌意。周書曰：『乃命少皞清。』清卽青陽也，今宜實定之。」

論曰：崔瑗之稱平子曰「數術窮天地，制作侔造化」。〔一〕斯致可得而言歟！推其圍範兩儀，天地無所蘊其靈；〔二〕運情機物，有生不能參其智。〔三〕故(智)〔知〕思引淵微，人之上

術。記曰：「德成而上，藝成而下。」〔四〕量斯思也，豈夫藝而已哉？何德之損乎！〔五〕

〔一〕瑗撰平子碑文也。

〔二〕易繫辭曰：「範圍天地之化。」王弼注云：「擬範天地而周備其理也。」謂作渾天儀也。

〔三〕機物謂作候風地動儀等。

〔四〕禮記文也。

〔五〕損，減也。言藝不減於德，一也。

贊曰：三才理通，人靈多蔽。〔一〕近推形筭，遠抽深滯。不有玄慮，孰能昭晰？〔二〕

〔一〕三才，天、地、人。言人雖與天地通爲三才，而性靈多蔽，罕能知天道也。

〔二〕玄猶深也。晰音制。

校勘記

一八九八頁五行 以三十(五)〔六〕蓍揲之　按：刊誤謂太玄乃用三十六揲，作「五」誤。今據改。

一八九九頁一行 昔有文王　按：刊誤謂「昔有」當作「昔者」。

一九〇〇頁九行 枉則(正)〔直〕　據汲本、殿本改。按：今本老子作「直」。

一九〇一頁三行 金聲而玉振〔之〕　據汲本、殿本補。

一九〇二頁二行 不到　汲本、殿本「到」作「至」。按：今本孟子作「至」。

【一九〇二頁三行】趙岐注云　按：「岐」原譌「歧」，逕改正。下同。

【一九〇二頁四行】君子固窮　按：「固」原譌「困」，逕改正。

【一九〇二頁四行】如何君子不（得）〔待〕其招而妄見也　據汲本改，與今本孟子趙注合。

【一九〇二頁八行】（也）〔曰〕我狐父之人丘也　據刊誤改。

【一九〇三頁三行】是以貨賄（所）取我　據刊誤删。按：今本孟子趙注無「所」字。

【一九〇三頁六行】有人〔之〕不理　據汲本、殿本補。

【一九〇四頁一五行】奚冀其二哉　按：「冀」原譌「異」，逕據汲本、殿本改正。

【一九〇五頁九行】鼉鳴岐野　按：「岐」原譌「歧」，逕改正。

【一九〇五頁一三行】黄帝乃下天女曰（妖）〔妭〕　集解引沈欽韓說，謂「妖」乃「妭」之譌。按：下云妖亦魃也，音步末反，則爲「妭」字之譌無疑，今據改。下同。

【一九〇七頁四行】孟子曰阿意事貴脅肩所尊俗之情也　按：沈家本謂此疑孟子注家語，或孟子逸文也。

【一九〇八頁二行】以牒爲械　按：御覽三三六引「牒」作「楪」，書鈔引譌作「褋」。孫詒讓墨子閒詁謂作「楪」是。俞樾謂牒、楪皆叚字，其本字當作「梜」，梜即箸也，孫氏謂俞說亦通。

【一九〇八頁一三行】杖節臥起　按：汲本「杖」作「持」。校補謂注專就臥起言，故云持節，若改作「杖」，則臥豈能杖，作「杖」非。

一九〇九頁三行　孔安國以爲三墳（五典）三皇之書　據校補刪。

一九一〇頁三行　宜獲福祉神祇　按：集解引蘇輿說，謂「福」「祉」疑衍一字。

一九一〇頁四行　冥鑒在茲　汲本、殿本「冥」作「宜」。按：嚴可均輯全後漢文作「冥」。

一九一〇頁一〇行　僭恆陽若　按：汲本「陽」作「暘」。注同。

一九一〇頁一五行　灾消不至矣　按：灾消不至，語意重複，疑當依袁宏紀作「灾沴不至」。又按：袁宏紀引張衡此疏多異文，今不列舉。

一九一一頁二行　揚雄　按：前後皆作「楊雄」，「楊」字從木，獨此篇注文皆從才作「揚」，今依原本，不改歸一律。

一九一二頁一五行　中央者（地神）〔北辰〕之所居　汲本、殿本「地」作「北」，王先謙謂當作「北辰」，今據改。

一九一三頁二行　所以（從）〔行〕半矣　據汲本、殿本改。

一九一三頁七行　有詔使劉向及子歆於祕書　汲本「於」作「爲」。按：殿本作「於」。校補引柳從辰說，謂當依前書向傳作「領校祕書」，「爲」字卽「領」字轉寫之譌，「於」字又明明「校」字形近之譌，兩本固皆有脫譌也。

一九一三頁一三行　流俗本多作頗傳者　汲本「傳」作「傅」。按：集解引洪頤煊說，謂「頗猶偏也，頗傅謂以偏詞相傅會，義亦得通」。則似以作「傅」爲是。

一九四四頁一一行　志團團以應懸兮　按：文選「團團」作「摶摶」。

一九四四頁一三行　纗幽蘭之秋華兮　按：文選「纗」作「纕」。

一九四四頁一三行　美襞積以酷裂兮　按：文選「裂」作「烈」。

一九四五頁一四行　喜傳說之生殷　按：文選「喜」作「嘉」。

一九四五頁三行　宅不處仁　按：王先謙謂「擇」作「宅」，異文。

一九四六頁三行　彼無合其何傷兮　按：文選「其」作「而」。

一九四六頁三行　啓金縢而乃信　按：文選「乃」作「後」。

一九四六頁四行　羌孰可與言己　按：文選「與」作「爲」。

一九四六頁五行　阽焦原而跟止　按：文選「止」作「趾」。

一九四六頁六行　要既死而後已　按：殿本「要」作「安」，文選作「惡」，校補謂皆「要」字形近之譌。

一九四六頁七行　珍蕭艾於重笥兮　按：文選「珍」作「寶」。

一九四六頁七行　羈要褭以服箱　按：文選「羈」作「縶」。

一九四六頁一一行　恃己知而華予兮　按：「予」原譌「子」，逕改正。注同。

一九四六頁一三行　遒白露之爲霜　按：「遒」原譌「道」，逕改正。

一九四七頁五行　中黃伯曰至吾日試之矣　按：注引尸子，文有譌奪，幾不可句讀，今錄文選注備考：「中黃伯曰：『余左執太行之獿，而右搏彫虎，唯象之未與，吾心試焉。有力者則又顧為牛，欲與象鬬，以自試。今二三子以為義矣，將惡乎試之？夫貧窮，太行之獿也；疏賤，義之彫虎也。而吾日遇之，亦足以試矣。』」

一九一八頁一行　男肇革(革)〔女〕肇絲　據汲本、殿本改。

一九一八頁八行　喻以賢被讒也　按：「以」原譌「似」，逕據汲本、殿本改正。

一九一八頁一三行　即岐阯而攄情　按：「岐」字原本皆譌「歧」，逕改正。「攄」文選作「臚」，集解引惠棟說，謂張衡集亦作「臚」。

一九二〇頁二行　問三丘乎句芒　按：文選「乎」作「于」。

一九二〇頁九行　翾飛也　按：「翾」原譌「鶂」，逕據汲本、殿本改正。

一九二二頁三行　指長沙以邪徑兮　按：文選「以」作「之」。

一九二二頁三行　翩儐處彼湘瀕　按：文選「儐」作「繽」。

一九二二頁一三行　託山陂以孤魂　按：文選「陂」作「阪」。

一九二二頁一三行　愁蔚蔚以慕遠兮　按：文選「蔚蔚」作「鬱鬱」。

一九二二頁一四行　越卬州而愉敖　「卬」原譌「卭」，逕改正。注同。按：文選「愉敖」作「遊遨」。

一九二二頁一四行　憩炎天之所陶　按：文選「天」作「火」。

一九二二頁一五行　顉羈旅而無友兮　按：文選「羈」作「羇」。

一九二三頁四行　俗謂之湘君湘夫人也　按：集解引沈欽韓說，謂列女傳無「湘夫人也」四字。

一九二三頁七行　其(不)〔下〕壽者八百歲　據汲本改。按：文選注亦作「不」。考異謂「不」當依范書注作「下」。

一九二三頁一一行　悵相佯而延佇　按：文選「相佯」作「徜徉」。

一九二三頁一三行　疇克謨而從諸　按：文選「謨」作「謀」。

一九二三頁一四行　雖司命其不晰　文選「晰」作「㫼」。按：此據胡克家本，別本作「晣」。

一九二四頁二行　穆負天以悅牛兮　按：文選「負」作「屆」。

一九二四頁三行　豈愛惑之能剖　按：文選「愛」作「昏」，「之」作「而」。

一九二四頁四行　愼竈顯於言天兮占水火而妄誶　文選「於」作「以」，「誶」作「訊」。按：校補謂李注，訊，息對反，疑本「誶」之譌。

一九二四頁四行　丁厥子而事刃　按：文選「事」作「剚」。

一九二四頁五行　親所睇而弗識兮　按：文選「睇」作「睼」。

一九二四頁五行　毋綿攣以涬己兮　「毋」原譌「母」，逕改正。按：文選「涬」作「倖」。

一九二四頁六行　用棐忱而佑仁　按：文選「佑」作「祐」，疑本「佑」之譌。

一九二四頁七行　鬼亢回以徹秦　按：文選「徹」作「斃」。

一九二四頁八行　德樹茂乎英六　按：文選「德樹」作「樹德」。

一九二四頁一一行　〔蛻〕蟬虵(蛻)所解皮也　按：汲本作「蟬蛻蟬所解皮也」，殿本作「蟬蛻所解皮也」，並有脫譌，茲據說文改。

一九二四頁一三行　蹶行處之貌也　汲本「處」作「遠」。按：校補引柳從辰說，謂「遠」「處」皆「遽」之譌，注引鄭注禮記，雖未明指何篇，然曲禮「足毋蹶」注，固作「行遽貌」也。

一九二四頁一四行　〔曰〕開明之門　據汲本、殿本補。

一九二四頁一四行　南方〔曰〕南極之山　據汲本、殿本補。

一九二六頁一七行　呂甥冀芮謀作亂　按：「甥」原譌「生」，逕據汲本、殿本改正。

一九二八頁一五行　一名寓木　按：「木」原譌「末」，逕改正。

一九二九頁三行　寒風淒而永至兮　按：文選「淒而」作「淒其」。

一九二九頁四行　螣蛇蜿而自糾　按：文選「螣」作「騰」。

一九二九頁五行　佃顓頊之宅幽　按：文選「之」作「而」。

一九二九頁六行　迅飈瀟其媵我兮　按：「飈」原作「颷」，逕據汲本改，後文「飈忽」同。又按：文選「飈」作「焱」，校補謂當作「猋」，後文「焱忽」同。

一九二九頁六行　趨谽⿰口問之洞穴兮摽通淵之碄碄　文選「趨」作「越」，「⿰口問」作「嘲」，「摽」作「漂」，「淵」作「川」。按：李慈銘謂蓋此本亦作「通川」，宋以後校者誤以爲章懷避諱改川，遂妄改爲「通淵」耳。

一九二九頁一〇行　有凍寒積(水)〔冰〕雪雹羣冰之野　據汲本、殿本改。按：淮南子時則訓作「有凍寒積冰、雪雹霜霰、漂潤羣水之野」。此注似有脫譌，「羣冰」之「冰」應作「水」。

一九三〇頁四行　垠音玉巾反　按：「玉」原譌「五」，逕改正。

一九三〇頁六行　(飄)〔飈〕風也　據汲本改。

一九三〇頁九行　追慌忽於地底兮　「底」原作「厎」，逕依汲本、殿本改。按：「慌」文選作「荒」。

一九三〇頁九行　出右密之闇野兮　按：文選「右」作「石」。

一九三〇頁一三行　獻環琨與璵縭兮　按：文選「璵」作「琛」。

一九三〇頁一四行　志浩盪而不嘉　按：汲本、殿本「盪」作「蕩」，文選同。文選「浩」作「皓」。

一九三〇頁一五行　百卉含蘤　按：文選「蘤」作「葩」。

一九三一頁三行　及晦視乃明　按：集解引沈欽韓說，謂大荒北經「其瞑乃晦，其視乃明」，注誤。

一九三一頁九行　(鳴)〔听〕之別體　汲本、殿本「鳴」作「嗚」。集解引沈欽韓說，謂注「鳴」乃「听」之誤，說文「听，笑貌」，憖與听通。今據改。

一九三二頁一〇行　服之(神)〔成〕仙　據殿本改。

一九三三頁六行　抨巫咸以占夢兮　按：文選「以」作「作」。

一九三三頁六行　(合)〔含〕嘉(秀)〔禾〕以爲敷　汲本作「合嘉禾以爲敷」。殿本作「含嘉秀以爲敷」，文選同。校補引錢大昭說，謂秀乃光武諱，作「禾」者不誤。又李慈銘謂「合」當是「含」字之誤。今據改。按：沈家本謂此注引說文以解禾字，則章懷所據本實作「禾」，不作「秀」。

一九三三頁七行　爾要思乎故居　按：文選「爾」作「亦」。

一九三三頁一四行　斢音(居)〔古〕于反　張森楷校勘記謂居于疊韵，不爲反語，「居」當爲「古」之誤。今據改。

一九三四頁七行　擾應龍以服輅　按：文選「輅」作「路」。

一九三四頁八行　冠咢咢其映蓋兮　按：文選「咢咢」作「嵒嵒」。

一九三四頁九行　八乘攄而超驤　按：文選「攄」作「騰」。

一九三四頁九行　蜺旌飄而飛揚　按：文選「而」作「以」。

一九三四頁一〇行　心灼藥其如湯　按：文選「如」作「若」。

一九三四頁一〇行　左青琱以揵芝兮　按：文選「以」作「之」。

一九三四頁一一行　委水衡乎玄冥　按：文選「委」上有「後」字，「委」下無「水」字。

一九三三頁一三行　瀲淟涊而爲清　按：文選「瀲」作「懲」。

一九三三頁一五行　素撫弦而餘音兮　按：文選「素」下有「女」字。

一九三三頁一五行　既防溢而靜志兮　按：文選「靜」作「靖」。

一九三四頁六行　乃今窮乎天外　按：文選「窮」作「窺」。

一九三五頁七行　素威白武也　按：汲本、殿本「武」作「虎」，此避唐諱改。下「左青龍而右白武」同。

一九三六頁四行　使素女鼓五十絃(琴)〔瑟〕　據史記改。　按：王先謙謂「琴」當作「瑟」。

一九三六頁一七行　硠磕雷聲也　按：「雷」原譌「電」，逕改正。

一九三七頁四行　據開陽而頫盼兮　按：文選「盼」作「眡」。

一九三七頁五行　雖遨游以媮樂兮　按：文選「遨游」作「遊娛」。

一九三七頁一六行　歐儒墨而爲禽　文選「歐」作「敺」。按：集解引柳從辰說，謂「歐」當讀爲「敺」。

一九三八頁一行　共夙昔而不貳兮固終始之所服也至懼余身之未勑也　按：文選「共」作「恭」，「昔」作「夜」，無兩「也」字。

一九三八頁九行　歔欷歸耕來日安所耕歷山盤乎　按：文選李注「日」「乎」均作「兮」。

一九三九頁七行　能入火自燒　按：文選遊仙詩注引「自」作「不」，類聚七十八引仍作「自」。

一九三九頁九行　果乘白鵠住山顛　汲本、殿本「住」作「往」。按：文選遊仙詩李注作「駐」，駐住聲近義通。

一九四〇頁一三行　清即青陽也　按：「青陽」原譌「清陽」，逕改正。

一九四〇頁一四行　故(智)〔知〕思引淵微　王先謙謂「智」當作「知」。今據改。

後漢書卷六十上

馬融列傳第五十上

馬融字季長，扶風茂陵人也，〔一〕將作大匠嚴之子。〔二〕爲人美辭貌，有俊才。初，京兆摯恂以儒術教授，隱于南山，不應徵聘，名重關西，〔三〕融從其遊學，博通經籍。恂奇融才，以女妻之。

〔一〕融集云：「茂陵成懽里人也。」

〔二〕嚴，援兄余之子。

〔三〕三輔決錄注曰：「恂字季直，好學善屬文，隱於南山之陰。」

永初二年，大將軍鄧騭聞融名，召爲舍人，非其好也，遂不應命，客於涼州武都、漢陽界中。會羌虜飈起，邊方擾亂，米穀踴貴，自關以西，道殣相望。〔一〕融既飢困，乃悔而歎息，謂其友人曰：「古人有言：『左手據天下之圖，右手刎其喉，愚夫不爲。』〔二〕所以然者，生貴於天下也。今以曲俗咫尺之羞，滅無貲之軀，殆非老莊所謂也。」故往應騭召。

〔一〕左傳曰，叔向云：「道殣相望。」杜注云「餓死爲殣」也。晉觀。
〔二〕莊子曰。言不以名害其生者。

四年，拜爲校書郎中，〔一〕詣東觀典校秘書。是時鄧太后臨朝，騭兄弟輔政。而俗儒世士，以爲文德可興，武功宜廢，遂寢蒐狩之禮，息戰陳之法，故猾賊從橫，乘此無備。融乃感激，以爲文武之道，聖賢不墜，五才之用，無或可廢。〔二〕元初二年，上廣成頌以諷諫。其辭曰：〔三〕

〔一〕謝承〔書〕及續漢書並云爲校書郎，又拜郎中也。
〔二〕五才，金、木、水、火、土也。左傳曰，宋子罕曰「天生五材，人並用之，廢一不可，誰能去兵」也。
〔三〕廣成，苑，在今汝州梁縣西。

臣聞孔子曰：「奢則不遜，儉則固。」奢儉之中，以禮爲界。〔一〕是以蟋蟀、山樞之人，並刺國君，諷以太康馳驅之節。〔二〕夫樂而不荒，憂而不困，〔三〕先王所以平和府藏，頤養精神，致之無疆。〔四〕故戛擊鳴球，載於虞謨；吉日車攻，序於周詩。〔五〕聖主賢君，以增盛美，豈徒爲奢淫而已哉！伏見元年已來，遭值戹運，〔六〕陛下戒懼災異，躬自菲薄，荒弃禁苑，廢弛樂懸，勤憂潛思，十有餘年，以過禮數。重以皇太后體唐堯親九族篤睦之德，陛下履有虞烝烝之孝，外舍諸家，每有憂疾，聖恩普勞，遣使交錯，稀有曠絕。時時寧息，又無以自娛樂，殆非所以逢迎太和，裨助萬福也。臣愚以爲雖尙頗有蝗蟲，今年五月以來，雨露時澍，祥應將至。方涉冬節，農事閒隙，宜幸廣成，覽原隰，觀宿麥，〔勸〕收藏，因講武校獵，使寮庶百姓，復覩羽旄之美，聞鐘鼓之音，歡嬉喜樂，鼓舞疆畔，〔七〕以迎和氣，招致休慶。小臣螻蟻，不勝區區。職在書籍，謹依舊文，重述蒐狩之義，作頌一篇，并封上。淺陋鄙薄，不足觀省。

〔一〕界猶限也。

〔二〕詩國風序曰：「蟋蟀，刺晉僖公也。儉不中禮。」其詩曰：「無已太康，職思其居。」毛萇注云：「已，甚也。」鄭箋云：「君雖當自樂，亦無甚太樂，欲其用禮以爲節也。」又序曰：「山有樞，刺晉昭公也。有才不能用。」其詩曰：「子有車馬，弗馳弗驅。宛其死矣，佗人是愉。」言僖公以太康貽戒，昭公以不能馳驅被譏，言文武之道須折衷也。樞音謳。

〔三〕左傳曰，吳季札聘於魯，魯爲之歌頌。季札曰：「樂而不荒。」爲之歌衞。曰：「憂而不困。」

〔四〕韓詩外傳曰：「人有五藏六府。何謂五藏？精藏於腎，神藏於心，魂藏於肝，魄藏於肺，志藏於脾，此之謂五藏也。何謂六府？喉咽者，量腸之府也；胃者，五穀之府也；大腸者，轉輸之府也；小腸者，受成之府也；膽者，積精之府也；旁光者，湊液之府也。」詩曰：「天生蒸民，有物有則。」

〔五〕戛，敔也，音古八反。見三禮圖。形如伏獸，背上有二十七刻，以木長尺櫟之，所以止樂。擊，柷也，象桶，中有椎柄，連底搖之，所以作樂。見三禮圖。球，玉磬也。虞謨，舜典也。詩小雅曰：「吉日維戊，既伯既禱。田車既好，四牡孔阜。」又曰：「我車既攻，我馬既同。」

〔六〕元年謂安帝即位年也。阨運謂地震、大水、雨雹之類。

〔七〕孟子對齊宣王曰：「今王（頗）鼓樂於此，百姓聞王鍾鼓之聲，舉欣欣然有喜色而相告曰：『吾王庶幾無疾病歟？何以能鼓樂也！』今王田獵於此，百姓見羽旄之美，欣欣有喜色而相告曰：『吾王庶幾無疾病歟？何以能田獵也？』此無佗，與人同樂也。」

臣聞昔命師於鞬櫜，偃伯於靈臺，或人嘉而稱焉。〔一〕彼固未識夫雷霆之爲天常，金革之作昏明也。〔二〕自黃炎之前，傳道罔記；三五以來，越可略聞。且區區之酆郊，猶廓七十里之囿，盛春秋之苗。〔三〕詩詠（囿）〔圃〕草，樂奏騶虞。〔四〕是以大漢之初基也，宅茲天邑，總風雨之會，交陰陽之和。〔五〕揆厥靈囿，營于南郊。〔六〕徒觀其坰場區宇，恢胎曠蕩，藐夐勿罔，寥豁鬱泱，〔七〕騁望千里，天與地莽。於是周陂環瀆，右矕三塗，左槩嵩嶽，〔八〕面據衡陰，箕背王屋，浸以波、溠，貪以滎、洛。〔九〕金山、石林，殷起乎其中，峨峨磑磑，鏘鏘嶉嶉，隆穹槃回，嵎峗錯崔。〔一〇〕神泉側出，丹水涅池，怪石浮磬，燿焜于其陂。〔一一〕其土毛則搉牧薦草，芳茹甘荼，〔一二〕茈萁、芸蓏，昌本、深蒲，〔一三〕芝荋、堇、荁，蘘荷、芋渠，〔一四〕桂荏、鳧葵，格、韭、菹、于。〔一五〕其植物則玄林包竹，藩陵蔽京，珍林嘉樹，建木叢生，〔一六〕椿、梧、栝、柏，柜、柳、楓、楊，〔一七〕豐彤對蔚，崟領槮爽。〔一八〕翕習

春風，含津吐榮，鋪于布濩，蓷扈蘛熒，惡可殫形。〔一九〕

〔一〕鞬以藏箭，櫜以藏弓。鞬音紀言反。櫜音高。禮記孔子曰：「武王剋殷，倒載干戈，包以獸皮，名之曰建櫜。」鄭注云「建讀爲鞬」，音其蹇反，謂藏閉之也，此馬鄭異義。司馬法曰：「古者武軍三年不興，則凱樂凱歌，偃伯靈臺，荅人之勞，告不興也。」偃，休也。伯謂師節也。靈臺，望氣之臺也。

〔二〕左傳鄭子太叔曰：「爲刑罰威獄，以類天之震燿殺戮。」杜注曰：「雷霆震燿，天之威也。聖人作刑獄以象類之。」又宋子罕曰：「兵之設久矣，所以威不軌而昭文德也。聖人以興，亂人以廢，廢興存亡昏明之術，皆兵之由也。」

〔三〕酆，周文王所都。孟子曰：「文王之囿方七十里。」爾雅曰：「春獵爲蒐，夏曰苗，秋曰獮，冬曰狩。」

〔四〕韓詩曰：「東有(囿)〔圃〕草，駕言行狩。」毛詩曰：「彼茁者葭，一發五豝，于嗟乎騶虞。」毛萇注云：「騶虞，義獸也，白虎黑文，不食生物。有至信之德則應之。」周禮大司樂：「王大射則奏騶虞。」

〔五〕周禮曰：「風雨之所會也，陰陽之所和也，乃建王國焉。」天邑謂洛陽也。

〔六〕揆，度也。詩大雅曰：「王在靈囿。」言作廣成苑以比之。

〔七〕䫉音眇，泱音烏朗反，並廣大貌。

〔八〕陆音欺於反。上林賦曰：「江河爲陆。」郭璞注曰：「因山谷遮禽獸曰陆。」廣雅曰：「瞀，視也。」音馬板反。三塗，山名，在陸渾縣西南。

〔九〕衡陰，衡山之北。山海經曰：「雉山，澧水出焉。東曰衡山，多青(臒)〔䨼〕。」地里志云：「雉縣衡山，澧水所出。」在今鄧州向城縣北。王屋，山，在今王屋縣北。周禮曰：「豫州，其浸波、溠，其川滎、洛。」水經注云「溠水出黃山」。在今隨州棗陽縣東北。又云「波水出歇馬嶺」，卽應劭所謂孤山波水所出者。在今汝州魯山西北。滎水在滎陽縣東是也。

〔一〇〕金山，金門山也。水經注云在澠池縣南。石林，大石山也，一名萬安山，在河南郡境，（薄）〔簿〕云「洛陽縣南大石山中有雜樹木，有祠名大石祠，山高二百丈」也。殷音於謹反，磑音五來反，嶉音徂回反，嵎音隅，嵬音魚軌反，並高峻皃。

〔一一〕爾雅曰：「（汍）〔氿〕泉穴出。穴出，側出也。」丹水、涅水在今鄧州。怪石，怪異好石似玉者。浮磬，若泗水中石，可以為磬也。燿焜，光也。

〔一二〕毛，草也。左傳云楚芋尹無宇曰：「食土之毛，誰非君臣？」摧，相傳音角。摧牧，未詳。莊子曰：「麋鹿食薦。」一曰，草稠曰薦。茹，菜也。爾雅曰：「荼，苦菜也。」詩曰：「堇荼如飴。」飴亦甘也。

〔一三〕茈音紫。萁音其。爾雅曰：「綦，月爾。」郭璞注曰：「即紫綦也，似蕨可食。」芸，香草也。說文云：「似苜蓿。」葅音資都反。廣雅曰：「蕺，葅也。其根似茅根，可食。」昌本，昌蒲根也。深蒲謂蒲白生深水之中。

〔一四〕芝荋，草也。禮記曰：「芝栭菱椇。」荋音而。堇，菜，花紫，葉可食而滑。萓音戶官反。禮記曰：「堇萓枌榆。」鄭注云：「萓，堇類也。」蘘荷，苗似薑，根色紅紫似芙蓉，可食。芋渠即芋魁也，一名蹲鴟，大葉，根可食也。

〔一五〕爾雅曰：「蘇，桂荏。」方言曰：「蘇亦荏也。」爾雅曰：「茆，鳧葵。」葉團似蓴，生水中，今俗名水葵。爾雅曰：「茖，山蔥。」格與茖古字通。菹音子閭反，即巴苴，一名芭蕉。于，軒于也，一名蕕，生於水中（矣）〔涘〕。

〔一六〕玄猶幽也。包，叢生也。爾雅曰：「大阜曰陵，絕高曰京。」藩亦藪也。建木，長木也。

〔一七〕並木名也。柜音矩。楊，叶韻音以征反。

〔一八〕並林木貌也。對音徒對反。崟音吟。槮音所金反。爽，叶韻音生。

〔一九〕鋪音敷。蓶音以揆反。郭璞注爾雅云：「草木花初出爲芛。」與蓶通，其字從「唯」，本作從「荏」者，誤也。扈音戶。蘳音胡瓦反，字從「圭」，並花葉貌。本或作〔蘳〕「〔蘳〕」。說文云：「蘳，黃花也。」廣雅曰：「好色也。」熒，光也。惡，何也，音烏。

至于陽月，陰慝害作，百草畢落，林衡戒田，焚萊柞木。〔一〕然後舉天網，頓八紘，揫斂九藪之動物，繯橐四野之飛征。〔二〕鳩之乎兹囿之中，山敦雲移，羣鳴膠膠，鄙騃譟讙，子野聽聳，離朱目眩，隸首策亂，陳子籌昏。〔三〕於時營圍恢廓，充斥川谷，罦罝羅纚，彌綸阬澤，皐牢陵山。〔四〕校隊案部，前後有屯，甲乙相伍，戊己爲堅。〔五〕

〔一〕爾雅曰：「十月爲陽。」孫炎注曰：「純陰用事，嫌於無陽，故以名云。」左傳曰：「唯正月之朔，慝未作。」杜注云：「慝，陰氣也。」害作言陰氣肅殺，害於百草也。」周禮曰：「林衡掌巡林麓之禁令。」又曰：「牧師掌牧地，凡田事贊焚萊。」除草也。柞音士雅反，邪斫木也。周禮：「柞氏掌攻草木及林麓。」

〔二〕揫，聚也，音子由反。周禮職方氏掌九藪：揚州具區，荆州雲夢，豫州圃田，青州孟諸，兖州大野，雍州弦蒲，幽州貕養，冀州楊紆，并州昭余祁。鄭玄注云：「澤無水曰藪。」動物謂禽獸也。繯音胡犬反，又胡串反。說文曰：「繯，落也。」國語曰：「繯於山有罕。」賈逵注云：「繯，還也。」橐，囊也，音託。四野，四方之野。飛征，飛走也。

〔三〕鳩，聚也。敦音屯，亦積聚也。鄙騃，獸奮迅貌也。鄙音普美反，騃音俟。韓詩曰：「駓駓俟俟，或羣或友。」眩，亂也，叶韻音玄。隸首，黃帝時善筭者也。陳子，陳平，善於籌策也。昏，亂也。言禽獸多不可筭計。

〔四〕罦音浮，雉網也。罝，兔罟也。纚，鹿網也，音力官反。並見爾雅。阬音苦庚反。蒼頡篇曰：「阬，壑也。」皐牢猶牢籠也。孫卿子曰「阜牢天下而制之，若制子孫」也。諸本有作牢柵者，非也。

〔五〕周禮司馬職曰：「前後有屯。」甲乙謂相次也。伍，伍長也。戊己居中爲中堅也。

乘輿乃以吉月之陽朔，登于疏鏤之金路，六驌驦之玄龍，建雄虹之旌夏，揭鳴鳶之脩橦。〔一〕曳長庚之飛髾，載日月之太常，棲招搖與玄弋，注枉矢於天狼。〔二〕羽毛紛其髟𩥇，揚金䍐而拕玉瓖。〔三〕屯田車於平原，播同徒於高岡，旃旝摻其如林，錯五色以摛光。〔四〕清氛埃，埽野場，誓六師，搜儁良。〔五〕司徒勒卒，司馬平行，車攻馬同，教達戒通。〔六〕伐咎鼓，撞華鍾，獵徒縱，赴榛叢。〔七〕徽𤓰霍奕，別騖分奔，騷擾聿皇，往來交舛，紛紛回回，南北東西。〔八〕風行雲轉，匈磕隱訇，黃塵勃滃，闇若霧昏。〔九〕日月爲之籠光，列宿爲之翳昧，僄狡課才，勁勇程氣。〔一〇〕狗馬角逐，鷹鸇競鷙，驍騎旁佐，輕車橫厲，相與陸梁，聿皇于中原。絹猥蹏，鏦特肩，脰完羝，撝介鮮，散毛族，梏羽羣。〔一一〕然後飛鋋電激，流矢雨墜，各指所質，不期俱殪，竄伏扔輪，發作梧轉。〔一二〕殺夋狂擊，頭陷顱碎，獸不得猭，禽不得瞥。〔一三〕或夷由未殊，顛狽頓躓，蝡蝡蟺蟺，充衢塞隧，葩華莽布，不可勝計。〔一四〕

〔一〕陽朔，十月朔也。疏鏤謂雕鏤也。周遷輿服雜記曰：「玉路，重（較）〔輅〕也。金路、玉路形制如一。六，駕六馬也。」續漢志曰：「天子五路，駕六馬。」驌驦，馬名。左傳云，唐成公有兩驌驦馬。周禮曰：「馬高八尺曰龍。」禮記曰：「孟冬，乘玄輅，駕鐵驪。」今此亦順冬氣而乘玄也。郭璞注爾雅云：「虹雙出色鮮盛者爲雄。」左傳云：「舞師題以旌夏。」杜預注云：「旌夏，大旌也。」揭，舉也，音渠列反。禮記曰：「前有塵埃，則載鳴鳶。」鳶，鴟也，音緣。鳴則風動，故畫之於旌旗以候埃塵也。橦者，旗之竿也，音直江反。

〔二〕長庚卽太白星。臀音所交反，卽旌旗所垂之羽毛也。太常，天子所建大旗也，畫之日月。周禮云：「日月爲常。」招搖、玄弋、天狼，並星名也。枉矢，妖星，蛇行有尾目，（赤）〔亦〕畫於旌旗也。

〔三〕彯颵，羽旄飛揚皃也。彯音必由反。颵音羊救反。蔡邕獨斷曰：「金𩭹者，馬冠也，高廣各四寸，在馬鬃前。」𩭹音無犯反，一音子公反。瓌，馬帶以玉飾之，音襄。

〔四〕詩小雅曰：「我車既好。」又曰：「射夫既同。」言徒衆齊同也。旝亦旃也，音古會反。左傳曰：「旝動而鼓。」摻音所金反，與「森」字同。

〔五〕野場謂除其草萊，令得驅馳也。左傳曰：「天子六軍。」儁良，馬之善者。

〔六〕周禮曰：「司徒若將有軍旅、會同，田役之戒，則受法于司馬，以作其衆。」又曰：「司馬狩田，以旌爲左右和之門。前後有屯，百步有司，巡其前後。」鄭注云：「正其士之行列。」詩小雅曰：「我車既攻，我馬既同。」毛萇注曰：「攻，堅也。同，齊也。戎事齊力，尚強也。田獵齊足，尚疾也。」

〔七〕咎鼓，大鼓也，音公刀反。周禮：「鼛鼓長尋有四尺。」

〔八〕爐音呼獲反，並奔馳貌。

〔九〕礚音苦蓋反，訇音火宏反，並聲也。滃音烏董反。

〔10〕僄狡，勇捷。僄音匹妙反。

〔一〕絹，繫也，與罥通，音工犬反。騉蹏，野馬也。爾雅曰：「騉蹏趼，善升甗。」騉音昆。鏦猶撞也。楊雄方言曰：「吳楚之閒，或謂矛爲鏦。」音楚江反。韓詩齊風曰：「並驅從兩肩兮。」薛君傳曰：「獸三歲曰肩。」脰，頸也，謂中其頸也。脰音豆。完羝，野羊也。臣賢案：字書作「羦」，音戶官反，與「完」通。梏，諸家並古酷反。案字書「梏」從「手」，即古文「攪」字，謂攪擾也。

〔二〕鋋，矛也，音市延反。周禮曰：「王弓以授射甲革、椹質者。」鄭注云：「質，正也。」正音征。扔音人證反。聲類曰：「扔，摧也。」言爲輪所摧也。梧，支梧也，音悟。謂支著車也。轊，車軸頭也，音衞，謂車軸轥而殺之。

〔三〕祋亦殳也，音丁外反。顱，額也，音盧。猭，走也，音丑戀反。瞥，視也，叶韻音疋例反。殳音殊。

〔四〕夷由，不行也。楚詞曰：「君不行兮夷由。」未殊謂未死。蝡音而兗反。說文曰：「動也。」蟫音似林反，亦動貌也。

若夫鷙獸毅蟲，倨牙黔口，大匈哨後，緼巡歐紆，負隅依阻，莫敢嬰禦。〔一〕乃使鄭叔、晉婦之徒，睽孤刲刺，裸裎袒裼。〔二〕冒椒柘，槎棘枳，窮浚谷，底幽嶰，暴斥虎，搏狂兕，獄黳熊，抾封狶。〔三〕或輕訬趬悍，廋疏嶁領，犯歷嵩巒，陵喬松，履脩𣘤，踔攳枝，杪標端，尾蒼蜼，掎玄猨，木產盡，寓屬單。〔四〕罕罔合部，罾弋同曲，類行並驅，星布麗屬，曹伍相保，各有分局。〔五〕矰碧飛流，纖羅絡縸，遊雉羣驚，晨鳧輩作，翬然雲起，霅爾雹落。〔六〕

〔一〕爾雅曰：「駮如馬，倨牙食虎豹。」黔，黑也。周禮考工記曰：「大匈，燿後，有力而不能走。」鄭玄注曰：「燿，讀曰哨。」哨，小也，音稍。緼巡，並行貌也。緼音於粉反。孟子曰：「有衆逐虎，虎負隅，莫之敢攖。」攖，迫也。禦，扞也。

〔二〕鄭叔，鄭莊公弟太叔段也，詩鄭風曰：「太叔于田，乘乘馬，襢裼暴虎，獻于公所。」孟子曰：「晉人有馮婦者，善搏虎，攘臂下車，衆皆悅之。」睽，離也。孤，獨也。謂挺身刺獸。刲亦刺也，音苦圭反。爾雅曰：「袒裼，肉袒也。」孟子曰：「袒裼裸裎於我側。」說文曰：「裎，（袒）〔裸〕也。」其字從「衣」。

〔三〕爾雅曰：「檿，山桑也。」音一染反。槎，斫也，音仕雅反。嶰謂山澗也。蒼頡篇曰「斥，大也」。猘亦狂也，音吉曳反。說文曰：「兕，似野牛而青色。」抾音劫，古字通。封，大也。狶，猪也，虛起反。

〔四〕訬，輕捷也，音初稍反。趬音丘昭反。說文曰：「趬，行輕貌。」廋疏猶搜索也。廋音所由反。字林曰：「嶁，山巔也」，音力于反。爾雅曰：「山大而高曰嵩，山小而高銳曰巒。」樠音莫寒反。踔，跳也，音勑教反。𡻖音尋，謂長枝也。杪音亡小反，標音必遙反，並木末也。蜼音以蘂反。爾雅曰：「蜼，卬鼻而長尾。」郭璞注曰：「似獼猴而大，黃黑色，尾長數尺，末有兩歧，雨則自懸於樹，以尾塞鼻。」零陵、南康人呼之音「餘」，建平人呼之音「相贈遺」之「遺」也，又音余救反，皆土俗輕重不同耳。掎音居蟻反。說文曰：「偏引一足也。」木產謂巢栖之類也。寓屬謂穴居之屬也。

〔五〕罕亦網也。相如上林賦曰：「戴雲罕。」續漢志曰：「將軍有部，部下有曲。」罾，魚網也，音增。弋，繳射也。分音扶問反。

〔六〕矰，弋矢也。碆與磻同，音補何反，又補佐反。說文曰：「以石著惟繳也。」絡縸，張羅貌也。縸與幕通。翬，飛也，音揮。霅音素洽反。廣雅曰：「霅，雨也。」言鳥中繳如雹之落。

爾乃藐觀高蹈，改乘回轅，泝恢方，撫馮夷，策句芒，超荒忽，出重陽，厲雲漢，橫天潢。〔一〕導鬼區，徑神場，詔靈保，召方相，驅厲疫，走蜮祥。〔二〕捎罔兩，拂游光，枷天狗，緤墳羊。〔三〕然後緩節舒容，裴回安步，降集波籞，川衡澤虞，矢魚陳罟。〔四〕茲飛、宿沙，田開、古蠱，〔五〕翬終葵，揚關斧，刊重冰，撥蟄戶，測潛鱗，踵介旅。〔六〕逆獵湍瀨，濟薄汾橈，淪滅潭淵，左挈夔龍，右提蛟鼉，春獻王鮪，夏薦鼈黿。〔七〕於是流覽徧照，殫變極態，上下究竟，山谷蕭條，原野嵺愀，上無飛鳥，下無走獸，虞人植旍，獵者効具，車弊田罷，旋入禁囿。〔八〕棲遲乎昭明之觀，休息乎高光之榭，以臨乎宏池。〔九〕鎮以瑤臺，純以金堤，樹以蒲柳，被以綠莎，瀇瀁沆漭，錯紾槃委，天地虹洞，固無端涯，大明生東，月朔西陂。〔一〇〕乃命壺涿，驅水蠱，逐罔、螭，滅短狐，簎鯨、鯢。〔一一〕然後方餘皇，連舼舟，張雲帆，施蜺幬，靡颸風，陵迅流，發櫂歌，縱水謳，淫魚出，著蔡浮，湘靈下，漢女游。〔一二〕水禽鴻鵠，鴛鴦、鷗、鷖，鶬鴰、鸕、鶂，鷺、鴈、鷿鷉，乃安斯寢，戢翮其涯。〔一三〕魴、鱮、鱏、鯿，鰋、鯉、鰽、魦，樂我純德，騰踊相隨，雖靈沼之白鳥，孟津之躍魚，方斯蔑矣。〔一四〕然猶詠歌於伶蕭，載陳於方策，豈不哀哉！〔一五〕

〔一〕藐，遠也，音名小反。田獵既罷，故改乘回轅也。左傳曰：「改乘轅而北之。」泝，上也。恢，大也。馮夷，河伯也。句芒，東方之神也。荒忽，幽遠也。重陽，天也。雲漢，天河也。天潢，星也。

〔二〕靈保，神巫也。楚辭九歌曰「思靈保兮賢姱」。周禮：「方相氏掌執戈揚楯，帥百隸以毆疫。」洪範五行傳曰：「蜮，射人，生於南越，謂之短狐。」詩蟲魚疏曰「一名射景，如鼈三足，今俗謂之水弩」也。

〔三〕捎音所交反。鄭玄注周禮曰「捎，除也」。國語曰：「木石之怪曰夔、罔兩。」游光，神也，兄弟八人。天狗，星名也。春秋元命包曰：「天狗主守財。」緤，繫也，音息列反。墳羊，土之怪，其形似羊。見家語。

〔四〕波䉛，池籞也。前書音義曰：「籞，在池中作室，可用栖鳥，入則捕之。」又曰「折竹以繩綿連，禁禦使人不得往來」也。周禮「川衡，掌川澤之禁令。澤虞，掌國澤之政令」也。左傳曰：「魯隱公矢魚于棠。」矢亦陳也。國語曰：「魯宣公夏濫罟於泗川，里革斷其罟而弃之，曰：『古者大寒降，水虞於是登川禽而嘗之於廟，行諸國助宣氣也。今魚方孕，又行罟，貪無藝也。』公曰：『吾之過也。』」䉛音鬩。

〔五〕音冶。

〔六〕兹飛即佽飛也。呂氏春秋曰：「荆人佽飛，涉江中流，兩蛟繞其船。佽飛拔劍赴江，刺蛟殺之。」魯連子曰：「古善漁者宿沙渠子，使漁山側，雖十宿沙子不得魚焉。宿沙非暗於漁道也，彼山者非魚之所生也。」晏子春秋曰：「公孫捷、田開強、古冶子事景公以勇，晏子勸景公餽之二桃，曰：『計功而食之。』公孫捷〔曰〕：『捷持楯而再搏乳虎，若捷之功，可以食桃。』田開強曰：『吾仗兵而禦三軍者再，可以食桃。』古冶子曰：『吾嘗濟河，黿銜左驂以入砥柱之流，吾逆而百步，順流九里，得黿頭，鶴躍而出，可以食桃矣。』二子皆反其桃，契領而死。古冶子曰：『二子死之，吾獨生，不仁。』亦契領而死。」「蠱」與「冶」通。鼜亦揮也。廣雅曰：「終葵，椎也。」鬬斧，斧名也。刊，除也。踵猶尋也。介謂鱗蟲之屬也。旅，衆也。

〔七〕渀音蒲艮反；橈，奴教反：並入水皃也。淪滅謂沒於水中也。鼉音壇。鮪，鱣屬也，大者爲王鮪，小者爲叔鮪。禮記「季春之月，天子始乘舟，薦鮪於寢廟。季夏之月，令漁師取黿」也。

〔八〕流覽謂周流觀覽也。周禮曰：「植虞旌以屬禽。」鄭注曰：「植猶樹也。田上樹旗，令獲者皆致其禽也。」又曰：「車弊獻禽以享礿。」注曰：「車弊，車止也。」嵺音力救反，愀音七救反，亦蕭條皃也。

〔九〕宏，大也。

〔一〇〕純，緣也，音之尹反。蒱亦柳也。瀇音胡廣反，瀁音養，沆音胡朗反，漭音莽，並水皃也。錯紾，交結也。紾音之忍反。委音於危反。虹洞，相連也。虹音胡貢反。朔，生也。禮記曰：「大明生於東，月生於西。」鄭注曰：「大明，日也。」言池水廣大，日月出於其中也。

〔一一〕周禮：「壺涿氏掌除水蟲。」涿音丁角反。蟲音公戶反。罔謂罔兩也。螭，龍（也）〔屬〕。短狐即蜮也。簎音七亦反。說文曰：「刺也。」周禮：「鼈人掌以時簎魚鼈龜蜃。」鄭衆注云：「簎謂以杖刺泥中搏取之。」

〔一二〕方猶並也。餘皇，吳之船名也。見左傳。舼，小舟也，音渠恭反。淮南子曰：「越舼、蜀艇，不能無水而浮。」帆音凡。幬，帳也，音直由反。颿，疾風也，音楚疑反。武帝秋風詞曰：「簫鼓鳴兮發櫂歌。」劉向列女傳曰：「津吏之女，中流奏河激之歌。」韓詩外傳曰：「瓠巴鼓琴，淫魚出聽。」淮南子曰：「上有叢蓍，下有伏龜。」論語曰：「臧文仲居蔡。」注云：「龜出蔡地，故以爲名也。」湘靈，舜妃，溺於湘水，爲湘夫人也。見楚詞。漢女，漢水之神〔女〕。詩云：「漢有游女。」

〔一三〕鴐鵞，四鳥也。鷗，白鷗也。鷖，鳧屬也。爾雅曰「鶬，麋鴰」。今謂之鴰鹿也。鴰音括。鸕，鸕鷀也。楊孚異物志云：「能沒於深水，取魚而食之，不生卵而孕雛於池澤閒，旣胎而又吐生，多者生八九，少生五六，相連而出，若絲緒焉。水鳥而巢高樹之上。」鵠，白鵠也。鷺，白鷺也。鸊音步歷反。鷉音梯。楊雄方言曰：「（自）〔野〕鳧也，甚小，好沒水中，膏可以瑩刀劍。」寑，宿也。詩曰：「乃安斯寑。」涯，水濱也。

〔四〕鱮音緒，似魴而弱鱗。鱏音徐林反，口在頷下，大者長七八尺。鯿音卑連反，魴之類也。鰋音匽，今鰋額白魚（鯉）〔也〕。鱨音嘗，詩蟲魚疏曰「今黃頰魚」也。魦音沙，或作「鯊」。郭義恭廣志曰：「吹沙魚，大如指，沙中行。」詩大雅曰：「王在靈沼，於牣魚躍。」鄭玄注云：「靈沼之水，魚盈滿其中也，皆以跳躍。」又曰：「白鳥翯翯。」翯，肥澤也。翯音學。言並得其所也。尚書中候曰「武王度孟津，白魚躍入于王舟中」也。

〔五〕伶，樂官也。詩國風序曰：「衞之賢者，仕於伶官。」禮記曰：「文武之道，布在方策。」又曰：「百名以上，書之於策，不滿百名，書之於方。」鄭注云：「方，板也。」

於是宗廟既享，庖廚既充，車徒既簡，器械既攻。〔一〕然後擺牲班禽，淤賜犒功，羣師疊伍，伯校千重，山罍常滿，房俎無空。〔二〕酒正案隊，膳夫巡行，清醪車湊，燔炙騎將，鼓駭舉爵，鍾鳴既觴。〔三〕若乃陽阿衰斐之晉制，闡鼃華羽之南音，〔四〕所以洞蕩匈臆，發明耳目，疏越蘊慉，駭恫底伏，〔五〕鍠鍠鎗鎗，奏于農郊大路之衢，與百姓樂之。〔六〕是以明德曜乎中夏，威靈暢乎四荒，東鄰浮巨海而入享，西旅越葱領而來王，南徼因九譯而致貢，朔狄屬象胥而來同。〔七〕蓋安不忘危，治不忘亂，道在乎茲，斯固帝王之所以曜神武而折遐衝者也。〔八〕

〔一〕禮記曰：「天子歲三田，一爲乾豆，二爲賓客，三爲充君之庖。」

〔二〕廣雅曰：「捭，開也。」字書：「擺亦捭字也，音捕買反。」班固西都賦曰：「置互擺牲。」班，布也。淤與飫同。左傳曰：「加籩則飫賜。」犒，勞也。山罍，畫爲山文。禮記曰：「山罍，夏后氏之樽也。」又曰：「周以房俎。」鄭玄注云：

「房謂足下跗也，有似於堂房矣。」

〔三〕周禮「酒正，中士，辯五齊之名，三酒之物。膳夫，上士，掌王之食飲膳羞」。說文曰：「醪，汁滓酒也。」大雅曰：「或燔或炙。」將，行也。既，盡也。流俗本「爵」字作「爝」，「既」字作「曁」，皆誤也。

〔四〕淮南子曰：「歌采菱，發陽阿。」禮記曰：「嘽諧慢易之音作而人康樂。」鶡冠子曰：「南方萬物華羽焉，故以調羽也。」

〔五〕越，散也。蘊慉猶積聚也。慉與畜通。恫音洞。底伏猶滯伏也。呂氏春秋曰：「昔陰康氏之始，陰多滯伏湛積，故作爲舞以宣導之。」此言作樂，亦以疏散滯伏之象。

〔六〕鍠鍠鎗鎗，鍾鼓之聲也。鍠音橫。鎗音測庚反。孟子謂齊〔宣〕王曰：「今王與百姓同其樂則王矣。」農郊，田野也。

〔七〕入享謂來助祭也。孔安國注尚書曰：「西旅，西戎遠國也。」葱嶺，西域山也。西河舊事曰：「嶺上多葱，因以名焉。」徼，塞之道也。九譯爲九重譯語而通中國也。尚書大傳曰：「周成王時，越裳氏重九譯而貢白雉。」朔狄，北狄也。周禮：「象胥掌蠻、夷、戎、翟之國，使傳王之言而諭說焉，以和親之。」鄭注云：「通夷狄之言者曰象胥，其有才智者也。此類之本名，東方曰寄，南方曰象，西方曰狄鞮，北方曰譯。此官正爲象者，周始有南越重譯來貢獻，是以名通言語之官爲象胥。」胥音諝。

〔八〕晏子春秋曰：「晉平公欲攻齊，使范昭觀焉。景公觴之。范昭曰：『願請君之弃酌。』景公曰：『諾。』范昭已飲，晏子命徹尊更之。范昭歸，以報晉平公曰：『齊未可伐也，吾欲慙其君而晏子知之。』仲尼聞之曰：『起於尊俎之閒，而折衝千里之外。』」

方今大漢收功於道德之林，致獲於仁義之淵，忽蒐狩之禮，闕槃虞之佃。〔一〕闇昧不覩日月之光，聾昏不聞雷霆之震，于今十二年，爲日久矣。亦方將刊禁臺之秘藏，發天府之官常，由質要之故業，率典刑之舊章。〔二〕采清原，嘉岐陽，登俊桀，命賢良，舉淹滯，拔幽荒。〔三〕察淫侈之華譽，顧介特之實功，聘畎畝之羣雅，宗重淵之潛龍。〔四〕乃儲精山藪，歷思河澤，目矚鼎俎，耳聽康衢，營傅說於胥靡，求伊尹於庖廚，索膠鬲於魚鹽，聽甯戚於大車。〔五〕俾之昌言而宏議，軼越三家，馳騁五帝，悉覽休祥，總括羣瑞。〔六〕遂棲鳳皇於高梧，宿麒麟於西囿，納僬僥之珍羽，受王母之白環。〔七〕永逍搖乎宇內，與二儀乎無疆，貳造化於后土，參神施於昊乾，超特達而無儔，煥巍巍而無原。〔八〕豐千億之子孫，歷萬載而永延。〔九〕禮樂既闋，北轅反旆，至自新城，背伊闕，反洛京。〔一〇〕

〔一〕槃，樂也。虞與娛同。

〔二〕周禮八法，四曰官常，以聽官理。天府掌祖廟之守藏，與其禁令，察羣吏之理。左傳云：「晉趙盾爲國，政由質要。」杜預注曰：「由，用也。質要，契券也。」刊音苦寒反。

〔三〕清原，地在河東聞喜縣北。左傳曰：「晉蒐于清原，作五軍。」又楚椒舉曰：「周武有孟津之誓，成有岐陽之蒐。」禮記月令：「孟夏，命太尉贊傑俊，遂賢良。」左傳楚平王「詰姦慝，舉淹滯」。杜預注云：「淹滯，有才德而未敘者也。」

〔四〕華譽，虛譽也。介特謂孤介特立也。畎畝謂隱於隴畝之中也。司馬相如上林賦曰：「掩羣雅。」音義云：「謂大雅、小雅之人也。」潛龍，喻賢人隱也。

〔五〕矖，視也，音所解反。鼎俎謂伊尹負鼎以干湯也。墨子曰：「湯舉伊尹於庖廚之中。」康衢謂甯戚也。說苑曰：「甯戚飯牛於康衢，擊車輻而歌碩鼠。」傅說代胥靡刑人築於傅巖之野，高宗夢得之。孟子曰「膠鬲舉於魚鹽」也。

〔六〕俾，使也。昌，當也。宏，大也。前書楊雄曰：「宏言崇議。」軼，過也。三家，三皇也。

〔七〕韓詩外傳曰：「黃帝時鳳皇止帝東園，集帝梧桐，食帝竹實。」尚書中候曰：「黃帝時麒麟在囿。」帝王紀曰「堯時僬僥氏來貢沒羽。西王母慕舜之德，來獻白環」也。

〔八〕論語孔子曰：「堯之為君，煥乎其有文章，巍巍乎其有成功。」

〔九〕詩大雅曰「天錫百祿，子孫千億」也。

〔一〇〕闋，止也，音苦穴反。新城，縣，屬河南郡，今伊闕縣。

頌奏，忤鄧氏，滯於東觀，十年不得調。因兄子喪自劾歸。〔一〕太后聞之怒，謂融羞薄詔除，欲仕州郡，遂令禁錮之。〔二〕

〔一〕融集云，時兄伉子在融舍物故，融因是自劾而歸。

〔二〕融集云，時左將奏融（道）〔遭〕兄子喪，自劾而歸，離署當免官。制曰：「融典校秘書，不推忠盡節，而羞薄詔除，希望欲仕州郡，免官勿罪。」禁錮六年矣。

太后崩，安帝親政，召還郎署，復在講部。出爲河閒王廄長史。時車駕東巡岱宗，〔一〕融上東巡頌，帝奇其文，召拜郎中。及北鄉侯即位，融移病去，爲郡功曹。

〔一〕延光三年。

陽嘉二年，詔舉敦樸，城門校尉岑起舉融，徵詣公車，對策，拜議郎。〔一〕大將軍梁商表爲從事中郎，轉武都太守。時西羌反叛，征西將軍馬賢與護羌校尉胡疇征之，而稽久不進。融知其將敗，上疏乞自効，曰：「今雜種諸羌轉相鈔盜，宜及其未并，亟遣深入，破其支黨，而馬賢等處處留滯。羌胡百里望塵，千里聽聲，今逃匿避回，漏出其後，則必侵寇三輔，爲民大害。臣願請賢所不可用關東兵五千，裁假部隊之號，盡力率厲，埋根行首，以先吏士，〔二〕三旬之中，必克破之。臣少習學蓺，不更武職，猥陳此言，必受誣罔之辜。昔毛遂厮養，爲衆所蚩，終以一言，克定從要。〔三〕臣懼賢等專守一城，言攻於西而羌出於東，且其將士必有高克潰叛之變。」〔四〕朝廷不能用。又陳：「星孛參、畢，參西方之宿，畢爲邊兵，至於分野，并州是也。〔五〕西戎北狄，殆將起乎！宜備二方。」尋而隴西羌反，烏桓寇上郡，皆卒如融言。

〔一〕續漢書曰，融對策於北宮端門。

〔二〕埋根言不退。

〔三〕毛遂，趙平原君趙勝客也。居門下三年。時平原將與楚合從，以毛遂備二十人數，其十九人相與笑之。比至楚，毛遂果按劍與楚定從，楚立發兵救趙。事見史記。廝養，賤人也。

〔四〕左傳曰，鄭使高克率師次於河上，久而不召，師潰而歸，高克奔陳。

〔五〕參在申，爲晉分，并州之地。

三遷，桓帝時爲南郡太守。先是融有事忤大將軍梁冀旨，冀諷有司奏融在郡貪濁，免官，髡徙朔方。自刺不殊，得赦還，復拜議郎，重在東觀著述，以病去官。

融才高博洽，爲世通儒，教養諸生，常有千數。涿郡盧植，北海鄭玄，皆其徒也。善鼓琴，好吹笛，達生任性，不拘儒者之節。居宇器服，多存侈飾。常坐高堂，施絳紗帳，前授生徒，後列女樂，弟子以次相傳，鮮有入其室者。嘗欲訓左氏春秋，及見賈逵、鄭衆注，乃曰：「賈君精而不博，鄭君博而不精。既精既博，吾何加焉！」但著三傳異同說。注孝經、論語、詩、易、三禮、尚書、列女傳、老子、淮南子、離騷，所著賦、頌、碑、誄、書、記、表、奏、七言、琴歌、對策、遺令，凡二十一篇。

初，融懲於鄧氏，不敢復違忤埶家，遂爲梁冀草奏李固，又作大將軍西第頌，以此頗爲正直所羞。年八十八，延熹九年卒于家。遺令薄葬。族孫日磾，獻帝時位至太傅。〔一〕

〔一〕三輔決錄注：「日磾字翁叔。

論曰：馬融辭命鄧氏，逡巡隴漢之閒，將有意於居貞乎？〔一〕既而羞曲士之節，惜不貲之軀，〔二〕終以奢樂恣性，黨附成譏，固知識能匡欲者鮮矣。〔三〕夫事苦，則矜全之情薄；生厚，故安存之慮深。〔四〕登高不懼者，胥靡之人也；〔五〕坐不垂堂者，千金之子也。〔六〕原其大略，歸於所安而已矣。物我異觀，亦更相笑也。

〔一〕隴漢之閒謂客於漢陽時。易屯卦初九曰：「磐桓利居貞。」

〔二〕莊子曰：「曲士不可語於道者，束於教也。」

〔三〕識，性也。匡，正也。

〔四〕老子曰：「人之輕死者，以其求生。生之厚也，是以輕死。」

〔五〕前書音義曰：「胥，相也。靡，隨也。謂相隨受刑之人也。」莊子曰：「胥靡登高(也)不懼，遺死生也。」此爲矜全之情薄也。

〔六〕前書鼂錯曰：「千金之子，坐不垂堂。」此爲安存之慮深也。

校勘記

一九七三頁一〇行 會羌虜颷起 按：「颷」原作「飆」，逕據汲本改。

一九七四頁三行 拜爲校書郎中 「校」原作「挍」，逕據汲本、殿本改。按：校挍本通作，然各本皆作

「校」，且注文亦作「校」，故改。

一九五四頁七行　謝承〔書〕及續漢書　「承」原譌「丞」，逕改正。按：當作「謝承書及續漢書」，謂謝承後漢書及司馬彪續漢書也，今補「書」字。

一九五五頁三行　〔勸〕收藏　據汲本、殿本補。

一九五五頁三行　歡嬉喜樂　按：汲本、殿本「嬉」作「欣」。

一九五五頁八行　有才不能用　按：刊誤謂「才」當作「財」。

一九五六頁三行　今王(頗)鼓樂於此　據刊誤刪，與今本孟子合。

一九五六頁八行　詩詠(囿)〔圃〕草　據汲本改，注同。按：集解引錢大昕說，謂「囿」當從閩本作「圃」。詩「東有甫草」，鄭氏讀如「圃」。

一九五六頁一〇行　恢胎曠蕩　按：「恢」原作「烣」，俗體字，逕改正。下「營圍恢廓」同。

一九五六頁一〇行　寥豁鬱泱　按：「寥」原譌「寒」，逕據汲本、殿本改正。

一九五六頁一一行　左概嵩嶽　按：王念孫讀書雜志餘編謂「概」當作「枕」，字之誤也。水經汝水注、太平御覽地部引此，並作「左枕嵩嶽」。

一九五六頁一二行　箕背王屋　按：王念孫謂「箕背」當作「背箕」，與「面據」相對，箕讀爲基，基亦據也，言前據衡陰，後據王屋也。水經汝水注引此，正作「背基王屋」。

一九五六頁一三行　昌本深蕕　殿本「蕕」作「蒲」，注同。按：蕕蒲通。

一九五六頁一五行　豐彤對蔚　按：「彤」原作「肜」，逕依汲本、殿本改。

一九五七頁一五行　東曰衡山多青(臒)〔雘〕　按：引文見山海經中次八經。善丹曰臒，从丹；善青曰雘，从青。山海經凡言「青雘」，皆从青作「雘」，茲據改。

一九五七頁一七行　應劭　按：「劭」原譌「邵」，逕改正。

一九五八頁二行　(薄)〔簿〕云　據集解本改。按：張森楷謂簿即河南十二縣簿，太平御覽屢引之。

一九五八頁五行　(汍)〔氿〕泉穴出　各本並誤，據爾雅改。

一九五八頁一三行　爾雅曰茆鳧葵　按：「爾雅」當作「廣雅」。沈欽韓謂爾雅無此語，見廣雅釋草。

一九五八頁一四行　生於水中(矣)〔涘〕　據殿本改。

一九五九頁二行　本或作(藸)〔蘳〕　據汲本改。按：汲本無「或」字。

一九五九頁五行　鄙騃譔讙　按：李慈銘謂「鄙」當作「駓」。注引韓詩「駓駓俟俟」，即毛詩之「儦儦俟俟」也。

一九五九頁一三行　繯於山有罕　按：今國語齊語作「繯山於有牢」。

一九六〇頁四行　棲招搖與玄弋　按：沈欽韓謂「玄弋」當作「玄戈」。隋書天文志「玄戈一星，在招搖北」。新唐書兵志「武德三年更以關中富平道為玄弋軍，軍置將副各一人」，皆取星文為號。

一九六〇頁五行　揚金⿱囟夂而拕玉瓖　按：沈家本謂「⿱囟夂」當作「⿱囟又」。說文：「⿱囟又，㛊蓋也。」讀若范，大徐亡范切。注中之「無犯反」，即大徐之「亡范切」，其音是矣。而又云「一云子公反」，蓋唐時已有誤作「⿱囟夂」者，故注家遂有此音而不知其非耳。

一九六〇頁九行　狗馬角逐　按：汲本「角」作「爭」。

一九六〇頁一一行　祋殳狂擊　按：「祋」原譌「⿰衤殳」，逕改正。注同。

一九六〇頁一四行　玉路重(較)〔輅〕也　據殿本改。

一九六一頁五行　蛇行有尾目(赤)〔亦〕畫於旌旗也　按：刊誤謂妖星但見尾目而已，又言其赤，非也。當作「蛇行有尾目，亦畫於旌旗也」。上文太常畫日月，故云「亦畫」也。今據改。

一九六一頁六行　高廣各四寸在馬鬉前　按：續書輿服志注引獨斷，「四寸」作「五寸」，「馬鬉」作「馬髦」。

一九六一頁八行　我車既好　刊誤謂「我」當作「田」。按：詩小雅車攻作「田」。

一九六二頁一行　猑蹏豣　殿本「猑」作「騉」。按：今本爾雅作「騉」。

一九六二頁二行　獄⿱𢆶鹵熊　按：集解引錢大昕說，謂「⿱𢆶鹵」當作「猘」。

一九六三頁三行　杪標端　按：「標」原譌「摽」，逕改正。注同。

一九六三頁四行　裎(袒)〔裸〕也　據汲本、殿本改。

一九六四頁一行　導鬼區　按：刊誤謂「導」當作「道」。

一九六四頁七行　樹以蒱柳　汲本、殿本「蒱」作「蒲」，注同。按：蒲蒱通。

一九六四頁一三行　詠歌於伶蕭　按：汲本「蕭」作「簫」。

一九六四頁一五行　帥百隸以毆疫　按：「毆」原譌「歐」，逕改正。

一九六五頁一一行　公孫捷〔曰捷〕持楯而再搏乳虎　據汲本補。按：宋本注無「曰捷」二字，故劉攽刊誤謂如下文，則此少「曰吾」二字。此「曰捷」二字疑毛子晉以意補之。張森楷校勘記謂據下二子皆曰「吾」，不自稱名，則捷亦不宜獨自稱名，劉謂少「曰吾」二字是也，未知子晉何從改作「捷」。

一九六六頁七行　螭龍〔也〕〔屬〕　據汲本改。

一九六六頁一〇行　蕭鼓鳴兮　按：汲本「蕭」作「簫」。

一九六六頁一三行　漢水之神〔女〕　據汲本、殿本補。

一九六六頁一四行　鷗白鷗也　按：汲本「白鷗」作「白鷴」。

一九六六頁一六行　〔白〕〔野〕鳧也　據汲本、殿本改。

一九六七頁一行　今鰋額白魚〔鯉〕〔也〕　據汲本、殿本改。

一九六七頁一五行　擺亦捭字也　按：「捭」原譌「裨」，逕改正。

一九六七頁一五行　班固西都賦曰置互擺牲　按：沈欽韓謂此張衡西京賦語，注誤以爲班固。

一九六八頁八行 孟子謂齊〔宣〕王曰 據汲本、殿本補。

一九六八頁一四行 是以名通言語之官爲象胥 刊誤謂「名通」當作「通名」，謂總稱言語之官爲象胥也。按：周禮鄭注作「是因通言語之官爲象胥云」，阮元校勘記謂大字本「因」下有「名」字，則刊誤之說非也。

一九六九頁三行 嘉岐陽 按：「岐」原作「歧」，逕改正。注同。

一九七〇頁一五行 時左將奏融〔道〕〔遵〕兄子爽 據殿本改。

一九七二頁一行 出爲河閒王廄長史 按：刊誤謂廄長卽是官名，「史」字衍。

一九七三頁九行 胥靡登高〔也〕不懼 據刊誤刪。

後漢書卷六十下

蔡邕列傳第五十下

蔡邕字伯喈，陳留圉人也。〔一〕六世祖勳，〔二〕好黃老，平帝時爲郿令。王莽初，授以厭戎連率。〔三〕勳對印綬仰天歎曰：「吾策名漢室，死歸其正。昔曾子不受季孫之賜，況可事二姓哉？」〔四〕遂攜將家屬，逃入深山，與鮑宣、卓茂等同不仕新室。父稜，亦有清白行，謚曰貞定公。〔五〕

〔一〕圉，縣，故城在今汴州陳留縣東南。

〔二〕謝承書曰：「勳字君嚴。」

〔三〕王莽改隴西郡曰厭戎郡，守曰連率。

〔四〕禮記曰：「曾子有疾，童子曰：『華而睆，大夫之簀歟？』曾子曰：『然，斯季孫之賜也，我未之能易也。元起易簀。』曾元曰：『幸而至於旦，請敬易之。』曾子曰：『爾之愛我也不如彼也。君子之愛人也以德，細人之愛人也以姑息。吾何求哉？吾得正而斃焉，斯已矣。』舉扶而易之，反席未安而沒。」言雖臨死不失正道也。

〔五〕邕祖攜碑云：「攜字叔業，有周之冑。昔蔡叔沒，成王命其子仲使踐諸侯之位，以國氏姓，君其後也。君曾祖父勳，哀帝時以孝廉爲長安郃長。及君之身，增修厥德，順帝時以司空高弟遷新蔡長，年七十九卒。長子棱，字伯直，處俗孤黨，不協于時，垂翼華髮，人爵不升，年五十三卒。」謚法曰：「清白守節曰貞，純行不差曰定。」

邕性篤孝，母常滯病三年，邕自非寒暑節變，未嘗解襟帶，不寢寐者七旬。母卒，廬于冢側，動靜以禮。有菟馴擾其室傍，又木生連理，遠近奇之，多往觀焉。與叔父從弟同居，三世不分財，鄉黨高其義。少博學，師事太傅胡廣。好辭章、數術、天文，妙操音律。

桓帝時，中常侍徐璜、左悺等五侯擅恣，聞邕善鼓琴，遂白天子，敕陳留太守督促發遣。邕不得已，行到偃師，稱疾而歸。閑居翫古，不交當世。感東方〔朔〕客難及楊雄、班固、崔駰之徒設疑以自通，〔一〕乃斟酌羣言，韙其是而矯其非，〔二〕作釋誨以戒厲云爾。

〔一〕楊雄作解嘲，班固作荅賓戲，崔駰作達旨。

〔二〕韙亦是也。

有務世公子誨於華顚胡老曰：〔一〕「蓋聞聖人之大寶曰位，故以仁守位，以財聚人。〔二〕然則有位斯貴，有財斯富，行義達道，士之司也。故伊摯有負鼎之衒，仲尼設執鞭之言，〔三〕甯子有清商之歌，百里有豢牛之事。〔四〕夫如是，則聖哲之通趣，古人之明志也。夫子生清穆之世，稟醇和之靈，覃思典籍，韞櫝六經，安貧樂賤，與世無營，沈精重淵，抗志高冥，包括無外，綜析無形，其已久矣。曾不能拔萃出羣，揚芳飛文，〔五〕登天庭，序彝倫，埽六合之穢慝，清宇宙之埃塵，連光芒於白日，屬炎氣於景雲。〔六〕時逝歲暮，默而無聞。小子惑焉，是以有云。方今聖上寬明，輔弼賢知，崇英逸偉，不墜於地，德弘者建宰相而裂土，才羨者荷榮祿而蒙賜。〔七〕盍亦回塗要至，俛仰取容，〔八〕輯當世之利，定不拔之功，榮家宗於此時，遺不滅之令蹤？〔九〕夫獨未之思邪，何為守彼而不通此？」〔一〇〕

〔一〕顛，頂也。華頂謂白首也。新序齊宣王對閭丘卬曰：「士亦華髮墮顛而後可用耳。」左傳宋司馬子魚曰：「雖及胡耇，獲則取之。」杜預注曰：「胡耇，元老之稱。」

〔二〕易曰「聖人之大寶曰位。何以守位？曰仁。何以聚人？曰財」也。

〔三〕摯，伊尹名也。史記曰，伊尹欲干湯而無由，乃為有莘媵臣，負鼎俎以滋味說湯，致於王道。衒，自媒衒也。論語孔子曰：「行義以達其道。」又曰：「富而可求，雖執鞭之士吾亦為之。」周禮滌狼氏下士八人，執鞭以辟道也。

〔四〕淮南子曰：「甯戚欲干齊桓公，窮困無以自達，於是為商旅，將車以適於齊，暮宿於郭門，飯牛車下，望見桓公，乃擊牛角而〔疾〕商歌。桓公聞之曰：『異哉！歌者非常人也。』命後車載之。」三齊記載其歌曰：「南山矸，白石爛，生不遭堯與舜禪，短布單衣適至骭，從昏飯牛薄夜半，長夜漫漫何時旦！」公悅之，以為大夫。矸音岸。骭音戶諫反。百里奚，虞大夫也。史記趙良曰：「百里奚自鬻於秦，衣褐食牛，朞年而後穆公知之，舉之牛口之下。」說文曰：「豢，養也。」

〔五〕孟子曰：「若仲尼者，拔乎其萃，出乎其類。」
〔六〕瑞應圖曰「景雲者太平之應也，一曰慶雲」也。
〔七〕羨音以戰反，本或作「美」。
〔八〕回，曲也。要音一遙反。言履直道，則不能有所至也。
〔九〕遺猶留也。
〔一〇〕彼謂貧賤，此謂榮祿。

胡老傲然而笑曰：「若公子，所謂覩曖昧之利，而忘昭晢之害；專必成之功，而忽蹉跌之敗者已。」公子謖爾斂袂而興曰：「胡爲其然也？」〔一〕胡老曰：「居，吾將釋汝。〔二〕昔自太極，君臣始基，〔三〕有羲皇之洪寧，唐虞之至時。〔四〕三代之隆，亦有緝熙，五伯扶微，勤而撫之。于斯已降，天網縱，人紘弛，王塗壞，太極阤，〔五〕君臣土崩，上下瓦解。〔六〕於是智者騁詐，辯者馳說，武夫奮略，戰士講銳。〔七〕電駭風馳，霧散雲披，變詐乖詭，以合時宜。或畫一策而綰萬金，或談崇朝而錫瑞珪。〔八〕連衡者六印磊落，合從者駢組流離。〔九〕隆貴翕習，積富無崖，據巧蹈機，以忘其危。夫華離蔕而萎，條去幹而枯，女冶容而淫，士背道而辜。人毀其滿，神疾其邪，利端始萌，害漸亦牙。速速方轂，夭夭是加，〔一〇〕欲豐其屋，乃蔀其家。〔一一〕是故天地否閉，聖哲潛形，〔一二〕石門守晨，沮、溺耦耕，〔一三〕顏歜抱璞，蘧瑗保生，〔一四〕齊人歸樂，孔子斯征，雍渠驂乘，逝而遺輕。〔一五〕夫豈傲主而背國乎？道不可以傾也。

〔一〕謖然，翕斂之皃，音所六反。

〔二〕居猶坐也。釋，解也。

〔三〕太極，天地之始也。易曰：「易有太極，是生兩儀。」

〔四〕洪，大也。

〔五〕賈逵注國語曰：「小崩曰陁。」

〔六〕淮南子曰：「武王伐紂，左操黃鉞，右執白旄而麾之，則瓦解而走，遂土崩而下。」

〔七〕講，習也。

〔八〕戰國策曰，秦昭王見頓弱，頓弱曰：「韓，天下之咽喉也；魏，天下之匈臆也。王資臣萬金而游之，天下可圖也。」秦王曰：「善。」乃資萬金，使東遊韓、魏，入其將相，北游燕、趙，而殺李牧。齊王入朝，四國畢從，頓子說之也。史記曰：「虞卿說趙孝成王，一見賜黃金百溢，再見賜白璧一雙。」

〔九〕連衡謂張儀，合從謂蘇秦，並佩六國之印。駢，並也。組，綬也。流離，光彩皃也。

〔10〕詩小雅曰：「速速方穀，夭夭是椓。」毛萇注云：「速速，陋也。」鄭玄注云：「穀，祿也。」言鄙陋小人，將貴而得祿也。夭，殺也。椓，破之也。韓詩亦同。此作「轂」者，蓋謂小人乘寵，方轂而行。方猶並也。

〔一一〕易豐卦上六曰：「豐其屋，蔀其家。」王弼注云：「蔀，覆也。屋厚覆，闇之甚也。」蔀音部。

〔二〕易文言曰：「天地閉，賢人隱。」

〔三〕論語曰：「子路宿於石門。晨門曰：『奚自？』子路曰：『自孔氏。』」鄭玄注云：「石門，魯城外門也。晨門，主晨夜開閉者。」又曰：「長沮、桀溺耦而耕。」並隱遁人也。

〔四〕戰國策齊宣王謂顏歜曰：「願先生與寡人遊。」歜辭曰：「玉生於山，制則毁焉，非不寶也，然失璞不完。士生鄙野，選而祿焉，非不貴也，而形神不全。歜願得晚食以當肉，安步以當車，無罪以當貴，清靜以自娛。知足矣。歸反於樸，則終身不辱。」論語孔子曰：「蘧伯玉邦有道則仕，邦無道則可卷而懷之。」此爲保其生也。

〔五〕論語曰：「齊人饋女樂，季桓子受之，三日不朝。孔子行。」史記曰：「衞靈公與夫人同車，宦者雍渠參乘。孔子曰：『吾未見好德如好色者也。』於是醜之，去衞適曹。」遺輕謂若弃輕細之物而去，言惡之甚也。

「且我聞之，日南至則黃鍾應，融風動而魚上冰，蕤賓統則微陰萌，蒹葭蒼而白露凝。〔一〕寒暑相推，陰陽代興，運極則化，理亂相承。今大漢紹陶唐之洪烈，盪四海之殘灾，隆隱天之高，拆絙地之基。〔二〕皇道惟融，帝猷顯丕，泜泜庶類，含甘吮滋。〔三〕檢六合之羣品，濟之乎雍熙，羣僚恭己於職司，聖主垂拱乎兩楹。君臣穆穆，守之以平，濟濟多士，端委縉綖，〔四〕鴻漸盈階，振鷺充庭。〔五〕譬猶鍾山之玉，泗濱之石，累珪璧不爲之盈，（探）〔採〕浮磬不爲之索。〔六〕曩者，洪源辟而四隩集，武功定而干戈戢，玁狁攘而吉甫宴，城濮捷而晉凱入。〔七〕故當其有事也，則蓑笠並載，擐甲揚鋒，不給於務；〔八〕當其無事也，則舒紳緩佩，鳴玉以步，綽有餘裕。

〔一〕月令：「仲冬，律中黃鍾。」融風，艮之風也。月令：「孟春，東風解凍，魚上冰。」又：「仲夏之月，律中蕤賓。」微陰謂一陰爻生也。詩秦風曰：「蒹葭蒼蒼，白露爲霜。」爾雅曰：「蒹，藡也。葭，蘆也。」

〔二〕絚音古鄧反。絚與亘同。

〔三〕泜泜，齊皃。

〔四〕端委，禮衣也。左傳曰：「太伯端委以持周禮。」說文曰：「縉，赤白色也。」綖，系綏也，音它丁反。

〔五〕易曰：「鴻漸于陸。」鴻，水鳥也。漸出於陸，喻君子仕進於朝。詩曰：「振振鷺，鷺于下。」注云：「鷺，白鳥也。」喻絜白之士，羣集君之朝也。」

〔六〕山海經曰：「黃帝取密山之玉策，投之鍾山之陽。」尙書曰：「泗濱浮磬。」注云：「水中見石，可以爲磬。」言鍾山多玉，泗水多石，喻漢多賢人。索，盡也，音所(格)〔洛〕反。

〔七〕辟，開也，音頻亦反。謂禹理洪水而開道之。尙書曰：「四隩既宅。」隩，居也，音於六反。武功定謂武王伐紂。詩周頌曰：「載戢干戈。」詩小雅曰：「薄伐獫狁，至于太原，吉甫燕喜，既多受祉。」鄭玄注曰：「吉甫既伐獫狁而歸，天子以燕禮樂之也。」左傳，晉與楚戰於城濮，楚師敗績，故晉凱樂而歸也。

〔八〕蓑音素和反。詩小雅曰：「荷蓑荷笠。」毛萇注云：「荷，揭也。蓑所以備雨。笠所以禦暑。」擐，貫也。

「夫世臣、門子，暬御之族，〔一〕天隆其祜，主豐其祿。抱膺從容，爵位自從，攝須理髯，餘官委貴。其取進也，順傾轉圓，不足以喻其便；逡巡放屣，不足以況其易。夫〔夫〕有逸羣之才，人人有優贍之智。童子不問疑於老成，瞳矇不稽謀於先生。心恬澹於守高，意無爲於持盈。〔二〕粲乎煌煌，莫非華榮。明哲泊焉，不失所寧。〔三〕狂淫振蕩，乃亂其情。貪夫殉財，夸者死權。〔四〕瞻仰此事，體躁心煩。闇謙盈之効，迷損益之數。〔五〕騁駑駘於脩路，慕騏驥而增驅，卑俯乎外戚之門，乞助乎近貴之譽。榮顯未副，從而顛踣，〔六〕下獲熏胥之辜，高受滅家之誅。〔七〕前車已覆，襲軌而騖，曾不鑒禍，以知畏懼。予惟悼哉，害其若是！〔八〕天高地厚，跼而蹐之。〔九〕怨豈在明，患生不思。戰戰兢兢，必慎厥尤。

〔一〕詩小雅曰：「曾我暬御。」毛萇注云：「暬御，侍御也。」

〔二〕老子曰：「持而盈之，不如其已。」河上公注云：「持滿必傾，不如止也。」

〔三〕泊猶靜也。

〔四〕賈誼服鳥賦之文也。言夸華者必死於權埶也。

〔五〕易曰：「天道虧盈而益謙。」又曰：「損益盈虛，與時偕行。」王弼注云：「自然之質，各定其分，短者不爲不足，長者不爲有餘，損益將何加焉？」

〔六〕踣音步北反，協韻音赴。

〔七〕詩小雅曰：「若此無罪，勳胥以痛。」勳，帥也。胥，相也。痛，病也。言此無罪之人，而使有罪者相帥而病之，是其大甚。見韓詩。前書曰：「史遷薰胥以刑。」音義云：「謂相薰蒸得罪也。」誅，協韻音丁注反。

〔八〕害，何也，音曷。

〔九〕詩小雅曰「謂天蓋高，不敢不跼。謂地蓋厚，不敢不蹐」。

「且用之則行，聖訓也；舍之則藏，至順也。〔一〕夫九河盈溢，非一凷所防；〔二〕帶甲百萬，非一勇所抗。〔三〕今子責匹夫以清宇宙，庸可以水旱而累堯、湯乎？懼煙炎之毀熸，何光芒之敢揚哉！〔四〕且夫地將震而樞星直，井無景則日陰食，〔五〕元首寬則望舒朓，侯王肅則月側匿。〔六〕是以君子推微達著，尋端見緒，履霜知冰，踐露知暑。時行則行，時止則止，消息盈冲，取諸天紀。〔七〕利用遭泰，可與處否，樂天知命，持神任己。羣車方奔乎險路，安能與之齊軌？思危難而自豫，故在賤而不恥。方將騁馳乎典籍之崇塗，休息乎仁義之淵藪，〔八〕槃旋乎周、孔之庭宇，揖儒、墨而與爲友。舒之足以光四表，收之則莫能知其所有。若乃丁千載之運，應神靈之符，闓閶闔，乘天衢，擁華蓋而奉皇樞，〔九〕納玄策於聖德，宣太平於中區。計合謀從，己之圖也；勳績不立，予之辜也。龜鳳山翳，霧露不除，踊躍草萊，祗見其愚。不我知者，將謂之迂。〔一〇〕脩業思眞，弃此焉如？靜以俟命，不斁不渝。〔一一〕『百歲之後，歸乎其居。』〔一二〕幸其獲稱，天所誘也。〔一三〕罕漫而已，非己咎也。〔一四〕昔伯翳綜聲於鳥語，葛盧辯音於鳴牛，董父受氏於豢龍，奚仲供德於衡輈，〔一五〕倕氏興政於巧工，造父登御於驊騮，非子享土於善圉，狼瞫取右於禽囚，〔一六〕弓父畢精於筋角，佽非明勇於赴流，壽王創基於格五，東方要幸於談

優，〔一七〕上官効力於執蓋，弘羊據相於運籌。僕不能參跡於若人，故抱璞而優遊。」〔一八〕

〔一〕論語孔子曰：「用則行，捨則藏。」故言聖訓也。

〔二〕九河謂河水分爲九道。爾雅曰，徒駭、太史、馬頰、覆鬴、胡蘇、簡、絜、鉤般、鬲津，是謂九河也。

〔三〕協韻音苦郎反。

〔四〕熛炎，熛火之微細者。言常懼微細以致毀滅。杜預注左傳曰：「吳楚之閒謂火滅爲熸。」音子廉反。炎音焰。

〔五〕晏子見伯常騫，問曰：「昔吾見維星絕，樞星散，地其動乎？」見晏子春秋。陰食謂不顯食也。凡日陰食則井無影也。

〔六〕望舒，月也。尚書大傳曰：「晦而月見西方，謂之朓。朔而月見東方，謂之側匿。側匿則侯王肅，朓則侯王舒。」注：「肅，急也。舒，緩也。」

〔七〕易坤文言曰：「履霜堅冰至。」艮卦曰：「時行則行，時止則止。」豐卦曰：「天地盈虛，與時消息。」

〔八〕前書司馬相如曰：「游于六藝之囿，馳騖乎仁義之塗。」班固曰「肴覈仁義之林藪」也。

〔九〕古今注曰：「華蓋，黃帝所作也。與蚩尤戰于涿鹿之野，常有五色雲氣，金枝玉葉，因而作華蓋。」

〔一〇〕龜鳳喻賢人，霧露喻昬闇也。迂，曲也。

〔一一〕斁，厭也。渝，變也。

〔一二〕詩晉風也。毛萇注云：「居，墳墓也。」

〔一三〕謂小人妄得稱舉者，天之所誘，後必遇害也。

〔一四〕罕漫猶無所知聞也，非君子之咎也。

〔一五〕伯翳即秦之先伯益也，能與鳥語。見史記。葛盧，東夷介國之君也。介葛盧聘於魯，聞牛鳴，曰：「是生三犧，皆用之矣。」問之，如其言。晉太史蔡墨曰：「昔有董父，實甚好龍，能求嗜欲以飲食之，以服事帝舜。帝賜姓曰董，氏曰豢龍。」並見左傳。奚仲，薛之祖也。世本曰：「奚仲作車。」衡，軛也。輈，轅也。

〔一六〕倕，舜(之)〔時〕巧人也。見尙書。造父者，秦之先也，爲周穆王御驊騮、騄耳之乘。非子亦秦之先，善養馬。周孝王使主馬於汧、渭之閒，馬大蕃息，分土爲附庸，邑之於秦。並見史記。圉，養馬人也。見周禮。左傳曰：「戰於殽，晉襄公縛秦囚，使萊駒以戈斬之。囚呼，萊駒失戈，狼瞫取戈斬之，遂以爲車右。」瞫音舒飪反。

〔一七〕弓父，弓工也。闞子曰：「宋景公使弓工爲弓，九年，來見公。公曰：『爲弓亦遲矣。』對曰：『臣精盡於弓矣。』獻弓而歸，三日而死。公張弓東向而射，矢踰西霜之山，集彭城之東，其餘力逸勁，飲羽於石梁。」呂氏春秋曰，荆人佽飛入江斬蛟。前書，武帝時，吾丘壽王字子贛，以善格五待制。格五，今之簺也。東方朔以善談笑俳優得幸。班固曰：「朔應諧似優。」杜預注左傳曰：「優，調戲也。」

〔一八〕前書，上官桀，武帝時爲期門郎，從上甘泉，大風，車不得行，解蓋授桀，雖(底)〔風〕，蓋常屬車。桑弘羊，洛陽賈人也，以能心計爲侍中。

於是公子仰首降階，忸怩而避。〔一〕胡老乃揚衡含笑，援琴而歌。〔二〕歌曰：「練余心兮浸太清，滌穢濁兮存正靈。和液暢兮神氣寧，情志泊兮心亭亭，嗜欲息兮無由生。踔宇宙而遺俗兮，眇翩翩而獨征。」〔三〕

〔一〕忸怩，心慙也。忸音女六反。怩音尼。

〔二〕衡，眉目之閒也。

〔三〕太清謂天也。和液謂和氣靈液也。亭亭，孤峻之皃。踔猶越也，音丑教反。

建寧三年，辟司徒橋玄府，玄甚敬待之。出補河平長。召拜郎中，校書東觀。遷議郎。邕以經籍去聖久遠，文字多謬，俗儒穿鑿，疑誤後學，熹平四年，乃與五官中郎將堂谿典、光祿大夫楊賜、諫議大夫馬日磾、議郎張馴、韓說、太史令單颺等，〔一〕奏求正定六經文字。靈帝許之，邕乃自書（册）〔丹〕於碑，使工鐫刻立於太學門外。〔二〕於是後儒晚學，咸取正焉。及碑始立，其觀視及摹寫者，車乘日千餘兩，塡塞街陌。

〔一〕堂谿，姓也。先賢行狀曰：「典字子度，潁川人，爲西鄂長。」

〔二〕洛陽記曰：「太學在洛城南開陽門外，講堂長十丈，廣二丈。堂前石經四部。本碑凡四十六枚，西行，尙書、周易、公羊傳十六碑存，十二碑毁。南行，禮記十五碑悉崩壞。東行，論語三碑，二碑毁。禮記碑上有諫議大夫馬日磾、議郎蔡邕名。」

初，朝議以州郡相黨，人情比周，乃制婚姻之家及兩州人士不得對相監臨。至是復有三互法，〔一〕禁忌轉密，選用艱難。幽冀二州，久缺不補。邕上疏曰：「伏見幽、冀舊壤，鎧馬所出，〔二〕比年兵飢，漸至空耗。今者百姓虛縣，萬里蕭條，〔三〕闕職經時，吏人延屬，而三府選舉，踰月不定。臣經怪其事，而論者云『避三互』。十一州有禁，當取二州而已。又二州之士，或復限以歲月，狐疑遲淹，以失事會。愚以爲三互之禁，禁之薄者，今但申以威靈，明其憲令，在任之人豈不戒懼，而當坐設三互，自生留閡邪？昔韓安國起自徒中，朱買臣出於幽賤，並以才宜，還守本邦。〔四〕又張敞亡命，擢授劇州。豈復顧循三互，繼以末制乎？〔五〕三公明知二州之要，所宜速定，當越禁取能，以救時敝；而不顧爭臣之義，苟避輕微之科，選用稽滯，以失其人。臣願陛下上則先帝，蠲除近禁，其諸州刺史器用可換者，無拘日月三互，以差厥中。」書奏不省。

〔一〕三互謂婚姻之家及兩州人不得交互爲官也。謝承書曰「史弼遷山陽太守，其妻鉅野薛氏女，以三互自上，轉拜平原相」是也。

〔二〕鎧，甲也。周禮考工記曰：「燕無函。」函亦甲也，言幽、燕之地，家家皆能爲函，故無函匠也。左傳曰：「冀之北土，馬之所生。」

〔三〕縣音玄。

〔四〕前書，安國字長孺，梁人。坐法抵罪。居無幾，天子使使者拜安國爲梁內史，起徒中爲二千石。買臣字翁子，吳人。家貧，負薪賣以給食，歌謳道中，後拜會稽太守。

〔五〕前書，敞字子高，河東人也。爲京兆尹，坐與楊惲厚善，制免爲庶人，從闕下亡命。數月，冀州部有大賊，天子思敞功，使使者召拜爲冀州刺史。

初，帝好學，自造皇羲篇五十章，因引諸生能爲文賦者。本頗以經學相招，後諸爲尺牘及工書鳥篆者，皆加引召，遂至數十人。〔一〕侍中祭酒樂松、賈護，多引無行趣埶之徒，並待制鴻都門下，憙陳方俗閭里小事，帝甚悅之，待以不次之位。又市賈小民，爲宣陵孝子者，復數十人，悉除爲郎中、太子舍人。時頻有雷霆疾風，傷樹拔木，地震、隕雹、蝗蟲之害。又鮮卑犯境，役賦及民。六年七月，制書引咎，誥羣臣各陳政要所當施行。邕上封事曰：

〔一〕說文曰：「牘，書板也，長一尺。」藝文志曰：「六體者，古文、奇字、篆書、隸書、繆篆、蟲書。」音義曰：「古文謂孔子壁中書也。奇字即古文而異者也。篆書謂小篆，蓋秦始皇使程邈所作也。隸書亦程邈所獻，主於徒隸，從簡易也。繆篆謂其文屈曲纏繞，所以摹印章也。蟲書謂爲蟲鳥之形，所以書幡信也。」

臣伏讀聖旨，雖周成遇風，訊諸執事，宣王遭旱，密勿祇畏，無以或加。〔一〕臣聞天降灾異，緣象而至。辟歷數發，〔二〕殆刑誅繁多之所生也。風者天之號令，所以教人也。〔三〕夫昭事上帝，則自懷多福；〔四〕宗廟致敬，則鬼神以著。國之大事，實先祀典，〔五〕天子聖躬所當恭事。臣自在宰府，及備朱衣，〔六〕迎氣五郊，而車駕稀出，四時至敬，屢委有司，雖有解除，猶爲疎廢。〔七〕故皇天不悅，顯此諸異。鴻範傳曰：「政悖德隱，厥風發屋折木。」坤爲地道，易稱安貞。〔八〕陰氣憤盛，則當靜反動，法爲下叛。夫權不在上，則雹傷物；政有苛暴，則虎狼食人；貪利傷民，則蝗蟲損稼。去六月二十八日，太白與月相迫，兵事惡之。鮮卑犯塞，所從來遠，今之出師，未見其利。

上達天文，下逆人事。誠當博覽衆議，從其安者。臣不勝憤滿，謹條宜所施行七事表左：〔九〕

〔一〕尚書金縢曰：「秋大孰未穫，天大雷電以風，王乃問諸史百執事。」詩大雅雲漢篇序曰：「宣王遇旱，側身脩行，欲消去之，故大夫仍叔作雲漢之詩以美之。」密勿祗畏言勤勞戒懼也。

〔二〕辟音普歷反。史記曰「霹靂，陽氣之動」也。

〔三〕翼氏風角曰：「風者天之號令，所以譴告人君者。」

〔四〕詩大雅曰：「昭事上帝，聿懷多福。」聿，遂也。懷，來也。

〔五〕左傳曰：「國之大事，在祀與戎。」

〔六〕宰府謂司徒橋玄府也。朱衣謂祭官也。漢官儀曰：「漢家赤行，齊者絳袴襪。」襪音文伐反。

〔七〕解除謂謝過也。

〔八〕易坤文言曰：「地道也，妻道也。」其彖曰：「安貞之吉，應地無疆。」

〔九〕表左謂陳之於表左也，猶今云「如左」、「如右」。

一事：明堂月令，天子以四立及季夏之節，迎五帝於郊，〔一〕所以導致神氣，祈福豐年。清廟祭祀，追往孝敬，養老辟雍，示人禮化，皆帝者之大業，祖宗所祗奉也。而有司數以蕃國疎喪，宮內產生，及吏卒小汙，屢生忌故。〔二〕竊見南郊齋戒，未嘗有廢，至於它祀，輒興異議。豈南郊卑而它祀尊哉？孝元皇帝策書曰：「禮之至敬，莫重於祭，所以竭心親奉，以致肅祗者也。」又元和故事，復申先典。〔三〕前後制書，推心懇惻。而近者以來，更任太史。忘禮敬之大，任禁忌之書，拘信小故，以虧大典。禮，妻妾產者，齋則不入側室之門，無廢祭之文也。〔四〕所謂宮中有卒，三月不祭者，謂士庶人數堵之室，共處其中耳，〔五〕豈謂皇居之曠，臣妾之衆哉？自今齋制宜如故典，庶荅風霆災妖之異。

〔一〕天子居明堂，各依其月布政，故云「明堂月令」。四立謂立春、立夏、立秋、立冬。各以其日，天子親迎氣於其方，并祭其方之帝。季夏之末，祭中央帝也。

〔二〕小汙謂病及死也。

〔三〕章帝元和二年制曰：「山川百神應典禮者，尚未咸秩，其議脩羣祀，以祈豐年。」又宗祀五帝于汶上明堂。三年，望祀華、霍，東柴岱宗，爲人祈福。

〔四〕禮記曰「妻將生子，及月辰，居側室，夫使人日再問之。夫齋，則不入側室之門」也。

〔五〕儀禮曰：「有死於宮中者，則爲之三月不舉祭。」

二事：臣聞國之將興，至言數聞，內知己政，外見民情。是故先帝雖有聖明之姿，而猶廣求得失。又因災異，援引幽隱，重賢良、方正、敦朴、有道之選，危言極諫，不絕於朝。陛下親政以來，頻年災異，而未聞特舉博選之旨。誠當思省述脩舊事，使抱忠之臣展其狂直，以解易傳「政悖德隱」之言。

三事：夫求賢之道，未必一塗，或以德顯，或以言揚。頃者，立朝之士，曾不以忠信見賞，恒被謗訕之誅，遂使羣下結口，莫圖正辭。郎中張文，前獨盡狂言，聖聽納受，以責三司。臣子曠然，衆庶解悅。〔一〕臣愚以爲宜擢文右職，以勸忠謇，〔二〕宣聲海內，博開政路。

〔一〕漢名臣奏張文上疏，其略曰：「春秋義曰：『蝗者貪擾之氣所生。天意若曰：貪狼之人，蠶食百姓，若蝗食禾稼而擾萬民。獸齧人者，象暴政若獸而齧人。』京房易傳曰：『小人不義而反尊榮，則虎食人，辟歷殺人，亦象暴政，妄有喜怒。』政以賄成，刑放於寵，推類敍意，探指求原，皆象羣下貪狼，威教妄施，或苦蝗蟲。宜勑正衆邪，清審選舉，退屏貪暴。魯僖公小國諸侯，勑政脩己，斥退邪臣，尚獲其報，六月甚雨之應。豈況萬乘之主，脩善求賢？宜舉敦朴，以輔善政。陛下體堯舜之聖，秉獨見之明，恢太平之業，敦經好學，流布遠近，可留須臾神慮，則（可）致太平，招休徵矣。」制曰：「下太尉、司徒、司空。夫瑞不虛至，災必有緣。朕以不德，秉統未明，以招祅僞，將何以昭顯憲法哉？三司任政者也，所當夙夜，而各拱默，訖未有聞，將何以奉荅天意，（救）〔敉〕寧我人？其各悉心思所崇改，務消復之術，稱朕意焉。」

〔二〕右，用事之便，謂樞要之官。

四事：夫司隸校尉、諸州刺史，所以督察姦枉，分別白黑者也。伏見幽州刺史楊憙、益州刺史龐芝、涼州刺史劉虔，各有奉公疾姦之心，憙等所糾，其効尤多。餘皆枉橈，不能稱職。或有抱罪懷瑕，與下同疾，綱網弛縱，莫相舉察，公府臺閣亦復默然。五年制書，議遣八使，又令三公謠言奏事。〔一〕是時奉公者欣然得志，邪枉者憂悸失色。未詳斯議，所因寢息。昔劉向奏曰：「夫執狐疑之計者，開羣枉之門；養不斷之慮者，來讒邪之口。」〔二〕今始聞善政，旋復變易，足令海內測度朝政。宜追定八使，糾舉非法，更選忠清，平章賞罰。〔三〕三公歲盡，差其殿最，使吏知奉公之福，營私之禍，則衆災之原庶可塞矣。

〔一〕漢官儀曰：「三公聽採長吏臧否，人所疾苦，條奏之。」是爲舉謠言者也。
〔二〕語見前書。
〔三〕平，和也。章，明也。

五事：臣聞古者取士，必使諸侯歲貢。〔一〕孝武之世，郡舉孝廉，又有賢良、文學之選，於是名臣輩出，文武並興。漢之得人，數路而已。〔二〕夫書畫辭賦，才之小者，匡國理政，未有其能。陛下即位之初，先涉經術，聽政餘日，觀省篇章，聊以游意，當代博弈，非以教化取士之本。而諸生競利，作者鼎沸。其高者頗引經訓風喻之言；下則連偶俗語，有類俳優；或竊成文，虛冒名氏。臣每受詔於盛化門，差次錄第，其未及者，亦復隨輩皆見拜擢。既加之恩，難復收改，但守奉祿，於義已弘，不可復使理人及仕州郡。昔孝宣會諸儒於石渠，章帝集學士於白虎，通經釋義，其事優大，文武之道，所宜從之。若乃小能小善，雖有可觀，孔子以爲「致遠則泥」，君子故當志其大者。〔三〕

〔一〕尚書大傳曰：「古者諸侯之於天子，三年一貢士。一適謂之攸好德，再適謂之賢賢，三適謂之有功。」注云：「適猶得也。」

〔二〕數路謂孝廉、賢良、文學之類也。

〔三〕論語子夏曰：「雖小道必有可觀者焉，致遠恐泥。」鄭玄注云：「小道，如今諸子書也。泥謂滯陷不通。」此邕以爲孔子之言，當別有所據也。

六事：墨綬長吏，職典理人，〔一〕皆當以惠利爲績，日月爲勞。褒責之科，所宜分明。而今在任無復能省，及其還者，多召拜議郎、郎中。若器用優美，不宜處之冗散。如有釁故，自當極其刑誅。豈有伏罪懼考，反求遷轉，更相放効，臧否無章？先帝舊典，未嘗有此。可皆斷絕，以覈眞僞。

〔一〕漢官儀曰「秩六百石，銅章墨綬」也。

七事：伏見前一切以宣陵孝子（者）爲太子舍人。臣聞孝文皇帝制喪服三十六日，雖繼體之君，父子至親，公卿列臣，受恩之重，皆屈情從制，不敢踰越。今虛僞小人，本非骨肉，既無幸私之恩，又無祿仕之實，惻隱思慕，情何緣生？而羣聚山陵，假名稱孝，行不隱心，義無所依，至有姦軌之人，通容其中。(恒)〔桓〕思皇后祖載之時，〔一〕東郡有盜人妻者亡在孝中，本縣追捕，乃伏其辜。虛僞雜穢，難得勝言。又前至得拜，後輩被遺；或經年陵次，以暫歸見漏；或以人自代，亦蒙寵榮。爭訟怨恨，凶凶道路。太子官屬，宜搜選令德，豈有但取丘墓凶醜之人？其爲不祥，莫與大焉。宜遣歸田里，以明詐僞。

〔一〕周禮曰：「喪祝掌大喪，及祖飾棺(及)〔乃〕載，遂御之。」鄭玄注云：「祖謂將葬祖祭於庭，載謂升柩於車也。」

書奏，帝乃親迎氣北郊，及行辟雍之禮。又詔宣陵孝子爲舍人者，悉改爲丞尉焉。光和元年，遂置鴻都門學，畫孔子及七十二弟子像。其諸生皆勑州郡三公舉用辟召，或出爲刺史、太守，入爲尚書、侍中，乃有封侯賜爵者，士君子皆恥與爲列焉。

時妖異數見，人相驚擾。其年七月，詔召邕與光祿大夫楊賜、諫議大夫馬日磾、議郎張華、太史令單颺詣金商門，引入崇德殿，〔一〕使中常侍曹節、王甫就問災異及消改變故所宜施行。邕悉心以對，事在五行、天文志。〔二〕又特詔問曰：「比災變互生，未知厥咎，朝廷焦心，載懷恐懼。每訪羣公卿士，庶聞忠言，而各存括囊，莫肯盡心。〔三〕以邕經學深奧，故密特稽問，宜披露失得，指陳政要，勿有依違，自生疑諱。具對經術，以皁囊封上。」〔四〕邕對曰：「臣伏惟陛下聖德允明，深悼災咎，褒臣末學，特垂訪及，非臣螻蟻所能堪副。斯誠輸寫肝膽出命之秋，豈可以顧患避害，使陛下不聞至戒哉！臣伏思諸異，皆亡國之怪也。天於大漢，殷勤不已，故屢出祅變，以當譴責，欲令人君感悟，改危即安。今災眚之發，不於它所，遠則門垣，近在寺署，其爲監戒，可謂至切。蜺墯雞化，皆婦人干政之所致也。前者乳母趙嬈，貴重天下，〔五〕生則貲藏侔於天府，死則丘墓踰於園陵，兩子受封，兄弟典郡；續以永樂門史霍玉，依阻城社，又爲姦邪。今者道路紛紛，復云有程大人者，察其風聲，將爲國患。宜高爲隄防，明設禁令，深惟趙、霍，以爲至戒。〔六〕今聖意勤勤，思明邪正。而聞太尉張顥，爲玉所進；光祿勳姓璋，〔七〕有名貪濁；又長水校尉趙玹、〔八〕屯騎校尉蓋升，並叨時幸，榮富優足。宜念小人在位之咎，退思引身避賢之福。〔九〕伏見廷尉郭禧，純厚老成；光祿大夫橋玄，聰達方直；故太尉劉寵，忠實守正：並宜爲謀主，數見訪問。夫宰相大臣，君之四體，〔一〇〕委任責成，優劣已分，不宜聽納小吏，雕琢大臣也。〔一一〕又尚方工技之作，鴻都篇賦之文，可且消息，以示惟憂。詩云：『畏天之怒，不敢戲豫。』天戒誠不可戲也。宰府孝廉，士之高選。近者以辟召不慎，切責三公，而今並以小文超取選舉，開請託之門，違明王之典，衆心不厭，莫之敢言。〔一二〕臣願陛下忍而絕之，思惟萬機，以荅天望。聖朝既自約厲，左右近臣亦宜從化。人自抑損，以塞咎戒，則天道虧滿，鬼神福謙矣。臣以愚贛，感激忘身，敢觸忌諱，手書具對。夫君臣不密，上有漏言之戒，下有失身之禍。〔一三〕願寢臣表，無使盡忠之吏，受怨姦仇。」章奏，帝覽而歎息，因起更衣，曹節於後竊視之，悉宣語左右，事遂漏露。其爲邕所裁黜者，皆側目思報。

〔一〕洛陽記曰「南宮有崇德殿，太極殿西有金商門」也。

〔二〕其志今亡。續漢志曰，光和元年，詔問曰：「連年蝗蟲，其咎焉在？」邕對曰：「易傳云：『大作不時天降災，厥咎蝗蟲來。』河圖秘徵篇曰：『帝貪則政暴，吏酷則誅慘。生蝗蟲，貪苛之所致也。』」又南宮侍中寺，雌雞欲化爲雄，一身毛皆似雄，但頭冠尚未變。詔以問邕。對曰：「貌之不恭，則有雞禍。宣帝黃龍元年，未央宮雌雞化爲雄，不鳴無距。是歲元帝初即位，將立王皇后。至初元元年，丞相史家雌雞化爲雄，距而鳴將。是〔歲〕后父禁爲平陽侯，女立爲后。至哀帝晏駕，后攝政，王莽以后兄子爲大司馬，由是爲亂。臣竊推之，頭爲元首，人君之象。今雞一身已變，未至於頭而止，是將有其事而不遂成之象也。若應之不精，政無所改，頭冠或成，爲患滋大也。」

〔三〕括囊喻閉口而不言。易曰：「括囊无咎。」王弼注云：「括，結也。」

〔四〕漢官儀曰「凡章表皆啓封，其言密事得皁囊」也。

〔五〕嬈音奴鳥反。

〔六〕趙嬈及霍玉也。

〔七〕姓，姓也；璋，名也。漢有姓偉。

〔八〕音玄。蔡邕集「玹」作「玄」。

〔九〕尚書曰：「君子在野，小人在位。」

〔一〇〕謂股肱也。
〔一一〕雕琢猶鐫刻以成其罪也。
〔一二〕厭，伏也，音一葉反。
〔一三〕易曰：「君不密則失臣，臣不密則失身。」

初，邕與司徒劉郃素不相平，叔父衞尉質〔一〕又與將作大匠（楊）〔陽〕球有隙。球即中常侍程璜女夫也，璜遂使人飛章言邕、質數以私事請託於郃，郃不聽，邕含隱切，志欲相中。〔二〕於是詔下尚書，召邕詰狀。邕上書自陳曰：「臣被召，問以大鴻臚劉郃前爲濟陰太守，臣屬吏張宛長休百日，〔三〕郃爲司隸，又託河內郡吏李奇爲州書佐，〔四〕及營護故河南尹羊陟、侍御史胡母班，郃不爲用致怨之狀。〔五〕臣征營怖悸，肝膽塗地，不知死命所在。竊自尋案，實屬宛、奇，不及陟、班。凡休假小吏，非結恨之本。與陟姻家，豈敢申助私黨？如臣父子欲相傷陷，當明言臺閣，具陳恨狀所緣。內無寸事，而謗書外發，宜以臣對與郃參驗。臣得以學問特蒙襃異，執事秘館，操管御前，姓名貌狀，微簡聖心。今年七月，召詣金商門，問以灾異，齎詔申旨，誘臣使言。〔六〕臣實愚贛，唯識忠盡，出命忘軀，不顧後害，遂譏刺公卿，內及寵臣。實欲以上對聖問，救消災異，規爲陛下建康寧之計。陛下不念忠臣直言，宜加掩蔽，誹謗卒至，便用疑怪。盡心之吏，豈得容哉？詔書每下，百官各上封事，欲以改政思譴，除凶致吉，而言者不蒙延納之福，旋被陷破之禍。今皆杜口結舌，以臣爲戒，誰敢爲陛下盡忠孝乎？臣季父質，連見拔擢，位在上列。臣被蒙恩渥，數見訪逮。言事者因此欲陷臣父子，破臣門戶，非復發糾姦伏，補益國家者也。臣年四十有六，孤特一身，得託名忠臣，死有餘榮，恐陛下於此不復聞至言矣。臣之愚冗，職當咎患，但前者所對，質不及聞，〔七〕而衰老白首，横見引逮，隨臣摧沒，并入阬埳，誠冤誠痛。臣一入牢獄，當爲楚毒所迫，趣以飲章，辭情何緣復聞？〔八〕死期垂至，冒昧自陳。願身當辜戮，匄質不并坐，〔九〕則身死之日，更生之年也。惟陛下加餐，爲萬姓自愛。」於是下邕、質於洛陽獄，劾以仇怨奉公，議害大臣，大不敬，弃市。事奏，中常侍呂強愍邕無罪，請之，帝亦更思其章，有詔減死一等，與家屬髡鉗徙朔方，不得以赦令除。（楊）〔陽〕球使客追路刺邕，客感其義，皆莫爲用。球又賂其部主使加毒害，所賂者反以其情戒邕，故每得免焉。居五原安陽縣。〔10〕

〔一〕質字子文，著漢職儀。

〔二〕中傷也。

〔三〕休，假也。前書音義曰「吏病滿百日當免」也。

〔四〕續漢志曰：「書佐，主幹文書。」

〔五〕邕集其奏曰：「邕屬張宛長休百日，郃假宛五日；復屬河南李奇爲書佐，郃不爲召；太山黨魁羊陟與邕季父衞尉質對門九族，質爲尙書，營護阿擁，令文書不覺，郃被詔書考胡母班等，辭與陟爲黨，質及邕頻詣郃問班所及，郃不應，遂懷怨恨，欲必中傷郃。」制曰：「下司隸校尉正處上。」邕集作「綦母班」也。

〔六〕齎猶持也，與賫通。

〔七〕前在金商門對事之時，質爲下邳相，故不聞也。

〔八〕趣音促。欽猶隱卻告人姓名，無可對問。章者，今之表也。邕集曰：「光和元年，都官從事張恕，以辛卯詔書，收邕送雒陽詔獄。考吏張靜謂邕曰：『省君章云欲仇怨未有所施，法令無此，以詔書又刊章家姓名，不得對相指斥考事，君學多所見，古今如此，豈一事乎？』荅曰：『曉是。』吏遂欽章爲文書。」臣賢案：俗本有不解「欽」字，或改爲「報」，或改爲「款」，並非也。

〔九〕匄，乞也。

〔10〕即西安陽縣也，故城在今勝州銀城縣。

邕前在東觀，與盧植、韓說等撰補後漢記，會遭事流離，不及得成，因上書自陳，奏其所著十意，〔一〕分別首目，連置章左。帝嘉其才高，會明年大赦，乃宥邕還本郡。邕自徙及歸，凡九月焉。將就還路，五原太守王智餞之。酒酣，智起舞屬邕，邕不爲報。〔二〕智者，中常侍王甫弟也，素貴驕，慙於賓客，詬邕曰：「徒敢輕我！」邕拂衣而去。智銜之，密告邕怨於囚放，謗訕朝廷。內寵惡之。邕慮卒不免，乃亡命江海，遠跡吳會。〔三〕往來依太山羊氏，積十二年，在吳。

〔一〕猶前書十志也。邕別傳曰：「邕昔作漢記十意，未及奏上，遭事流離，因上書自陳曰：『臣既到徙所，乘塞守烽，職在候望，憂怖焦灼，無心能復操筆成草，致章闕廷。誠知聖朝不責臣謝，但懷愚心有所不竟。臣自在布衣，常以爲漢書十志下盡王莽而止，光武已來唯記紀傳，無續志者。臣所事師故太傅胡廣，知臣頗識其門戶，略以所有舊事與臣。雖未備悉，粗見首尾，積累思惟，二十餘年。不在其位，非外史庶人所得擅述。天誘其衷，得備著作郎，建言十志皆當撰錄。會臣被罪，逐放邊野，恐所懷隨軀朽腐，抱恨黃泉，遂不設施，謹先顛踣，科條諸志，臣欲删定者一，所當接續者四，前志所無臣欲著者五，及經典羣書〔所〕宜捃摭，本奏詔書所當依據，分別首目，并書章左，惟陛下留神省察。臣謹因臨戎長霍圉封上。』有律曆意第一，禮意第二，樂意第三，郊祀意第四，天文意第五，車服意第六。」

〔二〕屬猶勸也，音燭。

〔三〕張騭文士傳曰：「邕告吳人曰：『吾昔嘗經會稽高遷亭，見屋椽竹東閒第十六可以爲笛。』取用，果有異聲。」伏滔長笛賦序云「柯亭之觀，以竹爲椽，邕取爲笛，奇聲獨絕」也。

吳人有燒桐以爨者，邕聞火烈之聲，知其良木，因請而裁爲琴，果有美音，而其尾猶焦，故時人名曰「焦尾琴」焉。〔一〕初，邕在陳留也，其鄰人有以酒食召邕者，比往而酒以酣焉。客有彈琴於屏，邕至門試潛聽之，曰：「憘！〔二〕以樂召我而有殺心，何也？」遂反。將命者告主人曰：「蔡君向來，至門而去。」邕素爲邦鄉所宗，主人遽自追而問其故，邕具以告，莫不憮然。〔三〕彈琴者曰：「我向鼓弦，見螳蜋方向鳴蟬，蟬將去而未飛，螳蜋爲之一前一卻。吾心聳然，惟恐螳蜋之失之也，此豈爲殺心而形於聲者乎？」邕莞然而笑曰：〔四〕「此足以當之矣。」

〔一〕傅玄琴賦序曰：「齊桓公有鳴琴曰『號鍾』，楚莊有鳴琴曰『繞梁』，司馬相如『綠綺』，蔡邕有『焦尾』，皆名器也。」

〔二〕歎聲也，音僖。

〔三〕憮猶怪也，音武。

〔四〕莞，笑皃也，音胡板反。

中平六年，靈帝崩，董卓爲司空，聞邕名高，辟之。稱疾不就。卓大怒，詈曰：「我力能族人，蔡邕遂偃蹇者，不旋踵矣。」又切勑州郡舉邕詣府，邕不得已，到，署祭酒，甚見敬重。舉高第，補侍御史，又轉持書御史，遷尚書。三日之閒，周歷三臺。遷巴郡太守，復留爲侍中。

初平元年，拜左中郎將，從獻帝遷都長安，封高陽鄉侯。

董卓賓客部曲議欲尊卓比太公，稱尚父。卓謀之於邕，邕曰：「太公輔周，受命翦商，故特爲其號。今明公威德，誠爲巍巍，然比之尚父，愚意以爲未可。宜須關東平定，車駕還反舊京，然後議之。」卓從其言。

（初平）二年六月，地震，卓以問邕。邕對曰：「地動者，陰盛侵陽，臣下踰制之所致也。前春郊天，公奉引車駕，乘金華青蓋，爪畫兩轓，遠近以爲非宜。」〔一〕卓於是改乘皁蓋車。〔二〕

〔一〕續漢志曰：「乘輿大駕，公卿奉引，皇太子、皇子皆安車，朱輪，青蓋，金華爪，畫轓。」廣雅：「轓，箱也。」

〔二〕續漢志曰：「中二千石、二千石皆皁蓋，朱兩轓。」

卓重邕才學，厚相遇待，每集讌，輒令邕鼓琴贊事，邕亦每存匡益。然卓多自佷用，邕恨其言少從，謂從弟谷曰：「董公性剛而遂非，終難濟也。吾欲東奔兗州，若道遠難達，且遯逃山東以待之，何如？」谷曰：「君狀異恆人，每行觀者盈集。以此自匿，不亦難乎？」邕乃止。

及卓被誅，邕在司徒王允坐，殊不意言之而歎，有動於色。允勃然叱之曰：「董卓國之大賊，幾傾漢室。君爲王臣，所宜同忿，而懷其私遇，以忘大節！今天誅有罪，而反相傷痛，豈不共爲逆哉？」即收付廷尉治罪。邕陳辭謝，乞黥首刖足，繼成漢史。士大夫多矜救之，不能得。太尉馬日磾馳往謂允曰：「伯喈曠世逸才，多識漢事，當續成後史，爲一代大典。且忠孝素著，而所坐無名，誅之無乃失人望乎？」允曰：「昔武帝不殺司馬遷，使作謗書，流於後世。〔一〕方今國祚中衰，神器不固，不可令佞臣執筆在幼主左右。既無益聖德，復使吾黨蒙其訕議。」日磾退而告人曰：「王公其不長世乎？善人，國之紀也；制作，國之典也。滅紀廢典，其能久乎！」邕遂死獄中。允悔，欲止而不及。時年六十一。搢紳諸儒莫不流涕。北海鄭玄聞而歎曰：「漢世之事，誰與正之！」兗州、陳留〔聞〕〔閒〕皆畫像而頌焉。

〔一〕凡史官記事，善惡必書。謂遷所著史記，但是漢家不善之事，皆爲謗也。非獨指武帝之身，卽高祖善家令之言，武帝算緡、榷酤之類是也。班固集云：「司馬遷著書，成一家之言。至以身陷刑，故微文刺譏，貶損當世，非誼士也。」

其撰集漢事，未見錄以繼後史。適作靈紀及十意，又補諸列傳四十二篇，因李傕之亂，湮沒多不存。所著詩、賦、碑、誄、銘、讚、連珠、箴、弔、論議、獨斷、勸學、釋誨、敍樂、女訓、篆埶、祝文、章表、書記，凡百四篇，傳於世。

論曰：意氣之感，士所不能忘也。流極之運，有生所共深悲也。〔一〕當伯喈抱鉗扭，徙幽裔，仰日月而不見照燭，臨風塵而不得經過，〔二〕其意豈及語平日倖全人哉！及解刑衣，竄歐越，潛舟江壑，不知其遠，捷步深林，尚苦不密，但願北首舊丘，歸骸先壟，又可得乎？董卓一旦入朝，辟書先下，分明枉結，信宿三遷。〔三〕匡導旣申，狂僭屢革，資同人之先號，得北叟之後福。〔四〕屬其慶者，夫豈無懷？〔五〕君子斷刑，尚或爲之不舉，〔六〕況國憲倉卒，慮不先圖，矜情變容，而罰同邪黨？執政乃追怨子長謗書流後，〔七〕放此爲戮，〔八〕未或聞之典刑。

〔一〕流，極，皆放也。極音紀力反。

〔二〕謂迫促之，令不得避風塵也。

〔三〕謂三日之閒，位歷三臺也。

〔四〕易同人卦曰：「先號咷而後笑。」北叟，塞上叟也。其馬亡入胡中，人皆弔之。叟曰：「何知非福？」居數月，其馬引胡駿馬而歸，人皆賀之。叟曰：「何知非禍？」及家富馬良，其子好騎，墮而折髀，人皆弔之。叟曰：「何知非福？」居一年，胡夷大入，丁壯皆戰死者十九，其子獨以跛之故，子父相保。見淮南子也。

〔五〕慶謂恩遇也。懷，思也。荷恩遇者，豈不思之乎？

〔六〕左傳鄭伯見虢叔曰：「夫司寇行戮，君爲之不舉。」杜注云：「不舉盛饌也。」

〔七〕執政謂王允也。

〔八〕放音甫往反。

贊曰：季長戚氏，才通情侈。苑囿典文，流悅音伎。〔一〕邕實慕靜，心精辭綺。斥言金商，南徂北徙。〔二〕籍梁懷董，名澆身毀。〔三〕

〔一〕侈謂紗帳、女樂之類。音技謂鼓琴吹笛之屬也。

〔二〕謂對事於金商門，指斥而言，無隱諱也。

〔三〕籍梁謂融因籍梁冀貴幸，爲作西第頌。懷董謂邕懷董卓之恩也。澆，薄也。

校勘記

一九六〇頁五行　有菟馴擾其室傍　汲本、殿本「菟」作「兔」。按：菟兔通。

一九六〇頁八行　感東方〔朔〕客難　據汲本、殿本補。

一九六一頁一三行　乃擊牛角而〔疾〕商歌　據王先謙說補。

一九六二頁一五行　速速方轂夭夭是加　刊誤謂上「夭」當作「天」，據今詩文正然。按：王先謙謂「速速」二句出詩三家。

一九六四頁四行　然失璞不完　汲本「失」作「夫」，殿本作「大」。按：此謂玉經彫琢，失去其璞，則不完也，以作「失」爲是。今本戰國策作「夫」或作「大」，皆形近而譌。

一九六四頁五行　知足矣歸反於樸則終身不辱　汲本、殿本「矣」作「以」。殿本「樸」作「璞」。今按：國策作「君子曰，觸知足矣。歸眞反璞，則終身不辱」。作「矣」是，作「以」非也。

一九六四頁一一行　泜泜庶類　按：沈欽韓謂方以智通雅「泜泜猶蚩蚩也，直借此聲耳」。按「泜泜」或本作「泯泯」，唐諱「民」所改。

一九六四頁一一行　含甘吮滋　按：「含」原譌「合」，逕據汲本、殿本改正。

一九六四頁一四行　〔探〕〔採〕浮磬不爲之索　據汲本、殿本改。

一九六五頁九行　音所〔格〕〔洛〕反　據殿本改。

一九六五頁一五行　夫〔夫〕有逸羣之才人人有優贍之智　按：集解引何焯說，謂衍一「人」字。又引沈欽韓説，謂「夫」字當重，此揚雄「家家自以爲稷、契，人人自以爲咎陶」例。王先謙謂沈説是。今依沈説補一「夫」字。

一九八九頁四行　倕舜(之)〔時〕巧人也　據校補改。

一九八九頁一二行　雖(底)〔風〕蓋常屬車　據汲本、殿本改。

一九九〇頁三行　建寧三年辟司徒橋玄府　按：集解引洪頤煊説，謂「司徒」當作「司空」。靈帝紀建寧三年八月，大鴻臚橋玄爲司空，四年三月，司徒許訓免，司空橋玄爲司徒。校補謂邕或於三年辟司空府，及玄轉司徒，仍以邕爲掾，則「司徒」乃「司空」之誤，否則「三年」乃「四年」之誤，必有一誤。

一九九〇頁三行　出補河平長　按：集解引錢大昕説，謂郡國志無河平縣。又引沈欽韓説，謂「河平」蓋「平阿」之誤。

一九九〇頁六行　邕乃自書(册)〔丹〕於碑　集解引何焯説，謂「册」當依水經注作「丹」。今據改。按：御覽五八九引作「乃自丹於碑」，無「書」字。

一九九二頁二行　市賈小民　按：張森楷校勘記謂「民」當作「人」，亦回改而誤者。

一九九二頁一二行　四時至敬　按：刊誤謂「至」當作「致」。

一九九三頁一行　臣不勝憤滿　汲本、殿本「滿」作「懣」。按：滿懣通。

一九九五頁一〇行　則(司)致太平　據刊誤刪。

一九九五頁一一行　夫瑞不虛至　按：「至」原譌「年」，逕據汲本、殿本改正。

一九九五頁一三行　(救)〔敉〕寧我人　刊誤謂「救」當作「敉」，「敉寧」出尚書。今據改。

一九九六頁三行　開羣枉之門　按：「開」原譌「閒」，逕改正。

一九九七頁二行　未嘗有此　「嘗」原作「常」，據汲本、殿本改。

一九九七頁一三行　以宣陵孝子(者)爲太子舍人　按：刊誤謂案文多一「者」字。今據刪。

一九九八頁一行　(恒)〔桓〕思皇后祖載之時　按：刊誤謂「恒」當作「桓」，謂桓帝后也。又集解引惠棟說，謂通鑑作「桓」，邕集同。今據改。

一九九八頁六行　及祖飾棺(及)〔乃〕載　「及載」之「及」，當依周禮作「乃」，今改。

一九九九頁八行　伏見廷尉郭禧　按：校補引柳從辰說，謂「禧」袁宏紀作「僖」。

一九九九頁一四行　臣以愚贛　殿本「贛」作「戇」。下「臣實愚贛」同。按：贛爲戇之或字，見集韻。

二〇〇〇頁七行　是歲元帝初即位　按：「帝」原譌「年」，逕據汲本、殿本改正。

二〇〇〇頁七行　是(歲)后父禁爲平陽侯　刊誤謂如上文，此處少一「歲」字。按：續志有「歲」字，今據補。又按：刊誤謂「平陽侯」當作「陽平侯」，然續志亦作「平陽侯」，今仍之。

二〇〇〇頁九行　未至於頭而止　按：續志作「未至於頭而上知之」。校補謂注誤「上」爲「止」，又脫「知之」二字。

二〇〇二頁一行　謂股肱也　按：「股肱」二字原倒，逕據汲本、殿本乙。

二〇〇二頁五行　司徒劉郃　按：通鑑作「大鴻臚劉郃」，下邕上書自陳，亦言「大鴻臚劉郃」，則作「司徒」者誤，時司徒乃袁滂也。

二〇〇二頁五行　將作大匠（楊）〔陽〕球　集解引錢大昕說，謂「楊」當作「陽」。今據改，下同。

二〇〇二頁一三行　唯識忠盡　按：汲本、殿本「盡」作「藎」。

二〇〇三頁三行　齎猶持也　按：「持」原譌「特」，逕改正。

二〇〇三頁六行　不得對相指斥考事　按：「指」原譌「旨」，逕據汲本、殿本改正。

二〇〇四頁五行　謹先顛踣　按：「謹」字疑誤，海原閣校刊本蔡中郎集作「輒」。

二〇〇四頁六行　及經典羣書〔所〕宜捃摭　據殿本補。

二〇〇四頁一三行　比往而酒以酣焉　御覽五七七引「以」作「已」，無「焉」字。按：以已通。

二〇〇五頁九行　三日之閒　書鈔六十、初學記十一、御覽二百十二引謝承書「三日」作「三月」。按：校補謂既云周歷，則是已歷三官，非未拜而又徙官，自不可以日計，作「月」固較長，但後論云「信宿三遷」，則范本文似仍作「日」也。

二〇〇五頁一〇行　封高陽鄉侯　按：「鄉」原譌「卿」，逕改正。

二〇〇五頁一四行　（初平）二年　按：校補引錢大昭說，謂上文已言「初平元年」，則此「初平」二字衍。今據刪。

二〇〇六頁三行　卓多自佷用　按：刊誤謂當作「卓佷多自用」。

二〇〇六頁一四行　時年六十一　按：校補謂上文光和元年召邕詰狀，邕自陳有云「臣年四十有六」，迄初平三年，誅董卓而邕下獄死，則年甫六十，無六十一也。故錢大昭、侯康皆謂傳誤。

二〇〇六頁一五行　兗州陳留（聞）〔閒〕皆畫像而頌焉　據汲本改。

二〇〇八頁七行　不舉盛饌也　按：「盛」原譌「成」，逕改正。

後漢書卷六十一

左周黃列傳第五十一

左雄字伯豪，南(郡)〔陽〕涅陽人也。安帝時，舉孝廉，稍遷冀州刺史。州部多豪族，好請託，雄常閉門不與交通。奏案貪猾二千石，無所回忌。

永建初，公車徵拜議郎。時順帝新立，大臣懈怠，朝多闕政，雄數言事，其辭深切。尚書僕射虞詡以雄有忠公節，上疏薦之曰：「臣見方今公卿以下，類多拱默，以樹恩爲賢，盡節爲愚，至相戒曰：『白璧不可爲，容容多後福。』〔一〕伏見議郎左雄，數上封事，至引陛下身遭難戹，以爲警戒，實有王臣蹇蹇之節，周公謨成王之風。〔二〕宜擢在喉舌之官，必有匡弼之益。」由是拜雄尚書，再遷尚書令。上疏陳事曰：

〔一〕容容猶和同也。言不可獨爲白玉之清絜，當與衆人和同。

〔二〕謨，謀也。即尚書立政、無逸篇之類也。

臣聞柔遠和邇，莫大寧人，寧人之務，莫重用賢，用賢之道，必存考黜。是以皐陶對禹，貴在知人。「安人則惠，黎民懷之。」〔一〕分伯建侯，代位親民，民用和穆，禮讓以興。故詩云：「有渰淒淒，興雨祁祁。雨我公田，遂及我私。」〔二〕及幽、厲昏亂，不自爲政，〔三〕褒豔用權，七子黨進，賢愚錯緒，深谷爲陵。故其詩云：「四國無政，不用其良。」又曰：「哀今之人，胡爲虺蜴？」言人畏吏如虺蜴也。〔四〕宗周既滅，六國并秦，阬儒泯典，剗革五等，更立郡縣，〔五〕縣設令長，郡置守尉，什伍相司，封豕其民。〔六〕大漢受命，雖未復古，然克慎庶官，蠲苛救敝，悅以濟難，撫而循之。至於文、景，天下康乂。誠由玄靖寬柔，克慎官人故也。降及宣帝，興於仄陋，綜覈名實，知時所病，刺史守相，輒親引見，考察言行，信賞必罰。帝乃歎曰：「民所以安而無怨者，政平吏良也。與我共此者，其唯良二千石乎！」以爲吏數變易，則下不安業；久於其事，則民服教化。其有政理者，輒以璽書勉勵，增秩賜金，或爵至關內侯，公卿缺則以次用之。是以吏稱其職，人安其業。漢世良吏，於茲爲盛，故能降來儀之瑞，建中興之功。〔七〕

〔一〕尚書皐陶謨之詞也。惠，愛也。黎，衆也。

〔二〕詩小雅也。渰，陰雲也。淒淒，雲興貌。祁，徐也。言陰陽和，風雨時，先雨公田，乃及私田。

〔三〕詩小雅刺幽王曰：「不自爲政，卒勞百姓。」

〔四〕褒豔謂褒姒也。豔，色美也。七子皆褒姒之親黨，謂皇甫爲卿士，仲允爲膳夫，家伯爲宰，番爲司徒，蹶爲趣馬，棸子爲內史，楀爲師氏也。厲王淫於色，七子皆用，言妻黨盛也。四國，四方之國也。虺蜴之性，見人則走，哀今之人皆如是，傷時政事。見詩小雅。番音方元反。棸音側流反。楀音記禹反。

〔五〕剗，削也。五等謂諸侯。

〔六〕史記，商鞅爲秦定變法之令，令人什伍而相牧司，犯禁相連坐，不告姦者腰斬。楊雄長楊賦曰「秦窫窳其士，封豕其人」也。

〔七〕宣帝時鳳皇五至，因以紀年。

漢初至今，三百餘載，俗浸彫敝，巧僞滋萌，下飾其詐，上肆其殘。典城百里，轉動無常，各懷一切，莫慮長久。謂殺害不辜爲威風，聚斂整辨爲賢能，以理己安民爲劣弱，以奉法循理爲不化。髡鉗之戮，生於睚眥；覆尸之禍，成於喜怒。視民如寇讎，稅之如豺虎。〔一〕監司項背相望，〔二〕與同疾疢，見非不舉，聞惡不察，觀政於亭傳，責成於朞月，〔三〕言善不稱德，論功不據實，虛誕者獲譽，拘檢者離毀。〔四〕或因罪而引高，或色斯以求名。〔五〕州宰不覆，競共辟召，踊躍升騰，超等踰匹。或考奏捕案，而亡不受罪，會赦行賂，復見洗滌。朱紫同色，清濁不分。故使姦猾枉濫，輕忽去就，拜除如流，缺動百數。鄉官部吏，職斯祿薄，〔六〕車馬衣服，一出於民，廉者取足，貪者充家，特選橫調，〔七〕紛紛不絕，送迎煩費，損政傷民。和氣未洽，災眚不消，咎皆在此。今之墨綬，猶古之諸侯，〔八〕拜爵王庭，輿服有庸，〔九〕而齊於匹豎，叛命避負，非所以崇憲明理，惠育元元也。臣愚以爲守相長吏，惠和有顯効者，可就增秩，勿使移徙，非父母喪不得去官。其不從法禁，不式王命，錮之終身，〔一〇〕雖會赦令，不得齒列。若被劾奏，亡不就法者，徙家邊郡，以懲其後。鄉部親民之吏，皆用儒生清白任從政者，〔一一〕寬其負筭，〔一二〕增其秩祿，吏職滿歲，宰府州郡乃得辟舉。如此，威福之路塞，虛僞之端絕，送迎之役損，賦斂之源息。循理之吏，得成其化；率土之民，各寧其所。追配文、宣中興之軌，〔一三〕流光垂祚，永世不刊。

〔一〕國語曰：「鬬丹廷見令尹子常，與之語，問畜貨聚(爲)〔馬〕。歸以語其弟曰：『楚其亡乎？吾見令尹如餓獸豺虎焉，殆必亡者也。』」

〔二〕項背相望謂前後相顧也。背音輩。

〔三〕朞，匝也。謂一歲。

〔四〕離，遭也。

〔五〕因罪潛遁，以求高尚之名也。論語曰：「色斯舉矣。」言觀前人之顏色也。

〔六〕斯，賤也。

〔七〕調，徵也。

〔八〕墨綬謂令長，卽古子男之國也。

〔九〕庸，常也。

〔一〇〕式，用也。

〔一一〕任，堪也，音人林反。

〔一二〕負，欠也。筭，口錢也。儒生未有品秩，故寬之。

〔一三〕文帝、宣帝也。文帝遭呂氏難，故亦云中興。

帝感其言，申下有司，考其眞僞，詳所施行。雄之所言，皆明達政體，而宦豎擅權，終不能用。自是選代交互，令長月易，迎新送舊，勞擾無已，或官寺空曠，無人案事，每選部劇，乃至逃亡。

永建三年，京師、漢陽地皆震裂，水泉涌出。四年，司、冀復有大水。雄推較灾異，以爲下人有逆上之徵，〔一〕又上疏言：「宜密爲備，以俟不虞。」尋而青、冀、楊州盜賊連發，數年之閒，海內擾亂。其後天下大赦，賊雖頗解，而官猶無備，流叛之餘，數月復起。雄與僕射郭虔共上疏，以爲「寇賊連年，死亡太半，一人犯法，舉宗羣亡。宜及其尙微，開令改悔。若告黨與者，聽除其罪；能誅斬者，明加其賞」。書奏，並不省。

〔一〕天鏡經曰：「大水自平地出，破山殺人，其國有兵。」

又上言：「宜崇經術，繕脩太學。」帝從之。陽嘉元年，太學新成，詔試明經者補弟子，增甲乙之科，員各十人。除京師及郡國耆儒年六十以上爲郎、舍人、諸王國郎者百三十八人。

雄又上言：「郡國孝廉，古之貢士，出則宰民，宣協風教。若其面牆，則無所施用。孔子曰『四十不惑』，禮稱『強仕』。請自今孝廉年不滿四十，不得察舉，皆先詣公府，諸生試家法，〔一〕文吏課牋奏，副之端門，練其虛實，以觀異能，以美風俗。有不承科令者，正其罪法。若有茂才異行，自可不拘年齒。」帝從之，於是班下郡國。明年，有廣陵孝廉徐淑，〔二〕年未及舉，臺郎疑而詰之。對曰：「詔書曰『有如顏回、子奇，不拘年齒』，〔三〕是故本郡以臣充選。」郎不能屈。雄詰之曰：「昔顏回聞一知十，孝廉聞一知幾邪？」淑無以對，乃譴却郡。於是濟陰太守胡廣等十餘人皆坐謬舉免黜，唯汝南陳蕃、潁川李膺、下邳陳球等三十餘人得拜郎中。自是牧守畏慄，莫敢輕舉。迄于永(嘉)〔憙〕，察選清平，多得其人。

〔一〕儒有一家之學，故稱家〔法〕。

〔二〕謝承書曰「淑字伯進，廣陵海西人也。寬裕博雅，好學樂道。隨父愼在京師，鑽孟氏易、春秋、公羊、禮記、周官。善誦太公六韜，交接英雄，常有壯志。舉茂才，除勃海脩令，遷琅邪都尉」也。

〔三〕解見順帝紀。

雄又奏徵海內名儒爲博士，使公卿子弟爲諸生。有志操者，加其俸祿。及汝南謝廉，河南趙建，年始十二，各能通經，雄並奏拜童子郎。於是負書來學，雲集京師。

初，帝廢爲濟陰王，乳母宋娥與黄門孫程等共議立帝，帝後以娥前有謀，遂封爲山陽君，邑五千戶。又封大將軍梁商子冀襄邑侯。雄上封事曰：「夫裂土封侯，王制所重。高皇帝約，非劉氏不王，非有功不侯。孝安皇帝封江京、王聖等，遂致地震之異。永建二年，封陰謀之功，又有日食之變。數術之士，咸歸咎於封爵。今青州飢虚，盜賊未息，民有乏絶，上求稟貸。陛下乾乾勞思，以濟民爲務。宜循古法，寧靜無爲，以求天意，以消灾異。誠不宜追錄小恩，虧失大典。」帝不聽。雄復諫曰：「臣聞人君莫不好忠正而惡讒諛，然而歷世之患，莫不以忠正得罪，讒諛蒙倖者，蓋聽忠難，從諛易也。夫刑罪，人情之所甚惡；貴寵，人情之所甚欲。是以時俗爲忠者少，而習諛者多。故令人主數聞其美，稀知其過，迷而不悟，至於危亡。臣伏見詔書顧念阿母舊德宿恩，欲特加顯賞。案尚書故事，無乳母爵邑之制，唯先帝時阿母王聖爲野王君。聖造生讒賊廢立之禍，生爲天下所咀嚼，死爲海內所歡快。桀、紂貴爲天子，而庸僕羞與爲比者，以其無義也。夷、齊賤爲匹夫，而王侯爭與爲伍者，以其有德也。今阿母躬蹈約儉，以身率下，羣僚蒸庶，莫不向風，而與王聖並同爵號，懼違本操，失其常願。臣愚以爲凡人之心，理不相遠，其所不安，古今一也。百姓深懲王聖傾覆之禍，民萌之命，危於累卵，常懼時世復有此類。怵惕之念，未離於心；恐懼之言，未絕乎口。乞如前議，歲以千萬給奉阿母，內足以盡恩愛之歡，外可不爲吏民所怪。梁冀之封，事非機急，宜過灾戹之運，然後平議可否。」會復有地震、緱氏山崩之異，雄復上疏諫曰：「先帝封野王君，漢陽地震，今封山陽君而京城復震，專政在陰，其灾尤大。臣前後瞽言封爵至重，王者可私人以財，不可以官，宜還阿母之封，以塞灾異。今冀已高讓，山陽君亦宜崇其本節。」雄言數切至，娥亦畏懼辭讓，而帝戀戀不能已，卒封之。後阿母遂以交遘失爵。

是時大司農劉據以職事被譴，召詣尚書，傳呼促步，又加以捶撲。雄上言：「九卿位亞三事，班在大臣，行有佩玉之節，動有庠序之儀。〔一〕孝明皇帝始有撲罰，皆非古典。」帝從而改之，其後九卿無復捶撲者。自雄掌納言，多所匡肅，每有章表奏議，臺閣以爲故事。遷司隸校尉。

〔一〕禮記曰：「公侯佩山玄玉而朱組綬，大夫佩水蒼玉而緇組綬。」

初，雄薦周舉爲尚書，舉既稱職，議者咸稱焉。及在司隸，又舉故冀州刺史馮直以爲將帥，而直嘗坐臧受罪，舉以此劾奏雄。雄悅曰：「吾嘗事馮直之父而又與直善，今宣光以此奏吾，乃是韓厥之舉也。」由是天下服焉。〔一〕明年坐法免。後復爲尚書。永和三年卒。

〔一〕韓厥，韓獻子也。國語曰：「趙宣子舉獻子於靈公，以爲司馬。河曲之役，宣子使人以其乘車干行，獻子執而戮之。宣子皆告諸大夫曰：『可賀我矣。吾舉厥也而中吾，乃今知免於罪矣。』」

周舉字宣光，汝南汝陽人，陳留太守防之子。防在儒林傳。舉姿貌短陋，而博學洽聞，爲儒者所宗，故京師爲之語曰：「五經從横周宣光。」

延(熹)〔光〕四年，辟司徒李郃府。時宦者孫程等既立順帝，誅滅諸閻，議郎陳禪以爲閻太后與帝無母子恩，宜徙別館，絶朝見。羣臣議者咸以爲宜。舉謂郃曰：「昔鄭武姜謀殺嚴公，嚴公誓之黄泉；秦始皇怨母失行，久而隔絶，後感潁考叔、茅焦之言，循復子道。書傳美之。〔一〕今諸閻新誅，太后幽在離宮，若悲愁生疾，一旦不虞，主上將何以令於天下？如從禪議，後世歸咎明公。宜密表朝廷，令奉太后，率厲羣臣，朝覲如舊，以厭天心，以荅人望。」郃卽上疏陳之。明年正月，帝乃朝于東宮，太后由此以安。

〔一〕鄭武姜生莊公及共叔段，愛叔段，謀殺莊公。公誓之曰：「不及黄泉，無相見也。」既而悔之。潁考叔爲潁谷封人，曰：「若掘地及泉，隧而相見，其誰曰不然！」公從之，遂爲母子如初。事見左傳。茅焦事，解見蘇竟傳也。

後長樂少府朱倀〔二〕代郃爲司徒，舉猶爲吏。時孫程等坐懷表上殿爭功，帝怒，悉徙封遠縣，敕洛陽令促期發遣。舉說朱倀曰：「朝廷在西鍾下時，非孫程等豈立？〔三〕雖韓、彭、吳、賈之功，何以加諸！〔三〕今忘其大德，錄其小過，如道路夭折，帝有殺功臣之譏。及今未去，宜急表之。」張曰：「今詔怒，二尙書已奏其事，吾獨表此，必致罪譴。」舉曰：「明公年過八十，位爲台輔，不於今時竭忠報國，惜身安寵，欲以何求？祿位雖全，必陷佞邪之譏；諫而獲罪，猶有忠貞之名。若舉言不足採，請從此辭。」張乃表諫，帝果從之。

〔一〕音丑良反。

〔二〕朝廷謂順帝也。孫程與王康等十八人謀於西鍾下，共立濟陰王爲順帝也。

〔三〕韓信、彭越、吳漢、賈復也。

舉後舉茂才，爲平丘令。〔一〕上書言當世得失，辭甚切正。尙書郭虔、應賀等見之歎息，共上疏稱舉忠直，欲帝置章御坐，以爲規誡。〔二〕

〔一〕平丘，縣，屬陳留郡。

〔二〕章謂所上之書。

舉稍遷幷州刺史。太原一郡，舊俗以介子推焚骸，有龍忌之禁。〔一〕至其亡月，咸言神靈不樂舉火，由是士民每冬中輒一月寒食，莫敢煙爨，老小不堪，歲多死者。舉既到州，乃作弔書以置子推之廟，言盛冬去火，殘損民命，非賢者之意，以宣示愚民，使還溫食。〔二〕於是衆惑稍解，風俗頗革。

〔一〕新序曰：「晉文公反國，介子推無爵，遂去而之介山之上。文公求之不得，乃焚其山，推遂不出而焚死。」事具耿恭傳。龍，星，木之位也，春見東方。心爲大火，懼火之盛，故爲之禁火。俗傳云子推以此日被焚而禁火。

〔二〕其事見桓譚新論及汝南先賢傳也。

轉冀州刺史。陽嘉三年，司隸校尉左雄薦舉，徵拜尚書。舉與僕射黃瓊同心輔政，名重朝廷，左右憚之。是歲河南、三輔大旱，五穀灾傷，天子親自露坐德陽殿東廂請雨，又下司隸、河南禱祀河神、名山、大澤。詔書以舉才學優深，特下策問曰：「朕以不德，仰承三統，〔一〕夙興夜寐，思協大中。〔二〕頃年以來，旱灾屢應，稼穡焦枯，民食困乏。五品不訓，王澤未流，〔三〕羣司素餐，據非其位。審所貶黜，變復之徵，厥効何由？分別具對，勿有所諱。」舉對曰：「臣聞易稱『天尊地卑，乾坤以定』。二儀交構，乃生萬物，萬物之中，以人爲貴。故聖人養之以君，成之以化，順四節之宜，適陰陽之和，使男女婚娶不過其時。包之以仁恩，導之以德教，示之以灾異，訓之以嘉祥。此先聖承乾養物之始也。夫陰陽閉隔，則二氣否塞；二氣否塞，則人物不昌；人物不昌，則風雨不時；風雨不時，則水旱成灾。陛下處唐虞之位，未行堯舜之政，近廢文帝、光武之法，而循亡秦奢侈之欲，內積怨女，外有曠夫。今皇嗣不興，東宮未立，傷和逆理，斷絕人倫之所致也。非但陛下行此而已，豎宦之人，亦復虛以形埶，威侮良家，取女閉之，至有白首歿無配偶，逆於天心。〔四〕昔武王入殷，出傾宮之女;〔五〕成湯遭災,以六事剋己;〔六〕魯僖遇旱,而自責祈雨:〔七〕皆以精誠轉禍爲福。自枯旱以來，彌歷年歲，未聞陛下改過之效，徒勞至尊暴露風塵，誠無益也。又下州郡祈神致請。昔齊有大旱，景公欲祀河伯，晏子諫曰：『不可。夫河伯以水爲城國，魚鼈爲民庶。水盡魚枯，豈不欲雨？自是不能致也。』〔八〕陛下所行，但務其華，不尋其實，猶緣木希魚，却行求前。〔九〕誠宜推信革政，崇道變惑，出後宮不御之女，理天下冤枉之獄，除太官重膳之費。夫五品不訓，責在司徒，有非其位，宜急黜斥。臣自藩外擢典納言，學薄智淺，不足以對。易傳曰：『陽感天，不旋日。』〔一〇〕惟陛下留神裁察。」因召見舉及尚書令成翊世、僕射黃瓊，問以得失。舉等並對以爲宜慎官人，去斥貪汙，離遠佞邪，循文帝之儉，尊孝明之教，則時雨必應。帝曰：「百官貪汙佞邪者爲誰乎？」舉獨對曰：「臣從下州，超備機密，不足以別羣臣。〔一一〕然公卿大臣數有直言者，忠貞也；阿諛苟容者，佞邪也。司徒視事六年，未聞有忠言異謀，愚心在此。」其後以事免司徒劉崎，遷舉司隸校尉。

〔一〕天統、地統、人統謂之三統。事見白武通。

〔二〕尚書洪範曰：「建用皇極。」孔安國注云：「皇，大也。極，中也。言立大中之道而行之也。」

〔三〕五品，五常之教也。書曰：「五品不遜，汝作司徒，敬敷五教在寬。」訓亦遜之義。

〔四〕歿，終也。

〔五〕帝王紀曰：「武王入殷，命召公釋箕子之囚，表商容之閭，出傾宮之女於諸侯。」

〔六〕帝王紀曰：「湯伐桀，後大旱七年，洛川竭，使人持三足鼎祝於山川曰：『政不節邪？使人疾邪？苞苴行邪？讒夫昌邪？宮室榮邪？女謁行邪？何不雨之極也！』」

〔七〕解見楊厚傳。

〔八〕晏子春秋之文。

〔九〕緣木求魚，見孟子之文。韓詩外傳曰：「夫明鏡所以照形，往古所以知今。夫惡知往古之所以危亡，無異却行而求逮於前人也。」

〔一〇〕易稽覽圖之文也。解具郎顗傳也。

〔一一〕別音彼列反。

永和元年，災異數見，省內惡之，詔召公、卿、中二千石、尚書詣顯親殿，問曰：「言事者多云，昔周公攝天子事，及薨，成王欲以公禮葬之，天爲動變。及更葬以天子之禮，卽有反風之應。〔一〕北鄉侯親爲天子而葬以王禮，故數有災異，宜加尊謚，列於昭穆。」羣臣議者多謂宜如詔旨，舉獨對曰：「昔周公有請命之應，隆太平之功，故皇天動威，以章聖德。北鄉侯本非正統，姦臣所立，立不踰歲，年號未改，皇天不祐，大命夭昏。〔二〕春秋王子猛不稱崩，魯子野不書葬。〔三〕今北鄉侯無它功德，以王禮葬之，於事已崇，不宜稱謚。災眚之來，弗由此也。」於是司徒黃尚、太常桓焉等七十人同舉議，帝從之。尚字伯河，南郡人也，少歷顯位，亦以政事稱。

〔一〕尚書洪範五行傳曰：「周公死，成王不圖大禮，故天大雷雨，禾偃，大木拔。及成王寤金縢之策，改周公之葬，尊以王禮，申命魯郊，而天立復風雨，禾稼盡起。」

〔二〕杜預注左傳曰：「短折曰夭，未名曰昏。」

〔三〕子猛，周景王之子。子野，魯襄公之子。春秋經書「王子猛卒」。杜元凱注云：「未即位，故不言崩。」又曰：「秋九月癸巳，子野卒。」注曰：「不書葬，未成君也。」

舉出爲蜀郡太守，坐事免。大將軍梁商表爲從事中郎，甚敬重焉。六年三月上巳日，商大會賓客，讌于洛水，〔一〕舉時稱疾不往。商與親暱酣飲極歡，及酒闌倡罷，繼以薤露之歌，坐中聞者，皆爲掩涕。〔二〕太僕張种時亦在焉，會還，以事告舉。舉歎曰：「此所謂哀樂失時，非其所也。殃將及乎！」〔三〕商至秋果薨。商疾篤，帝親臨幸，問以遺言。對曰：「人之將死，其言也善。臣從事中郎周舉，清高忠正，可重任也。」由是拜舉諫議大夫。

〔一〕周官曰：「女巫，掌歲時祓除釁浴。」鄭玄云：「如今三月上巳，水上之類也。」司馬彪續漢書曰「三月上巳，宮人皆絜於東流水上，自洗濯祓除爲大絜」也。

〔二〕纂文曰：「薤露，今之挽歌也。」崔豹古今注薤露歌曰：「薤上露何易晞！露晞明朝還復落，人死一去何時歸？」

〔三〕左傳曰：叔孫昭子與宋公語，相泣。樂祁退而告人曰：「君與叔孫其皆死乎？吾聞之，哀樂而樂哀，皆喪心也。心之精爽，是謂魂魄。魂魄去之，何以能久也！」

時連有灾異，帝思商言，召舉於顯親殿，問以變眚。舉對曰：「陛下初立，遵脩舊典，興化致政，遠近肅然。頃年以來，稍違於前，朝多寵倖，祿不序德。觀天察人，準今方古，誠可危懼。書曰：『僭恆暘若。』〔一〕夫僭差無度，則言不從而下不正；陽無以制，則上擾下竭。宜密嚴勑州郡，察彊宗大姦，以時禽討。」其後江淮猾賊周生、徐鳳等處處並起，如舉所陳。

〔一〕尚書洪範之文也。孔安國注曰：「君行僭差，則常暘順之也。」

時詔遣八使巡行風俗，皆選素有威名者，乃拜舉爲侍中，與侍中杜喬、守光祿大夫周栩、前青州刺史馮羨、尚書欒巴、侍御史張綱、兗州刺史郭遵、太尉長史劉班並守光祿大夫，分行天下。其刺史、二千石有臧罪顯明者，驛馬上之；墨綬以下，便輒收舉。其有清忠惠利，爲百姓所安，宜表異者，皆以狀上。於是八使同時俱拜，天下號曰「八俊」。舉於是劾奏貪猾，表薦公清，朝廷稱之。遷河內太守，徵爲大鴻臚。

及梁太后臨朝，詔以殤帝幼崩，廟次宜在順帝下。太常馬訪奏宜如詔書，諫議大夫呂勃以爲應依昭穆之序，先殤帝，後順帝。詔下公卿。舉議曰：「春秋魯閔公無子，庶兄僖公代立，其子文公遂躋僖於閔上。孔子譏之，書曰：『有事于太廟，躋僖公。』傳曰：『逆祀也。』〔一〕及定公正其序，經曰『從祀先公』，爲萬世法也。〔二〕今殤帝在先，於秩爲父，順帝在後，於親爲子，先後之義不可改，昭穆之序不可亂。呂勃議是也。」太后下詔從之。遷光祿勳，會遭母憂去職，後拜光祿大夫。

〔一〕事見左氏傳。

〔二〕左氏傳：「從祀先公。」杜預云：「從，順也。先公，閔公、僖公也。將正二公之位，親盡，故通言先公也。」

建和三年卒。朝廷以舉清公亮直，方欲以爲宰相，深痛惜之。乃詔告光祿勳、汝南太守曰：「昔在前世，求賢如渴，封墓軾閭，以光賢哲。〔一〕故公叔見誄，翁歸蒙述，所以昭忠厲俗，作範後昆。〔二〕故光祿大夫周舉，性侔夷、魚，〔三〕忠踰隨、管，〔四〕前授牧守，及還納言，出入京輦，有欽哉之績，〔五〕在禁闈有密靜之風。予錄乃勳，用登九列。方欲式序百官，亮協三事，不永夙終，用乖遠圖。朝廷愍悼，良爲愴然。詩不云乎：『肇敏戎功，用錫爾祉。』〔六〕其令將大夫以下到喪發日復會弔。加賜錢十萬，以旌委蛇素絲之節焉。」〔七〕子勰。〔八〕

〔一〕尚書曰，武王入殷，封比干墓，軾商容閭。

〔二〕公叔文子，衞大夫也。文子卒，其子戍請謚於君。君曰：「昔者衞國凶飢，夫子爲粥與國之餓者，不亦惠乎？衞國有難，夫子以其死衞寡人，不亦貞乎？夫子聽衞國之政，脩其班制，不亦文乎？謂夫子『貞惠文子』。」事見禮記。尹翁歸爲右扶風，〔卒〕，宣帝下詔褒揚，賜金百斤。班固曰：「翁歸承風，帝揚厥聲。」故曰蒙述也。

〔三〕伯夷、史魚也。

〔四〕隨會、管仲。

〔五〕史記堯典曰：「咨十有二牧，欽哉！」

〔六〕詩大雅也。肇，謀也。敏，疾也。戎，汝也。錫，賜也。祉，福也。

〔七〕（詩）國風羔羊詩：「羔羊之皮，素絲五紽。退食自公，逶蛇逶蛇。」

〔八〕音叶。

勰字巨勝，少尙玄虛，以父任爲郎，自免歸家。父故吏河南召夔爲郡將，卑身降禮，致敬於勰。勰恥交報之，因杜門自絕。後太守舉孝廉，復以疾去。時梁冀貴盛，被其徵命者，莫敢不應，唯勰前後三辟，竟不能屈。後舉賢良方正，不應。又公車徵，玄纁備禮，固辭廢疾。常隱處竄身，慕老聃清靜，杜絕人事，巷生荊棘，十有餘歲。至延熹二年，乃開門延賓，游談宴樂，及秋而梁冀誅，年終而勰卒，時年五十。蔡邕以爲知命。自勰曾祖父揚至勰孫恂，六世一身，皆知名云。

黃瓊字世英，江夏安陸人，魏郡太守香之子也。香在文苑傳。瓊初以父任爲太子舍人，辭病不就。遭父憂，服闋，五府俱辟，連年不應。

永建中，公卿多薦瓊者，於是與會稽賀純、廣漢楊厚俱公車徵。瓊至綸氏，稱疾不進。〔一〕有司劾不敬，詔下縣以禮慰遣，遂不得已。先是徵聘處士多不稱望，李固素慕於瓊，乃以書逆遺之曰：「聞已度伊、洛，近在萬歲亭，豈卽事有漸，將順王命乎？〔二〕蓋君子謂伯夷隘，柳下惠不恭，故傳曰『不夷不惠，可否之閒』。〔三〕蓋聖賢居身之所珍也。誠遂欲枕山棲谷，擬跡巢、由，斯則可矣；若當輔政濟民，今其時也。自生民以來，善政少而亂俗多，必待堯舜之君，此爲志士終無時矣。常聞語曰：『嶢嶢者易缺，皦皦者易汙。』陽春之曲，和者必寡，盛名之下，其實難副。〔四〕近魯陽樊君被徵初至，朝廷設壇席，猶待神明。〔五〕雖無大異，而言行所守無缺。而毀謗布流，應時折減者，豈非觀聽望深，聲名太盛乎？自頃徵聘之士，胡元安、薛孟嘗、朱仲昭、顧季鴻等，其功業皆無所採，是故俗論皆言處士純盜虛聲。願先生弘此遠謨，令衆人歎服，一雪此言耳。」瓊至，卽拜議郎，稍遷尚書僕射。

〔一〕綸氏卽夏之綸國，少康之邑也。竹書紀年云：「楚及秦伐鄭綸氏。」今洛州故嵩陽縣城是也。

〔二〕萬歲亭在今洛州故嵩陽縣西北。武帝元封元年，幸緱氏，登太室，聞山上呼萬歲聲者三，因以名焉。

〔三〕論語孔子曰，伯夷、叔齊不降其志，不辱其身。謂柳下惠、少連降志辱身。我則異於是，無可無不可。鄭玄注云：

不爲夷、齊之淸，不爲惠、連之屈，故曰異於是也。

〔四〕宋玉對楚襄王問曰：「客有歌於郢中者，爲下里巴人，國中屬而和者數千人；爲陽春白雪，屬而和者不過數百人。是其曲弥高，其和弥寡。」

〔五〕樊君，樊英也。事具英傳。

初，瓊隨父在臺閣，習見故事。及後居職，達練官曹，爭議朝堂，莫能抗奪。時連有災異，瓊上疏順帝曰：「閒者以來，卦位錯謬，〔一〕寒燠相干，蒙氣數興，日闇月散。〔二〕原之天意，殆不虛然。陛下宜開石室，案河洛，〔三〕外命史官，悉條上永建以前至漢初災異，與永建以後訖于今日，孰爲多少。又使近臣儒者參考政事，數見公卿，察問得失。諸無功德者，宜皆斥黜。臣前頗陳災眚，并薦光祿大夫樊英、太中大夫薛包及會稽賀純、廣漢楊厚，未蒙御省。伏見處士巴郡黃錯、漢陽任棠，年皆耆耋，有作者七人之志。〔四〕宜更見引致，助崇大化。」於是有詔公車徵錯等。

〔一〕易乾鑿度曰：「求卦主歲術常以太歲爲歲紀歲，七十六爲一紀，二十紀爲一蔀首。即置積蔀首歲數，加所入紀歲數，以三十二除之，不足除者以乾坤始數二卦而得一歲，未筭即主歲之卦也。」

〔二〕蒙，陰闇也。散謂不精明。

〔三〕石室，藏書之府。河洛，圖書之文也。

〔四〕論語曰：「作者七人。」注云：「謂伯夷、叔齊、虞仲、夷逸、朱張、柳下惠、少連。」

三年，大旱，瓊復上疏曰：「昔魯僖遇旱，以六事自讓，躬節儉，閉女謁，放讒佞者十三人，誅稅民受貨者九人，〔一〕退舍南郊，天立大雨。今亦宜顧省政事，有所損闕，務存質儉，以易民聽。尙方御府，息除煩費。明勑近臣，使遵法度，如有不移，示以好惡。數見公卿，引納儒士，訪以政化，使陳得失。又囚徒尙積，多致死亡，亦足以感傷和氣，招降灾旱。若改敝從善，擇用嘉謀，則灾消福至矣。」書奏，引見德陽殿，使中常侍以瓊奏書屬主者施行。

〔一〕春秋考異郵曰「僖公之時，雨澤不澍，比于九月，公大驚懼，率羣臣禱山川，以六過自讓，絀女謁，放下讒佞郭都(之)等十三人，誅領人之吏受貨賂趙祝等九人。曰：『辜在寡人。方今天旱，野無生稼，寡人當死，百姓何謗，請以身塞無狀』」也。

自帝卽位以後，不行籍田之禮。瓊以國之大典不宜久廢，上疏奏曰：「自古聖帝哲王，莫不敬恭明祀，增致福祥，故必躬郊廟之禮，親籍田之勤，以先羣萌，率勸農功。昔周宣王不籍千畝，虢文公以爲大譏，卒有姜戎之難，終損中興之名。〔一〕竊見陛下遵稽古之鴻業，體虔肅以應天，順時奉元，懷柔百神，朝夕觸塵埃於道路，晝暮聆庶政以卹人。雖詩詠成湯之不怠遑，書美文王之不暇食，誠不能加。〔二〕今廟祀適闋，而祈穀絜齋之事，近在明日。臣恐左右之心，不欲屢動聖躬，以爲親耕之禮，可得而廢。臣聞先王制典，籍田有日，司徒咸戒，司空除壇。先時五日，有協風之應，王卽齋宮，饗醴載耒，誠重之也。自癸巳以來，仍西北風，甘澤不集，寒涼尙結。〔三〕迎春東郊，既不躬親，先農之禮，所宜自勉，以逆和氣，以致時風。〔四〕易曰：『君子自強不息。』斯其道也。」〔五〕書奏，帝從之。

〔一〕國語曰，宣王即位，不籍千畝。虢文公諫曰：「夫人之大事在農，上帝之粢盛於是乎出，故稷爲太官。古者太史順時覛土，農祥晨正日月，底于天廟。先時九日，太史告稷曰：『陽氣俱蒸，土膏其動。』稷以告王，王即齋宮，百官御事。王耕一墢，班三之，庶人終于千畝。」王弗聽，後師敗績于姜氏之戎。墢音扶發反。

〔二〕詩商頌曰：「不僭不濫，不敢怠遑。」書曰「文王至于日中昃，不遑暇食」也。

〔三〕西北風曰不周風，亦曰厲風，見呂氏春秋也。

〔四〕五經通義曰：「八風者，八卦之氣。八風以時至，則陰陽變化之道成 萬物得以時育生之。」

〔五〕乾卦象曰「天行健，君子以自強不息」也。

頃之，遷尙書令。瓊以前左雄所上孝廉之選，專用儒學文吏，於取士之義，猶有所遺，乃奏增孝悌及能從政者爲四科，事竟施行。又雄前議舉吏先試之於公府，又覆之於端門，後尙書張盛奏除此科。瓊復上言：「覆試之作，將以澄洗淸濁，覆實虛濫，不宜改革。」帝乃止。出爲魏郡太守，稍遷太常。和平中，以選入侍講禁中。

元嘉元年，遷司空。桓帝欲褒崇大將軍梁冀，使中朝二千石以上會議其禮。特進胡廣、太常羊溥、司隸校尉祝恬、太中大夫邊韶等，咸稱冀之勳德，其制度賚賞，以宜比周公，錫之山川、土田、附庸。〔一〕瓊獨建議曰：「冀前以親迎之勞，增邑三千，又其子胤亦加封賞。昔周公輔相成王，制禮作樂，化致太平，是以大啓土宇，開地七百。〔二〕今諸侯以戶邑爲制，不以里數爲限。蕭何識高祖於泗水，霍光定傾危以興國，皆益戶增封，以顯其功。〔三〕冀可比鄧禹，合食四縣，賞賜之差，同於霍光，使天下知賞必當功，爵不越德。」朝廷從之。冀意以爲恨。會以地動策免。復爲太僕。

〔一〕詩魯頌曰：「王曰叔父，建尔元子，俾侯于魯，啓尔土宇，爲周室輔。乃命魯公，俾侯于東，錫之山川，土田附庸。」注云：「王，成王也。叔父，周公也。」

〔二〕禮記明堂位曰「周公相武王以伐紂。武王崩，成王幼弱，周公踐天子位，以理天下。七年，致政於成王。成王以周公有勳勞於天下，是以封周公於曲阜，地方七百里，革車千乘，命魯公世世祀周公以天子之禮樂」也。

〔三〕高祖爲泗上亭長，蕭何佐之，後拜何爲相國，益封五千戶。霍光廢昌邑王，立宣帝，後益封光萬七千戶。

永興元年，遷司徒，轉太尉。梁冀前後所託辟召，一無所用。雖有善人而爲冀所飾舉者，亦不加命。延熹元年，以日食免。復爲大司農。明年，梁冀被誅，太尉胡廣、司徒韓縯、司空孫朗皆坐阿附免廢，復拜瓊爲太尉。以師傅之恩，而不阿梁氏，乃封爲邟鄉侯，〔一〕邑千戶。瓊辭疾讓封六七上，言旨懇惻，乃許之。梁冀既誅，瓊首居公位，舉奏州郡素行貪汙至死徙者十餘人，海內由是翕然望之。尋而五侯擅權，傾動內外，自度力不能匡，乃稱疾不起。〔三〕四年，以寇賊免。其年復爲司空。秋，以地震免。

〔一〕說文云「郋，潁川縣」也。漢潁川有周承休侯國，元始二年更名曰郋，音亢。

〔二〕五侯謂左悺、徐璜等。

七年，疾篤，上疏諫曰：「臣聞天者務剛其氣，君者務彊其政。是以王者處高自持，不可不安；履危任力，不可不據。夫自持不安則顛，任力不據則危。故聖人升高據上，則以德義爲首；涉危蹈傾，則以賢者爲力。唐堯以德化爲冠冕，以稷、契爲筋力。高而益崇，動而愈據，此先聖所以長守萬國，保其社稷者也。昔高皇帝應天順民，奮劍而王，埽除秦、項，革命創制，降德流祚。至於哀、平，而帝道不綱，秕政日亂，遂使姦佞擅朝，外戚專恣。所冠不以仁義爲冕，所蹈不以賢佐爲力，終至顛蹶，滅絕漢祚。天維陵弛，民鬼慘愴，賴皇乾眷命，炎德復輝。光武以聖武天挺，繼統興業，創基冰泮之上，立足枳棘之林。〔一〕擢賢於衆愚之中，畫功於無形之世。〔二〕崇禮義於交爭，循道化於亂離。是自歷高而不傾，任力危而不跌，興復洪祚，開建中興，光被八極，垂名無窮。至於中葉，盛業漸衰。陛下初從藩國，爰升帝位，天下拭目，謂見太平。而即位以來，未有勝政。諸梁秉權，豎宦充朝，重封累職，傾動朝廷，卿校牧守之選，皆出其門，羽毛齒革、明珠南金之寶，殷滿其室，〔三〕富擬王府，埶回天地。言之者必族，附之者必榮。忠臣懼死而杜口，萬夫怖禍而木舌，〔四〕塞陛下耳目之明，更爲聾瞽之主。故太尉李固、杜喬，忠以直言，德以輔政，念國亡身，隕歿爲報，而坐陳國議，遂見殘滅。〔五〕賢愚切痛，海内傷懼。又前白馬令李雲，指言宦官罪穢宜誅，皆因衆人之心，以救積薪之斂。〔六〕弘農杜衆，知雲所言宜行，懼雲以忠獲罪，故上書陳理之，乞同日而死，所以感悟國家，庶雲獲免。而雲既不辜，衆又并坐，天下尤痛，益以怨結，故朝野之人，以忠爲諱。昔趙殺鳴犢，孔子臨河而反。夫覆巢破卵，則鳳皇不翔；刳牲夭胎，則麒麟不臻。誠物類相感，理使其然。〔七〕尚書周永，昔爲沛令，素事梁冀，幸其威埶，坐事當罪，越拜令職。見冀將衰，乃陽毀示忠，遂因姦計，亦取封侯。又黄門協邪，羣輩相黨，自冀興盛，腹背相親，朝夕圖謀，共搆姦軌。臨冀當誅，無可設巧，復記其惡，以要爵賞。陛下不加清徼，審别眞僞，復與忠臣並時顯封，使朱紫共色，粉墨雜糅，所謂抵金玉於沙礫，〔八〕碎珪璧於泥塗。四方聞之，莫不憤歎。昔曾子大孝，慈母投杼；〔九〕伯奇至賢，終於流放。〔一〇〕夫讒諛所舉，無高而不可升；〔阿黨〕相抑，無深而不可淪。可不察歟？臣至頑駑，世荷國恩，身輕位重，勤不補過，然懼於永殁，負釁益深。敢以垂絶之日，陳不諱之言，庶有萬分，無恨三泉。」〔一一〕其年卒，時年七十九。贈車騎將軍，謚曰忠侯。孫琬。

〔一〕泮冰諭危陷。枳棘諭艱難。

〔二〕形，兆也。言未有天下之兆。「畫」或作「書」也。

〔三〕殷，盛也。

〔四〕法言曰「金口木舌」也。

〔五〕坐音才臥反。

〔六〕賈誼上疏曰「夫抱火厝之積薪之下而寢其上，火未及然，因謂之安。方今之政，何以異此」也。

〔七〕史記曰，孔子將西見趙簡子，至於河而聞竇鳴犢、舜華之死也，臨河而歎曰：「美哉洋洋，丘之不濟此，命也夫！竇鳴犢、舜華，晉之賢大夫也。趙簡子未得志之時，須此兩人而後從政，及其得志而殺之。丘聞刳胎殺夭，則麒麟不至郊藪；涸澤而漁，則蛟龍不合陰陽；覆巢毁卵，則鳳皇不翔。何則？君子諱傷其類也。」事亦見孔子家語文也。

〔八〕扺，投也，音紙。

〔九〕解見寇榮傳。

〔一〇〕說苑曰「王國子前母子伯奇，後母子伯封。後母欲其子立爲太子，說王曰：『伯奇好妾。』王不信。其母曰：『令伯奇於後園，妾過其旁，王上臺視之，即可知。』王如其言，伯奇入園，後母陰取蜂十數置單衣中，過伯奇邊曰：『蜂螫我。』伯奇就衣中取蜂殺之。王遥見之，乃逐伯奇」也。

〔一一〕三者數之極。一生二，二生三，三生萬物，天地人之極數。故以三爲名者，取其深之極也。

琬字子琰。少失父。早而辯慧。祖父瓊，初爲魏郡太守，建和元年正月日食，京師不見而瓊以狀聞。太后詔問所食多少，瓊思其對而未知所況。琬年七歲，在傍，曰：「何不言日食之餘，如月之初？」瓊大驚，卽以其言應詔，而深奇愛之。後瓊爲司徒，琬以公孫拜童子郎，辭病不就，知名京師。時司空盛允有疾，瓊遣琬候問，會江夏上蠻賊事副府，〔一〕允發書視畢，微戲琬曰：「江夏大邦，而蠻多士少。」琬奉手對曰：「蠻夷猾夏，責在司空。」因拂衣辭去。允甚奇之。

〔一〕副本詣公府也。

稍遷五官中郎將。時陳蕃爲光祿勳，深相敬待，數與議事。舊制，光祿舉三署郎，以高功久次才德尤異者爲茂才四行。〔一〕時權富子弟多以人事得舉，而貧約守志者以窮退見遺，京師爲之謠曰：「欲得不能，光祿茂才。」〔二〕於是琬、蕃同心，顯用志士，平原劉醇、河東朱山、蜀郡殷參等並以才行蒙舉。蕃、琬遂爲權富郎所見中傷，事下御史〔中〕丞王暢、侍御史刁韙。韙、暢素重蕃、琬，不舉其事，而左右復陷以朋黨。暢坐左轉議郎而免蕃官，琬、韙俱禁錮。

〔一〕久次謂久居官次也。

〔二〕能音乃來反。

韙字子榮，彭城人。後陳蕃被徵，而言事者多訟韙，復拜議郎，遷尚書。在朝有鯁直節，出爲魯、東海二郡相。性抗厲，有明略，所在稱神。常以法度自整，家人莫見惰容焉。

琬被廢弃幾二十年。至光和末，太尉楊賜上書薦琬有撥亂之才，由是徵拜議郎，擢爲青州刺史，遷侍中。中平初，出爲右扶風，徵拜將作大匠、少府、太僕。又爲豫州牧。時寇賊陸梁，州境彫殘，琬討擊平之，威聲大震。政績爲天下表，封關內侯。

及董卓秉政，以琬名臣，徵爲司徒，遷太尉，更封陽泉鄉侯。卓議遷都長安，琬與司徒楊彪同諫不從。琬退而駮議之曰：「昔周公營洛邑以寧姬，光武卜東都以隆漢，天之所啓，神之所安。大業既定，豈宜妄有遷動，以虧四海之望？」時人懼卓暴怒，琬必及害，固諫之。琬對曰：「昔白公作亂於楚，屈廬冒刃而前；〔一〕崔杼弑君於齊，晏嬰不懼其盟。〔二〕吾雖不德，誠慕古人之節。」琬竟坐免。卓猶敬其名德舊族，不敢害。後與楊彪同拜光祿大夫，及徙西都，轉司隸校尉，與司徒王允同謀誅卓。及卓將李傕、郭汜攻破長安，遂收琬下獄死，時年五十二。

〔一〕新序曰：「白公勝（殺）〔將弑〕楚惠王，王出亡，令尹、司馬皆死，勝拔劍而屬之於屈廬曰：『子與我，將舍子，不我與，將殺子。』屈廬曰：『詩有之曰：「莫莫葛藟，延于條枚，愷悌君子，求福不回。」今子殺子叔父而求福於廬也，可乎？且吾聞之，知命之士，見利不動，臨死則死，是謂人臣之禮。故上知天命，下知臣道。其有可劫乎？子胡不推之！』白公勝乃入其劍焉。」

〔二〕解見馮衍傳。

論曰：古者諸侯歲貢士，進賢受上賞，非賢貶爵土。升之司馬，辯論其才，論定然後官之，任官然後祿之。〔一〕故王者得其人，進仕勸其行，經邦弘務，所由久矣。漢初詔舉賢良、方正，州郡察孝廉、秀才，斯亦貢士之方也。中興以後，復增敦朴、有道、賢能、直言、獨行、高節、質直、清白、敦厚之屬。榮路既廣，觖望難裁，自是竊名僞服，浸以流競。權門貴仕，請謁繁興。自左雄任事，限年試才，雖頗有不密，固亦因識時宜。而黃瓊、胡廣、張衡、崔瑗之徒，泥滯舊方，互相詭駮，循名者屈其短，筭實者挺其効。故雄在尚書，天下不敢妄選，十餘年閒，稱爲得人，斯亦効實之徵乎？順帝始以童弱反政，而號令自出，知能任使，故士得用情，天下喁喁仰其風采。遂乃備玄纁玉帛，以聘南陽樊英，天子降寢殿，設壇席，尚書奉引，延問失得。急登賢之舉，虛降己之禮，於是處士鄙生，忘其拘儒，〔二〕拂巾衽褐，以企旌車之招矣。至乃英能承風，俊乂咸事，若李固、周舉之淵謨弘深，左雄、黃瓊之政事貞固，桓焉、楊厚以儒學進，崔瑗、馬融以文章顯，吳祐、蘇章、种暠、欒巴牧民之良幹，龐參、虞詡將帥之宏規，王龔、張皓虛心以推士，張綱、杜喬直道以糾違，郎顗陰陽詳密，張衡機術特妙：東京之士，於茲盛焉。向使廟堂納其高謀，彊(場)〔埸〕宣其智力，帷幄容其謇辭，舉厝稟其成式，則武、宣之軌，豈其遠而？〔三〕詩云：「靡不有初，鮮克有終。」可爲恨哉！及孝桓之時，碩德繼興，〔四〕陳蕃、楊秉處稱賢宰，皇甫、張、段出號名將，王暢、李膺彌縫衮闕，〔五〕朱穆、劉陶獻替匡時，郭有道獎鑒人倫，陳仲弓弘道下邑。其餘宏儒遠智，高心絜行，激揚風流者，不可勝言。而斯道莫振，文武陵隊，在朝者以正議嬰戮，謝事者以黨錮致灾。往車雖折，而來軫方遒。〔六〕所以傾而未顚，決而未潰，豈非仁人君子心力之爲乎？嗚呼！

〔一〕尚書大傳曰「古者諸侯之於天子，三年一貢士。一適謂之好德，再適謂之賢賢，三適謂之有功。有功者，天子賜以車服弓矢，號曰命。諸侯有不貢士謂之不率正，一不適謂之過，再不適謂之傲，三不適謂之誣。誣者，天子絀之，一絀以爵，再絀以地，三絀而爵地畢」也。

〔二〕拘儒猶褊狹也。

〔三〕而，語辭也。論語曰：「豈不尔思，室是遠而。」

〔四〕碩，大也。

〔五〕彌縫猶補合也。詩曰：「衮職有闕，惟仲山甫補之。」

〔六〕廣雅曰：「遒，急也。」

贊曰：雄作納言，古之八元。舉升以彙，越自下蕃。〔一〕登朝理政，並紓灾昏。〔二〕瓊名夙知，累章國疵。〔三〕琬亦早秀，位及志差。〔四〕

〔一〕彙，類也。易曰：「以其彙征吉。」彙音謂。

〔二〕紓，解也，音式余反。

〔三〕疵，病也。

〔四〕志意差舛，不能遂也。差音楚宜反。

校勘記

二〇三五頁三行　南（郡）〔陽〕涅陽人也　集解引洪亮吉說，謂「郡」應作「陽」，刊寫之誤。今據改。

二〇三五頁一三行　臣聞柔遠和邇　按：校補引柳從辰說，謂閩本「聞」下有「之」字。

二〇三六頁二行　興雨祁祁　按：王先謙謂據注「興雨」當作「興雲」。此用三家詩，而後人據毛改之。

二〇三六頁一五行　褒豔謂褒姒也豔色美也　集解引錢大昕說，謂章懷注用毛氏說，鄭康成則以豔妻爲厲王后，謂正月惡褒姒滅周，十月之交疾豔妻煽方處，則「褒豔」非一人。此疏上言「幽、厲昏亂」，下言「褒豔用權」，則亦與鄭說同。魯詩「豔」作「閻」，尚書中候作「剡」。閻、剡、豔文異實同，蓋其女族姓，非訓美色也。

二〇三七頁一行　厲王淫於色　殿本「厲」作「幽」。按：用毛說當作「幽」，依鄭說應作「厲」也。

二〇三八頁八行　問畜貨聚（爲）〔馬〕　刊誤謂案國語作「聚馬」，此誤。今據改。

二〇三九頁一五行　詔試明經者補弟子　按：順帝紀「明經」下有「下第」二字。

二〇三〇頁一行　諸王國郎者百三十八人　按：張熷謂「者」字衍。

二〇三〇頁一〇行　迄于永(嘉)〔憙〕　「永嘉」乃「永憙」之譌，今改，詳沖帝紀校勘記。汲本、殿本作「永熹」，錢大昭謂「熹」乃「憙」之譌。

二〇三〇頁一一行　故稱家〔法〕　據汲本、殿本補。

二〇三〇頁一三行　淑字伯進　按：殿本「伯進」作「伯逵」。

二〇三一頁七行　九卿位亞三事　按：集解引惠棟說，謂東觀記「三事」作「三公」。

二〇三三頁二行　周舉字宣光　校補引柳從辰說，謂書鈔七十二引續漢書作「字眞先」。按：類聚五十、御覽二百五十六引無「字眞先」三字。

二〇三三頁四行　延(熹)〔光〕四年　據集解引錢大昕說改。

二〇三三頁五行　謀殺嚴公嚴公誓之黃泉　汲本、殿本「嚴」並作「莊」。按：此避明帝諱，未回改也。

二〇三四頁二行　今詔怒　按：集解引何焯說，謂「怒」下疑有脫文。

二〇三四頁三行　位爲台輔　按：汲本、殿本「爲」作「至」。

二〇三四頁八行　尙書郭虔　按：集解引汪文臺說，謂御覽五九四引張璠漢記，謂「尙書郭度見之歎息，上疏願退位避舉」。「虔」作「度」，未知孰是。

二〇三五頁一〇行　順四節之宜　按：汲本、殿本「節」作「時」。

二〇二六頁四行　猶緣木希魚却行求前　汲本、殿本「希魚」作「求魚」。按：羣書治要亦作「希魚」。李慈銘謂此因下文有「求」字而避易，今本乃據孟子妄改之。

二〇二六頁一二行　事見白武通　汲本、殿本「武」作「虎」。按：此避唐諱，未回改也。

二〇二七頁四行　解見楊厚傳　按：集解引惠棟説，謂楊厚傳無此注，黄瓊傳有之。

二〇二八頁八行　讌于洛水　按：「于」原作「乎」，逕據汲本、殿本改。

二〇二八頁一四行　鼂上露何易晞　按：集解引李良裘説，謂按古今注「露」上有「朝」字，以七字爲句。

二〇二九頁八行　兗州刺史郭遵　集解引汪文臺説，謂御覽七七八引續漢書，「郭遵」作「甄遵」。

二〇三〇頁一五行　尹翁歸爲右扶風〔卒〕　據刊誤補。

二〇三一頁五行　（詩）國風羔羊詩　據汲本、殿本删。

二〇三一頁七行　致敬於緦　按：「敬」原譌「敎」，逕據汲本、殿本改正。

二〇三二頁八行　常聞語曰　汲本「常」作「嘗」。按：嘗常通。

二〇三四頁六行　公大驚懼　按：「公」原譌「人」，逕據汲本、殿本改正。

二〇三四頁六行　郭都（之）等　據刊誤删。

二〇三五頁三行　順時覛土　按：「覛」原譌「頋」，逕改正。又按：「覛」字見説文𠂢部，汲本、殿本作「覛」，亦誤。

二〇三五頁一五行　以宜比周公　刊誤謂「以宜」當作「宜以」。集解引沈欽韓說，謂袁紀無「以」字，更順。按：原本「以」字漫漶，逕據汲本、殿本補。

二〇三六頁一行　增邑三千　按：「三千」原作「三十」，然查張元濟校勘記，謂「十」字板損宜修，則原本「十」字或亦作「千」也。今從汲本、殿本。

二〇三六頁六行　啓尒土宇　按：今詩作「大啓爾宇」。

二〇三六頁一二行　爲冀所飾舉者　按：汲本「飾」作「辟」。

二〇三六頁一三行　司徒韓縯　按：惠棟補注謂風俗通「縯」作「演」。

二〇三七頁六行　則以賢者爲力　袁宏紀作「則以忠賢爲助」。按：「忠賢」與上「德義」相對成文，當從袁紀。

二〇三八頁一行　念國亡身　殿本「亡」作「忘」。按：亡忘通。

二〇三八頁一二行　〔阿黨〕相抑　集解引王補說，謂袁紀作「阿黨相抑」。按：「阿黨相抑」與上「讒諛所舉」相對成文，今依袁紀補「阿黨」二字。

二〇三八頁一三行　敢以垂絕之日　袁紀作「敢以垂死之年」。按：袁紀瓊上疏在延熹二年，云會單超等五侯擅權，瓊自度力不能制，乃稱疾不朝，上表曰云云，與此云七年疾篤上疏諫異，措辭亦不同也。

二〇三八頁一三行　謚曰忠侯　按：惠棟補注謂袁紀作「昭侯」。

二〇三九頁七行　則蛟龍不合陰陽　汲本、殿本「不合陰陽」作「不處其淵」。按：史記孔子世家作「不合陰陽」，今本家語困誓篇作「不處其淵」。

二〇三九頁一五行　琬字子琰　按：集解引惠棟說，謂文選注引范書作「公琰」。

二〇三九頁一五行　少失父　按：集解引惠棟說，謂文選注引云「少失父母」。

二〇三九頁一五行　祖父瓊初爲魏郡太守　按：集解引惠棟說，謂文選注引云「祖父瓊育之，初爲魏郡太守」云云也。

二〇四〇頁一〇行　事下御史〔中〕丞王暢　據汲本補。

二〇四一頁一三行　白公勝（殺）〔將弒〕楚惠王　據今新序增删。

二〇四一頁一四行　見利不動臨死則死是謂人臣之禮　按：校補引柳從辰說，謂今新序作「見利不動，臨死不恐，爲人臣者，時生則生，時死則死」。

二〇四二頁四行　賢能　按：「賢能」上原衍「仁」字，逕據汲本、殿本删。

二〇四二頁六行　固亦因識時宜　按：刊誤謂案文當作「因時識宜」。

二〇四二頁一四行　彊（埸）〔場〕宜其智力　據汲本改。

二〇四三頁二行　皇甫張段　按：「段」原譌「叚」，逕改正。

後漢書卷六十二

荀韓鍾陳列傳第五十二

荀淑字季和，潁川潁陰人（也），荀卿十一世孫也。〔一〕少有高行，博學而不好章句，多爲俗儒所非，而州里稱其知人。

〔一〕卿名況，趙人也。爲楚蘭陵令。著書二十二篇，號荀卿子。避宣帝諱，故改曰「孫」也。

安帝時，徵拜郎中，後再遷當塗長。〔一〕去職還鄉里。當世名賢李固、李膺等皆師宗之。及梁太后臨朝，有日食地震之變，詔公卿舉賢良方正，光祿勳杜喬、少府房植舉淑對策，譏刺貴倖，爲大將軍梁冀所忌，出補朗陵侯相。〔二〕莅事明理，稱爲神君。頃之，弃官歸，閑居養志。產業每增，輒以贍宗族知友。年六十七，建和三年卒。李膺時爲尚書，自表師喪。〔三〕二縣皆爲立祠。有子八人：儉，緄，靖，燾，汪，爽，肅，專，並有名稱，時人謂〔之〕「八龍」。〔四〕

〔一〕當塗，縣名，故城在今宣州。

〔二〕續漢書曰，淑對策譏刺梁氏，故出也。

〔三〕禮記曰「事師無犯無隱，左右就養無方，服勤至死，心喪三年」也。

〔四〕緄音昆。燾音道。汪音烏光反。說文云：「汪，深廣也。」俗本改作「注」，非。「專」本或作「敷」。

初，荀氏舊里名西豪，〔一〕潁陰令勃海苑康以爲昔高陽氏有才子八人，〔二〕今荀氏亦有八子，故改其里曰高陽里。

〔一〕今許州城內西南有荀淑故宅，相傳云即舊西豪里也。

〔二〕左傳曰：「昔高陽氏有才子八人：蒼舒，隤敳，檮戭，大臨，尨降，庭堅，仲容，叔達。」

靖有至行，不仕，年五十而終，號曰玄行先生。〔一〕

〔一〕皇甫謐高士傳曰「靖字叔慈，少有俊才，動止以禮。靖弟爽亦以才顯於當時。或問汝南許章曰：『爽與靖孰賢？』章曰：『皆玉也。慈明外朗，叔慈內潤。』及卒，學士惜之，誄靖者二十六人。潁陰令丘禎追號靖曰玄行先生」也。

淑兄子昱字伯條，曇字元智。昱爲沛相，曇爲廣陵太守。兄弟皆正身疾惡，志除閹宦。其支黨賓客有在二郡者，纖罪必誅。昱後共大將軍竇武謀誅中官，與李膺俱死。曇亦禁錮終身。

爽字慈明，一名諝。〔一〕幼而好學，年十二，能通春秋、論語。太尉杜喬見而稱之，曰：

「可爲人師。」爽遂耽思經書，慶弔不行，徵命不應。潁川爲之語曰：「荀氏八龍，慈明無雙。」

〔一〕音息汝反。

延熹九年，太常趙典舉爽至孝，拜郎中。對策陳便宜曰：

臣聞之於師曰：「漢爲火德，火生於木，木盛於火，故其德爲孝，〔一〕其象在周易之離。」夫在地爲火，在天爲日。〔二〕在天者用其精，在地者用其形。夏則火王，其精在天，溫暖之氣，養生百木，是其孝也。冬時則廢，其形在地，酷烈之氣，焚燒山林，是其不孝也。故漢制使天下誦孝經，選吏舉孝廉。〔三〕夫喪親自盡，孝之終也。〔四〕今之公卿及二千石，三年之喪，不得即去，殆非所以增崇孝道而克稱火德者也。往者孝文勞謙，行過乎儉，〔五〕故有遺詔以日易月。此當時之宜，不可貫之萬世。古今之制雖有損益，而諒闇之禮未嘗改移，以示天下莫遺其親。〔六〕今公卿羣寮皆政教所瞻，而父母之喪不得奔赴。夫仁義之行，自上而始；敦厚之俗，以應乎下。傳曰：「喪祭之禮闕，則人臣之恩薄，背死忘生者衆矣。」曾子曰：「人未有自致者，必也親喪乎！」〔七〕春秋傳曰：「上之所爲，民之歸也。」〔八〕夫上所不爲而民或爲之，故加刑罰；若上之所爲，民亦爲之，又何誅焉？昔丞相翟方進，以自備宰相，而不敢踰制。至遭母憂，三十六日而除。〔九〕夫失禮之源，自上而始。古者大喪三年不呼其門，〔一〇〕所以崇國厚俗篤化之道也。事失宜正，過勿憚改。〔一一〕天下通喪，可如舊禮。〔一二〕

〔一〕火，木之子；夏，火之位。木至夏而盛，故爲孝。

〔二〕易說卦曰「離爲火，爲日」也。

〔三〕平帝時，王莽作書八篇戒子孫，令學官以教授，吏能誦者比孝經。音義云：「言用之得選舉之也。」

〔四〕盡謂盡其哀戚也。

〔五〕易謙卦九三爻：「勞謙君子，有終吉。」

〔六〕遺，忘也。

〔七〕事見論語。致猶盡也，極也。

〔八〕左氏傳臧武仲之言。

〔九〕前書翟方進爲丞相，遭後母憂，行服三十六日起視事，曰：「不敢踰國制也。」

〔一〇〕公羊傳之文也。何休注云：「重奪孝子之恩。」

〔一一〕憚，難也。

〔一二〕禮記曰：「三年之喪，天下之通喪也。」

臣聞有夫婦然後有父子，有父子然後有君臣，有君臣然後有上下，有上下然後有禮義。禮義備，則人知所厝矣。〔一〕夫婦人倫之始，王化之端，故文王作易，上經首乾、坤，下經首咸、恆。〔二〕孔子曰：「天尊地卑，乾坤定矣。」〔三〕夫婦之道，所謂順也。堯典曰：「釐降二女於嬀汭，嬪于虞。」降者下也，嬪者婦也。言雖帝堯之女，下嫁於虞，猶屈體降下，勤修婦道。易曰：「帝乙歸妹，以祉元吉。」〔四〕婦人謂嫁曰歸，言湯以娶禮歸其妹於諸侯也。春秋之義，王姬嫁齊，使魯主之，不以天子之尊加於諸侯也。〔五〕今漢承秦法，設尚主之儀，以妻制夫，以卑臨尊，違乾坤之道，失陽唱之義。〔六〕孔子曰：「昔聖人之作易也，仰則觀象於天，俯則察法於地，觀鳥獸之文，與地之宜。近取諸身，遠取諸物，以通神明之德，以類萬物之情。」〔七〕今觀法於天，則北極至尊，四星妃后。〔八〕察法於地，則崐山象夫，卑澤象妻。〔九〕觀鳥獸之文，鳥則雄者鳴鴝，雌能順服；獸則牡爲唱導，牝乃相從。近取諸身，則乾爲人首，坤爲人腹。〔一〇〕遠取諸物，則木實屬天，根荄屬地。〔一一〕陽尊陰卑，蓋乃天性。且詩初篇實首關雎；禮始冠、婚，先正夫婦。〔一二〕天地六經，其旨一揆。宜改尚主之制，以稱乾坤之性。遵法堯、湯，式是周、孔。〔一三〕合之天地而不謬，質之鬼神而不疑。人事如此，則嘉瑞降天，吉符出地，五韙咸備，各以其敍矣。〔一四〕

〔一〕語見易序卦也。

〔二〕易乾、坤至離爲上經，咸、恆至未濟爲下經。

〔三〕易繫辭也。

〔四〕易泰卦六五爻辭也。王輔嗣注云：「婦人謂嫁曰歸。泰者，陰陽交通之時，女處尊位，履中居順，降身應二，帝乙歸妹，誠合斯義也。」案史記紂父名帝乙，此文以帝乙爲湯，湯名天乙也。

〔五〕公羊傳曰：「夏單伯逆王姬。單伯者何？吾大夫之命于天子者。何以不稱使？天子召而使逆之。逆之者何？使我主之也。曷爲使我主之？天子嫁女於諸侯，必使同姓諸侯主之。」何休注云：「不自爲主，尊卑不敵也。」

〔六〕易緯曰「陽唱而陰和」也。

〔七〕皆易繫之文也。

〔八〕北極，北辰也。軒轅四星，女主之象也。

〔九〕崐猶高也。易艮下兌上爲咸。艮爲山，夫象也。兌爲澤，妻象也。咸，感也。山澤通氣，夫婦之相感也。

〔一〇〕易說卦之文也。

〔一一〕荄音該。

〔一二〕儀禮士冠禮爲始，士婚禮次之。

〔一三〕式，法也。

〔一四〕韙，是也。史記曰：「休徵：曰肅，時雨若；曰乂，時(陽)〔暘〕若；曰哲，時燠若；曰謀，時寒若；曰聖，時風若。」五是來備，各以其敍也。

昔者聖人建天地之中而謂之禮，禮者，所以興福祥之本，而止禍亂之源也。人能枉欲從禮者，則福歸之；順情廢禮者，則禍歸之。推禍福之所應，知興廢之所由來也。衆禮之中，婚禮爲首。故天子娶十二，天之數也；諸侯以下各有等差，事之降也。〔一〕陽性純而能施，陰體順而能化，以禮濟樂，節宣其氣。〔二〕故能豐子孫之祥，致老壽之福。及三代之季，淫而無節。瑤臺、傾宮，陳妾數百。〔三〕陽竭於上，陰隔於下。故周公之戒曰：「不知稼穡之艱難，不聞小人之勞，惟耽樂之從，時亦罔或克壽。」是其明戒。〔四〕後世之人，好福不務其本，惡禍不易其軌。傳曰：「截趾適屨，孰云其愚？何與斯人，追欲喪軀？」誠可痛也。〔五〕臣竊聞後宮采女五六千人，從官侍使復在其外。冬夏衣服，朝夕稟糧，耗費縑帛，空竭府藏，徵調增倍，十而稅一，空賦不辜之民，以供無用之女，百姓窮困於外，陰陽隔塞於內。故感動和氣，災異屢臻。臣愚以爲諸非禮聘未曾幸御者，一皆遣出，使成妃合。一曰通怨曠，和陰陽。二曰省財用，實府藏。三曰脩禮制，綏眉壽。四曰配陽施，祈螽斯。〔六〕五曰寬役賦，安黎民。此誠國家之弘利，天人之大福也。

〔一〕白武通曰：「天子娶十二，法天，則有十二月，百物畢生也。」又曰「諸侯娶九女」也。

〔二〕左傳曰，昔晉侯有疾，醫和視之，曰：「疾不可爲也。是爲近女室，疾如蠱，非鬼非食，惑以喪志。」公曰：「女不可近乎？」對曰：「節之。先王之樂，所以節百事也。天有六氣，過則爲災。」於是乎節宣其氣也。

〔三〕列女傳曰，夏桀爲琁室、瑤臺，以臨雲雨，紂爲傾宮。解見桓帝紀也。

〔四〕事見尚書無逸篇，其詞與此微有不同也。

〔五〕適猶從也。言喪身之愚，甚於截趾也。

〔六〕螽斯，蚣蝑也，其性不妒，故能子孫衆多。詩曰：「螽斯羽，詵詵兮。宜爾子孫，振振兮。」

夫寒熱晦明，所以爲歲；尊卑奢儉，所以爲禮：故以晦明寒暑之氣，尊卑侈約之禮爲其節也。易曰：「天地節而四時成。」〔一〕春秋傳曰：「唯器與名不可以假人。」〔二〕孝經曰：「安上治民，莫善於禮。」禮者，尊卑之差，上下之制也。昔季氏八佾舞於庭，非有傷害困於人物，而孔子猶曰「是可忍也，孰不可忍」。洪範曰：「惟辟作威，惟辟作福，惟辟玉食。」凡此三者，君所獨行而臣不得同也。今臣僭君服，下食上珍，所謂害于而家，凶於而國者也。宜略依古禮尊卑之差，及董仲舒制度之別，〔三〕嚴（篤）〔督〕有司，必行其命。此則禁亂善俗足用之要。

奏聞，即弃官去。

〔一〕節卦彖辭文也。

〔二〕杜預注左氏云：「器謂車服，名謂爵號。」

〔三〕前書董仲舒曰：「王者正法度之宜，別上下之序，以防欲也。」

後遭黨錮，隱於海上，又南遁漢濱，積十餘年，以著述爲事，遂稱爲碩儒。黨禁解，五府並辟，司空袁逢舉有道，不應。及逢卒，爽制服三年，當世往往化以爲俗。時人多不行妻服，雖在親憂猶有弔問喪疾者，又私諡其君父及諸名士，爽皆引據大義，正之經典，雖不悉變，亦頗有改。〔一〕

〔一〕喪服曰：「夫爲妻齊縗杖朞。」禮記曰：「曾子問：『三年之喪弔乎？』孔子曰：『禮以飾情。三年之喪而弔哭，不亦虛乎！』」

後公車徵爲大將軍何進從事中郎。進恐其不至，迎薦爲侍中，及進敗而詔命中絕。獻帝卽位，董卓輔政，復徵之。爽欲遁命，吏持之急，不得去，因復就拜平原相。行至宛陵，復追爲光祿勳。視事三日，進拜司空。爽自被徵命及登台司，九十五日。因從遷都長安。爽見董卓忍暴滋甚，必危社稷，其所辟舉皆取才略之士，將共圖之，亦與司徒王允及卓長史何顒等爲內謀。會病薨，年六十三。

著禮、易傳、詩傳、尙書正經、春秋條例，又集漢事成敗可爲鑒戒者，謂之漢語。又作公羊問及辯讖，幷它所論敍，題爲新書。凡百餘篇，今多所亡缺。

兄子悅、或並知名。或自有傳。

論曰：荀爽、鄭玄、申屠蟠俱以儒行爲處士，累徵並謝病不詣。及董卓當朝，復備禮召之。蟠、玄竟不屈以全其高。爽已黃髮矣，獨至焉，未十旬而取卿相。意者疑其乖趣舍，余竊商其情，以爲出處君子之大致也，平運則弘道以求志，陵夷則濡跡以匡時。〔一〕荀公之急急自勵，其濡跡乎？不然，何爲違貞吉而履虎尾焉？〔二〕觀其遜言遷都之議，以救楊、黃之禍。〔三〕及後潛圖董氏，幾振國命，所謂「大直若屈」，道固逶迤也。〔四〕

〔一〕濡跡，解見崔駰傳。

〔二〕易履卦曰：「履道坦坦，幽人貞吉。」又曰：「履虎尾，不咥人亨。」王輔嗣注云：「履虎尾者，言其危也。」

〔三〕楊彪、黃琬也。

〔四〕老子云：「大直若屈，大巧若拙。」逶迤，曲也。

悅字仲豫，儉之子也。儉早卒。悅年十二，能說春秋。家貧無書，每之人閒，所見篇牘，一覽多能誦記。性沈靜，美姿容，尤好著述。靈帝時閹官用權，士多退身窮處，悅乃託疾隱居，時人莫之識，唯從弟彧特稱敬焉。初辟鎮東將軍曹操府，遷黃門侍郎。獻帝頗好文學，悅與彧及少府孔融侍講禁中，旦夕談論。累遷祕書監、侍中。

時政移曹氏，天子恭己而已。悅志在獻替，而謀無所用，乃作申鑒五篇。其所論辯，通見政體，既成而奏之。其大略曰：

夫道之本，仁義而已矣。〔一〕五典以經之，羣籍以緯之，詠之歌之，弦之舞之，前監既明，後復申之。故古之聖王，其於仁義也，申重而已。

〔一〕易曰：「立人之道曰仁與義。」

致政之術，先屏四患，乃崇五政。

一曰僞，二曰私，三曰放，四曰奢。僞亂俗，私壞法，放越軌，奢敗制。四者不除，則政末由行矣。夫俗亂則道荒，雖天地不得保其性矣；法壞則世傾，雖人主不得守其度矣；軌越則禮亡，雖聖人不得全其道矣；制敗則欲肆，雖四表不得充其求矣。〔一〕是謂四患。

〔一〕肆，放也。

興農桑以養其（性）〔生〕，審好惡以正其俗，宣文教以章其化，立武備以秉其威，明賞罰以統其法。是謂五政。

人不畏死，不可懼以罪。人不樂生，不可勸以善。雖使契布五教，皋陶作士，政不行焉。〔一〕故在上者先豐人財以定其志，帝耕籍田，后桑蠶宮，〔二〕國無遊人，野無荒業，財不賈用，〔三〕力不妄加，以周人事。是謂養生。〔四〕

〔一〕尚書舜謂契曰：「汝作司徒，敬敷五教在寬。」謂皋陶曰：「汝作士，明于五刑。」

〔二〕籍田事，解見明紀。禮記曰：「季春之月，后妃齋戒，親東向桑，以勸蠶事。」古者天子諸侯必有公桑蠶室，近川而為之，宮仞有三尺也。

〔三〕言自足也。

〔四〕周，給也。

君子之所以動天地，應神明，正萬物而成王化者，必乎眞定而已。故在上者審定好醜焉。善惡要乎功罪，毀譽効於準驗。聽言責事，舉名察實，無惑詐偽，以蕩衆心。故事無不覈，物無不切，善無不顯，惡無不章，俗無姦怪，民無淫風。百姓上下覩利害之存乎己也，故肅恭其心，愼修其行，內不回惑，外無異望，則民志平矣。是謂正俗。

君子以情用，小人以刑用。榮辱者，賞罰之精華也。故禮教榮辱，以加君子，化其情也；桎梏鞭撲，以加小人，化其刑也。君子不犯辱，況於刑乎！小人不忌刑，況於辱乎！若教化之廢，推中人而墜於小人之域；教化之行，引中人而納於君子之塗。是謂章化。〔一〕小人之情，緩則驕，驕則恣，恣則怨，怨則叛，危則謀亂，安則思欲，非威強無以懲之。故在上者，必有武備，以戒不虞，以遏寇虐。安居則寄之內政，有事則用之軍旅。〔二〕是謂秉威。

〔一〕章，明也。

〔三〕國語齊桓公問管仲曰：「國安可乎？」管仲曰：「未可。君若正卒伍，脩甲兵，則大國亦將脩之，小國設備，可作內政而寄軍令焉。」注云：「〔正〕〔政〕，國政也。言脩國政而寄軍令，鄰國不知。」

賞罰，政之柄也。〔一〕明賞必罰，審信慎令，賞以勸善，罰以懲惡。人主不妄賞，非徒愛其財也，賞妄行則善不勸矣。不妄罰，非矜其人也，罰妄行則惡不懲矣。賞不勸謂之止善，罰不懲謂之縱惡。在上者能不止下爲善，不縱下爲惡，則國法立矣。是謂統法。

〔一〕韓子曰：「二柄者，刑、德也。殺戮之謂刑，慶賞之謂德。」

四患既蠲，五政又立，行之以誠，守之以固，簡而不怠，疏而不失，無爲爲之，使自施之，無事事之，使自交之。〔一〕不肅而成，不嚴而化，垂拱揖讓，而海內平矣。是謂爲政之方。

〔一〕老子曰：「爲無爲，事無事。」又曰「故德交歸」也。

又言：

尙主之制非古。釐降二女，陶唐之典。歸妹元吉，帝乙之訓。王姬歸齊，宗周之禮。以陰乘陽違天，以婦陵夫違人。違天不祥，違人不義。又古者天子諸侯有事，必告于廟。朝有二史，左史記言，右史書事。〔一〕事爲春秋，言爲尙書。君舉必記，善惡成敗，無不存焉。下及士庶，苟有茂異，咸在載籍。或欲顯而不得，或欲隱而名章。得失一朝，而榮辱千載。善人勸焉，淫人懼焉。〔二〕宜於今者備置史官，掌其典文，紀其行事。每於歲盡，舉之尚書。以助賞罰，以弘法教。

〔一〕禮記曰「天子朝日于東門之外，聽朔于南門之外，閏月則闔門左扉，立于其中，動則左史書之，言則右史書之」也。

〔二〕淫，過也。左氏傳曰「或求名而不得，或欲蓋而名章，書齊豹盜三叛人名，以懲不義」也。

帝覽而善之。

帝好典籍，常以班固漢書文繁難省，乃令悅依左氏傳體以爲漢紀三十篇，詔尚書給筆札。辭約事詳，論辨多美。其序之曰：「昔在上聖，惟建皇極，經緯天地，觀象立法，乃作書契，以通宇宙，揚于王庭，厥用大焉。先王光演大業，肆于時夏。〔一〕亦惟厥後，永世作典。夫立典有五志焉：一曰達道義，二曰章法式，三曰通古今，四曰著功勳，五曰表賢能。於是天人之際，事物之宜，粲然顯著，罔不備矣。世濟其軌，不隕其業。〔二〕損益盈虛，與時消息。臧否不同，其揆一也。漢四百有六載，撥亂反正，統武興文，永惟祖宗之洪業，思光啓乎萬嗣。聖上穆然，惟文之恤，瞻前顧後，是紹是繼，闡崇大猷，命立國典。於是綴敍舊書，以述漢紀。中興以前，明主賢臣得失之軌，亦足以觀矣。」

〔一〕詩周頌曰：「我求懿德，肆於時夏。」鄭玄注曰：「懿，美也。肆，陳也。我，武王也。求美德之士而任用之，故陳於是夏而歌之也。」

〔二〕濟，成也。

又著崇德、正論及諸論數十篇。年六十二，建安十四年卒。

韓韶字仲黃，潁川舞陽人也。少仕郡，辟司徒府。時太山賊公孫舉僞號歷年，守令不能破散，多爲坐法。尚書選三府掾能理劇者，乃以韶爲嬴長。〔一〕賊聞其賢，相戒不入嬴境。餘縣多被寇盜，廢耕桑，其流入縣界求索衣糧者甚衆。韶愍其飢困，乃開倉賑之，所稟贍萬餘戶。主者爭謂不可。韶曰：「長活溝壑之人，而以此伏罪，含笑入地矣。」太守素知韶名德，竟無所坐。以病卒官。同郡李膺、陳寔、杜密、荀淑等爲立碑頌焉。

〔一〕嬴，縣，故城在今兗州博城縣東北。

子融，字元長。少能辯理而不爲章句學。聲名甚盛，五府並辟。獻帝初，至太僕。年七十卒。

鍾皓字季明，潁川長社人也。爲郡著姓，世善刑律。皓少以篤行稱，公府連辟，爲二兄未仕，避隱密山，〔一〕以詩律教授門徒千餘人。同郡陳寔，年不及皓，皓引與爲友。皓爲郡功曹，會辟司徒府，臨辭，太守問：「誰可代卿者？」皓曰：「明府欲必得其人，西門亭長陳寔可。」寔聞之，曰：「鍾君似不察人，不知何獨識我？」皓頃之自劾去。前後九辟公府，徵爲廷尉正、博士、林慮長，皆不就。時皓及荀淑並爲士大夫所歸慕。李膺常歎曰：「荀君清識難尚，鍾君至德可師。」

〔一〕密縣山也。

皓兄子瑾母，膺之姑也。瑾好學慕古，有退讓風，與膺同年，俱有聲名。膺祖太尉脩，常言：「瑾似我家性，邦有道不廢，邦無道免於刑戮。」復以膺妹妻之。瑾辟州府，未嘗屈志。膺謂之曰：「孟子以爲『人無是非之心，非人也』。〔一〕弟何期不與孟軻同邪？」瑾常以膺言白皓。皓曰：「昔國武子好昭人過，以致怨本。〔二〕卒保身全家，爾道爲貴。」其體訓所安，多此類也。

〔一〕孟子曰：「人無惻隱之心，非人也。無羞惡之心，非人也。無辭讓之心，非人也。無是非之心，非人也。」

〔二〕國武子，齊大夫。齊慶克通於齊君之母，國武子知之而責慶克，夫人遂譖武子而逐之。事見左傳。

年六十九，終於家。諸儒頌之曰：「林慮懿德，非禮不處。悅此詩書，弦琴樂古。五就州招，九應台輔。遂巡王命，卒歲容與。」

皓孫緄，建安中爲司隸校尉。〔一〕

〔一〕海內先賢傳曰：「緄字元常，郡主簿迪之子也。」魏志曰：「舉孝廉爲尚書郎，辟三府爲廷尉正、黃門侍郎。」

陳寔字仲弓，潁川許人也。出於單微。自爲兒童，雖在戲弄，爲等類所歸。少作縣吏，常給事廝役，後爲都亭（剌）佐。而有志好學，坐立誦讀。縣令鄧邵試與語，奇之，聽受業太學。後令復召爲吏，乃避隱陽城山中。時有殺人者，同縣楊吏以疑寔，縣遂逮繫，考掠無實，而後得出。及爲督郵，乃密託許令，禮召楊吏。遠近聞者，咸歎服之。

家貧，復爲郡西門亭長，尋轉功曹。時中常侍侯覽託太守高倫用吏，倫教署爲文學掾。寔知非其人，懷檄請見。〔一〕言曰：「此人不宜用，而侯常侍不可違。寔乞從外署，不足以塵明德。」倫從之。〔二〕於是鄉論怪其非舉，寔終無所言。倫後被徵爲尚書，郡中士大夫送至輪氏傳舍。〔三〕倫謂衆人言曰：「吾前爲侯常侍用吏，陳君密持教還，而於外白署。比聞議者以此少之，此咎由故人畏憚強禦，陳君可謂善則稱君，過則稱己者也。」寔固自引愆，聞者方歎息，由是天下服其德。

〔一〕檄，板書。謂以高倫之教書之於檄而懷之者，懼洩事也。

〔二〕請從外署之舉，不欲陷倫於請託也。

〔三〕輪氏，縣名，屬潁川郡，今故高陽縣是。

司空黃瓊辟選理劇，補聞喜長，旬月，以朞喪去官。復再遷除太丘長。〔一〕修德清靜，百姓以安。鄰縣人戶歸附者，寔輒訓導譬解，發遣各令還本司官行部。〔二〕吏慮有訟者，白欲禁之。寔曰：「訟以求直，禁之理將何申？其勿有所拘。」司官聞而歎息曰：「陳君所言若是，豈有怨於人乎？」亦竟無訟者。以沛相賦斂違法，乃解印綬去，吏人追思之。

〔一〕太丘，縣，屬沛國，故城在今亳州永城縣西北也。

〔二〕司官謂主司之官也。

及後逮捕黨人，事亦連寔。餘人多逃避求免，寔曰：「吾不就獄，衆無所恃。」乃請囚焉。遇赦得出。靈帝初，大將軍竇武辟以爲掾屬。時中常侍張讓權傾天下。讓父死，歸葬潁川，雖一郡畢至，而名士無往者，讓甚恥之，寔乃獨弔焉。及後復誅黨人，讓感寔，故多所全宥。

寔在鄉閭，平心率物。其有爭訟，輒求判正，曉譬曲直，退無怨者。至乃歎曰：「寧爲刑罰所加，不爲陳君所短。」時歲荒民儉，有盜夜入其室，止於梁上。寔陰見，乃起自整拂，呼命子孫，正色訓之曰：「夫人不可不自勉。不善之人未必本惡，習以性成，遂至於此。梁上君子者是矣！」盜大驚，自投於地，稽顙歸罪。寔徐譬之曰：「視君狀貌，不似惡人，宜深剋己反善。然此當由貧困。」令遺絹二匹。自是一縣無復盜竊。

太尉楊賜、司徒陳耽，每拜公卿，羣僚畢賀，賜等常歎寔大位未登，愧於先之。及黨禁始解，大將軍何進、司徒袁隗遣人敦寔，〔一〕欲特表以不次之位。寔乃謝使者曰：「寔久絕人事，飾巾待終而已。」時三公每缺，議者歸之，累見徵命，遂不起，閉門懸車，棲遲養老。中平四年，年八十四，卒于家。何進遣使弔祭，海內赴者三萬餘人，制衰麻者以百數。共刊石立碑，謚爲文範先生。〔二〕

〔一〕敦，勸也。

〔二〕先賢行狀曰：「將軍何進遣官屬弔祠爲謚。」

有六子，紀、諶最賢。

紀字元方，亦以至德稱。兄弟孝養，閨門廱和，後進之士皆推慕其風。及遭黨錮，發憤著書數萬言，號曰陳子。黨禁解，四府並命，無所屈就。遭父憂，每哀至，輒歐血絕氣，雖衰服已除，而積毁消瘠，殆將滅性。豫州刺史嘉其至行，表上尚書，圖象百城，以厲風俗。董卓入洛陽，乃使就家拜五官中郎將，不得已，到京師，遷侍中。出爲平原相，往謁卓，時欲徙都長安，乃謂紀曰：「三輔平敞，四面險固，土地肥美，號爲陸海。〔一〕今關東兵起，恐洛陽不可久居。長安猶有宫室，今欲西遷何如？」紀曰：「天下有道，守在四夷。〔二〕宜脩德政，以懷不附。遷移至尊，誠計之末者。愚以公宜事委公卿，專精外任。其有違命，則威之以武。今關東兵起，民不堪命。若謙遠朝政，率師討伐，則塗炭之民，庶幾可全。若欲徙萬乘以自安，將有累卵之危，崢嶸之險也。」〔三〕卓意甚忤，而敬紀名行，無所復言。時議欲以爲司徒，紀見禍亂方作，不復辦嚴，〔四〕即時之郡。璽書追拜太僕，又徵爲尚書令。建安初，袁紹爲太尉，讓於紀；紀不受，拜大鴻臚。年七十一，卒於官。

〔一〕前書曰，東方朔曰：「三輔之地，南有江、淮，北有河、渭，汧、隴以東，商、洛以西，厥壤肥饒，此所謂天府陸海之地。」

〔二〕左傳曰，楚沈尹戌曰「古者天子守在四夷。天子卑，守在諸侯」也。

〔三〕累卵，解見皇后紀。崢音士耕反。

〔四〕嚴讀曰裝也。

子羣，爲魏司空。〔一〕天下以爲公慙卿，卿慙長。

〔一〕羣字長文。魏志曰「魯國孔融才高倨傲，年在羣、紀之閒，先與〔紀友，後與〕羣交，更爲紀拜，由是顯名」也。

弟諶，字季方。與紀齊德同行，父子並著高名，時號三君。每宰府辟召，常同時旌命，羔鴈成羣，〔二〕當世者靡不榮之。諶早終。〔三〕

〔二〕古者諸侯朝天子，卿執羔，大夫執鴈，士執雉。成羣言衆多也。

〔三〕先賢行狀曰：「豫州百城，皆圖畫寔、紀、諶形像焉。」

論曰：漢自中世以下，閹豎擅恣，故俗遂以遁身矯絜放言爲高。〔一〕士有不談此者，則芸夫牧豎已叫呼之矣。〔二〕故時政彌惛，而其風愈往。唯陳先生進退之節，必可度也。據於德故物不犯，安於仁故不離羣，行成乎身而道訓天下，故凶邪不能以權奪，王公不能以貴驕，所以聲教廢於上，而風俗清乎下也。

〔一〕放肆其言，不拘節制也。論語曰：「隱居放言。」

〔二〕叫呼，譏笑之也。芸，除草也。

贊曰：二李師淑，陳君友皓。韓韶就吏，羸寇懷道。太丘奥廣，模我彝倫。曾是淵軌，薄夫以淳。〔一〕慶基旣啓，有蔚潁濱，二方承則，八慈繼塵。〔二〕

〔一〕曾之言則也。

〔三〕二方，元方、季方也。荀淑八子，皆以慈爲字，見荀氏家傳也。

校勘記

二〇四九頁三行　潁川潁陰人（也）　校補謂案文「也」字誤衍。沈家本說同。今據删。

二〇四九頁一〇行　有子八人儉緄靖燾汪爽肅專　三國魏志荀彧傳裴注引張璠漢紀，「汪」作「詵」，「專」作「旉」。按：集解引錢大昕說，謂「專」當作「旉」。

二〇四九頁一〇行　時人謂〔之〕八龍　據汲本補。

二〇五〇頁七行　檮戭　按：「檮」原誤「擣」，逕改正。

二〇五〇頁一一行　淑兄子昱　按：靈帝紀「昱」作「翌」，通鑑同。

二〇五一頁一一行　未嘗改移　「嘗」原作「常」，逕據汲本、殿本改。按：常嘗古通作。

二〇五一頁一五行　以自備宰相而不敢踰制　按：刊誤謂「以自」當作「自以」。

二〇五四頁一四行　時（陽）〔暘〕若　據汲本、殿本改。

二〇五五頁一〇行　實府藏　按：殿本「藏」作「庫」。

二〇五五頁一四行　昔晉侯有疾　按：刊誤謂玩文多一「昔」字。

二〇五六頁一〇行　殿（篤）〔督〕有司　據殿本改。按：王先謙謂作「督」是。

二〇五七頁二行　弔問喪疾　按：刊誤謂當作「弔喪問疾」。

二〇五八頁一〇行　靈帝時閹官用權　按：校補引錢大昭說，謂閩本「官」作「宦」。

二〇五九頁一〇行　興農桑以養其（性）〔生〕　申鑒「性」作「生」。按：下云「是謂養生」，明「性」乃「生」之譌，今據改。

二〇五九頁一二行　不可勸以善　按：申鑒「勸」作「觀」。

二〇六〇頁五行　必乎眞定而已　按：校補引錢大昭說，謂申鑒「定」作「實」。

二〇六〇頁七行　物無不切　按：「切」原譌「功」，逕據殿本改正。

二〇六一頁二行　（正）〔政〕國政也　據殿本改。

二〇六三頁五行　韓韶字仲黃　校補引柳從辰說，謂御覽二六八「仲黃」作「仲潢」。今按：御覽乃引典略，「韓韶」作「韓攸」。

二〇六四頁一二行　昔國武子好昭人過　按：刊誤謂「昭」當作「招」。

二〇六五頁二行　九應台輔　按：殿本「應」作「膺」。

二〇六五頁六行　後爲都亭（刺）佐　王先謙謂「刺」字衍，亭長下有亭佐，寔爲之。今據刪。

二〇六七頁七行　中平四年年八十四　按：集解引錢大昕說，謂碑云春秋八十三，中平三年卒。惠棟補注引趙明誠說同。兩「四」字皆當作「三」。

二〇六九頁一行　先與〔紀友後與〕羣交　據殿本補。

二〇六九頁三行　當世者靡不榮之　按：集解引惠棟說，謂「當世」下疑有脫字，劉攽謂多一「者」字，非也。